자본주의는
당연하지
않   다

일러두기

*이 책은 세계적인 석학 데이비드 하비가 2018년 11월부터 2주에 한 번씩 진행하고 있는 팟캐스트 《The Anti-Capitalist Chronicles》와 마르크스주의자의 렌즈를 통해 현재의 자본주의를 들여다보는 온라인 비디오 시리즈를 토대로 집필되었습니다. 따라서 하비가 독자에게 강의를 들려주는 듯한 문체로 기술되어 있습니다. 데이비드 하비는 현재도 계속해서 2주에 한 번씩 팟캐스트를 진행하고 있으며, 데이비드 하비의 공식 홈페이지로 들어가면 팟캐스트 내용과 다양한 자료들을 접할 수 있습니다.

공식 홈페이지 · http://davidharvey.org
공식 트위터 · twitter.com/profdavidharvey

이 책은 Pluto Press의 《레드 레터(Red Letter)》 시리즈 중 하나입니다. 안토니오 그람시의 정신을 계승하는 레드 레터는 빈민, 노동자 계급, 실업자 및 **빼앗긴 자, 우리 시대의 새로운 지성인들의 투쟁을 지원하는 저자들과 함께합니다.

***모든 각주는 역자 주입니다.

The Anti-Caplitalist Chronicles.
Copyright © David Harvey, 2020.
First published by Pluto Press, London. www.plutobooks.com

이 책의 한국어판 저작권은 대니홍 에이전시를 통한 저작권사와의 독점 계약으로 선순환에 있습니다. 신저작권법에 의해 한국 내에서 보호를 받는 저작물이므로 무단전재와 복제를 금합니다.

자본주의는 당연하지 않다

데이비드 하비 지음 / 강윤혜 옮김

어쩌다 자본주의가 여기까지 온 걸까

사람과 자연과 책의 선순환

차례

- **1 지구촌 곳곳이 불안하다** Global Unrest — 7
  희망 없는 미래 / 문제는 신자유주의 / 시위의 확산 / 대중의 결집 /
  불평등과 기후변화 / 자본의 속성 / 자본주의의 모순

- **2 신자유주의의 간략한 역사** A Brief History of Neoliberalism — 29
  프로젝트로서의 신자유주의 / 악마의 거래 / 금융위기

- **3 신자유주의의 모순을 파헤치다** Contradictions of Neoliberalism — 43
  신자유주의의 핵심 모순 / 자본과 정부 / 미국의 우울 / 월가를 점령하라 /
  도널드 트럼프

- **4 실체 없는 금융이 세상을 지배하다** The Financialization of Power — 57
  금융의 가치(?) / 복리성장 / 통화의 속성 / 금융의 순기능과 역기능

- **5 독재로 선회하는 신자유주의** The Authoritarian Turn — 71
  브라질의 보우소나루 / 신자유주의 경제와 우파 포퓰리즘의 동맹 / 코크 형제 /
  자본과 정치

- **6 사회주의는 진정한 자유를 추구한다** Socialism and Freedom — 89
  자유의 양면성 / 자유와 정의 / 자유와 집 / 자유와 시간

- **7 세계 경제에서 중국의 중요성** — 105
  The Significance of China in the World Economy
  중국의 영향력 / 중국의 변신 / 금융위기와 중국 / 중국의 잠재력 / 최강 중국(?)

- **8 자본주의의 지정학** The Geopolitics of Capitalism — 127
  돈과 권력 / 권력의 두 가지 논리 / 브레턴우즈 협정 / 금융화된 자본주의 /
  마셜 플랜과 대한민국 / 일대일로(一帶一路)

- **9 성장 증후군** The Growth Syndrome — 163
  노동의 분권화 / 변화율 대 총량

- **10 소비자 선택권이 박탈당하다** The Erosion of Consumer Choices   179

  모던 타임스 / 영혼 없는 삶 / 고래와 비닐봉지

- **11 원시적이며 근원적인 자본축적** Primitive or Original Accumulation   193

  자본의 원죄 / 제국주의와 자본주의 / 로자 룩셈부르크

- **12 강탈에 의한 자본축적** Accumulation by Dispossession   205

  젠트리피케이션 / 온갖 종류의 자본축적 / 강탈의 기술들

- **13 생산과 실현** Production and Realization   217

  패스트푸드 노동자 / 공항 노동자 / 지구온난화

- **14 탄소 배출과 기후변화** Carbon Dioxide Emissions and Climate Change   229

  이산화탄소 농도 400ppm / 입장의 변화 / 다시, 변화율 대 총량 /
  이산화탄소를 땅속으로

- **15 잉여가치의 변화율 대 총량** Rate versus Mass of Surplus Value   243

  가치의 이동 방향 / 중국의 목표 / 이윤율의 균등화

- **16 소외** Alienation   257

  노동의 소외 / 이중 소외 / 소외의 원인들 / 보상적 소비주의 / 소외의 결과들

- **17 소외당하는 노동자: 공장 폐쇄의 정치**   279
  Alienation at Work: The Politics of a Plant Closure

  라토야의 기록 / 공장 폐쇄 / 자본에게 노동이란

- **18 코로나19 시대의 반자본주의 정치**   295
  Anti-Capitalist Politics in the Time of COVID-19

  코로나의 시작 / 세계화와 코로나 / 코로나 취약계층 / 반자본주의자의 임무

- **19 집단적인 딜레마에 대한 집단적인 반응**   313
  The Collective Response to a Collective Dilemma

  기계와 노동자 / 노동과 시간 / 자유 그리고 해방 / 팬데믹 이후의 새로운 사회

1

지구촌 곳곳이 불안하다

Global Unrest

혁명은 단발성 이벤트가 아니라 기나긴 여정입니다.

2019년 가을, 산티아고를 비롯해 베이루트, 바그다드, 테헤란, 파리, 키토, 홍콩, 인도, 알제리, 수단 등 세계 곳곳에서 정치적 투쟁이 대폭발했습니다. 이것은 우리가 만들어놓은 현 세계에 고질적인 문제가 있다는 방증입니다. 이러한 문제들은 민주주의 시스템의 실패와 민중들이 정치에서 소외되고 있다는 데에서 그 원인을 찾을 수도 있습니다. 우리에게 잘 알려진 또 다른 불만의 목소리는 현 경제모델의 실패입니다. 생활의 질을 합리적으로 만족시킬 수 있도록 공공서비스(건강관리, 교육, 주택 및 대중교통 등)를 제공해주면서, 동시에 적정 수입을 동반한 고용 보장, 부담 없는 가격으로 식탁 위에 올릴 수 있는 음식, 몸에 걸칠 수 있는 셔츠, 두 발에는 신발, 손에는 휴대폰, 집 차고에는 자동차를 보장해주리라 기대했던 경제모델이 실패했다는 것이죠.

희망 없는 미래

칠레에서 벌어졌던 최근의 사건들은 문제의 본질뿐만 아니라 이런 문제들을 정치적으로 다루는 전형적인 방법을 상징적으로 잘 보여줍니다. 저는 오랫동안 칠레를 계속 주시하고 있었습니다. 칠레는 신자유주의를 선도했던 국가들 중 하나였습니다. 1973년, 피노체트 장군은 군사 쿠데타를 일으켜 민주적으로 선출된 사회주의자 대통령 살바도르 아옌데를 제거하고, 일명 '시카고학파 Chicago Boys'라고 불리는 시카고대 출신 경제학자들을 영입해 신자유주의 경제모델을 도입했습니다. 2019년 10월 초, 보수적인 기업인 출신의 피녜라 대통령은 《파이낸셜 타임스》와의 인터뷰에서 칠레를 이렇게 묘사합니다. 칠레는 '건전한 성장을 이루고 있는 오아시스이며, 탄탄한 경제가 뒷받침하고 있고, 경제 지표가 우수한 나라'라고 말입니다. 피녜라 대통령은 칠레 경제는 아주 탄탄하며 남미 다른 국가들의 모델이 된다고 단언했습니다. 그로부터 약 3주 후 칠레에 심각한 민중 소요가 들끓고 있다는 속보가 나옵니다. 애초의 문제는 지하철요금 인상이었습니다. 고등학교 학생들이 거리로 나와 시위를 벌였죠. 거리로 나온 학생들의 수는 2006년도 학생 시위에 맞먹었습니다. 당시 고급 레스토랑에서 여유롭게 식사를 하고 있던 피녜라 대통령은 이 사태를 일으킨 무법자들을 반드시 막겠다고 장담했습니다. 이것은 곧 경찰에게 불만분자들을 강경 진압하라는 암묵적인 지시였습니다. 경찰은 그대로 따랐습니다. 이런 경찰에 맞서 시위에 합류하는 사람들은 더욱 많아졌습니다. 성당 세 곳과 지하철역이 불에 타고, 슈퍼마켓이 공격 대상이 되었습니다. 국가비상사태가 선포되었고 군대가 동원되었습니다. 그러자 수백만의 분노한 시민들이 하나에서 열까지 모든 것에 대해 평화적인 방법으로 반기를 들었습니다. 독재정권 이후로는 거리에서 볼 수 없었던 군인들 존재까지 문제로 삼았죠. 피녜라 대통령은 국민의 소리에 귀를 기울이고 뭔가를 해야 한다는 사실을 뒤늦게 깨달았습니다. 기초연금 지급액과 사회복지 수당을 증액하고, 최저임금을 인상했습니다. 국가비상사태를 철회하고 군대를 철수시켰습니다. 낡은 헌법에 대한 개헌 요구가 일었습니다. 기존의 신자유주의 경제모델을 보장해주는 헌법은 군부독재 시절에 채택된 것이었습니다. 이 모델에 따라 연금, 건강, 교육 등의 부문이 민영화되었던 거죠. 결국 개헌의 필요성에 동의하고 2020년 4월에 국민투표를 하기로 결정했습니다.* 칠레에는 이렇게 불안한 평화가 찾아왔습니다.

이 같은 일련의 소동은 칠레에만 국한된 일이 아닙니다. 이와 비슷한 일이 일찌감치 에콰도르에서도 있었습니다. IMF국제통화기금가 조세 개혁과 유가 보조금의 폐지 등을 요구하는 구조조정을 명령했고, 이로 인해 대규모 시위가 촉발되었습니다. 원주민 단체는 발 빠르게 움직이기 시작했고, 수도인 키토를 향해 행진을 했습니다. 마치 1990년대에 사회주의자 라파엘 코레아가 정권을 잡을 수 있게 해준 시위를 다시 보는 듯한 느낌이 들었습니다. 시위대의 규모가 엄청나게 커질 듯하자 정부는 키토를 민중들에 넘기고 과야킬로 피신을 합니다. 결국 레닌 모레노 대통령은 IMF 프로그램을 폐기하고 키토로 돌아가 협상을 합니다.

2019년 가을, 칠레와 에콰도르는 혼란에 빠졌습니다. 이와는 아주 다른 면에서 볼리비아도 어려움을 겪고 있었는데, 사태는 위와는 정반대 방향으로 흘렀습니다. 에보 모랄레스 대통령이 강력한 우파 세력으로부터 부정선거로 고소를 당했습니다. 이 우파는 조직적으로 움직이는 시위대의 지지를 등에 업고 있었죠. 군부의 압력으로, 에보 모랄레스 대통령을 비롯한 정부 관리들은 볼리비아를 떠나 다른 나라로 망명했습니

---

* 코로나19로 인해 연기되어 2020년 10월 25일에 국민투표를 치렀다. 압도적인 개헌 찬성으로 피노체트 군부독재 시절의 헌법을 폐기하기로 확정하였다.

다. 대규모 시위대들이 거리로 쏟아져 나왔고, 대립하는 시위대들은 충돌했습니다. 볼리비아는 2020년 6월에 치러질 새로운 선거*를 앞두고 혼란에 빠졌습니다. 모랄레스는 출마 자격을 정지당한 상태입니다. 브라질에서 룰라 전 대통령이 출마 자격을 정지당했던 것처럼 말입니다. 당시 브라질 선거에서는 보우소나루가 대통령으로 당선됐습니다.

지구 반대편에서는 레바논이 혼란에 빠졌습니다. 희망이 없는 미래에 좌절한 젊은 세대들이 계속해서 거리로 나와 대규모 반정부 시위를 했습니다. 똑같은 일이 이라크의 바그다드에서도 벌어졌습니다. 이 경우에는 대규모 시위대에서 사망자가 이삼백 명 정도 발생했습니다. 이 시위대는 바그다드에서 빈곤에 허덕이는 저소득층이면서도 수년간 정치적으로 소외되었던 사람들이 주를 이루고 있었죠. 테헤란에서도 유사한 일이 벌어지고 있었습니다. 강도가 약화되고 있기는 합니다만 프랑스에서는 '노란 조끼 시위'가 1년 넘게 계속되고 있습니다. 가장 최근에는 연금 개혁에 반대하는 반정부 시위와 연대하고 있습니다. 이 시위로 며칠간 파리와 다른 주요 도시들이 폐쇄되기도 했죠.

시민들의 시위가 세계 도처에서 벌어지고 있습니다. 만일 우주선을 타고 지구에서 멀찌감치 떨어져 시위대들이 곳곳에서 붉은빛을 번쩍이는 모습을 내려다볼 수 있다면, 우리는 전 세계가 혼란에 빠져 있다

---

* 볼리비아는 2020년 6월로 예정됐던 선거를 코로나19 탓에 두 차례 미뤘다가 2020년 10월 18일에 치렀다.

는 결론을 내릴 게 분명합니다. 노동운동의 물결 또한 계속해서 고조되고 있습니다. 예컨대, 최근 몇 년 사이에 미국 곳곳에서—비공식 노조가 상당수이긴 했지만—교사 노조 파업이 급증했는데, 예상도 하지 못했던 곳에서 발생하여 2019년 9월 시카고에서 정점을 찍었습니다. 방글라데시와 인도에서도 주요한 노동자 파업이 발생했으며, 추적이 힘들긴 하지만 중국에서도 주요한 노동운동이 벌어지고 있습니다.

문제는 신자유주의

그렇다면 이러한 시위들은 모두 무엇 때문에 발생한 것일까요? 여기에 뭔가 공통점은 없을까요? 각각의 사례들에서 특별히 눈에 띄는 대목이 있습니다. 이들 시위의 공통된 맥락을 보자면, 현 경제 시스템이 대중들에게 보장했던 약속을 제대로 지키지 못하고 있다는 사실을 깨달았다는 것, 또 정치 시스템이 비정상적으로 초부유층의 편에서 돌아가고 있다는 사실을 실감했다는 것을 들 수 있겠습니다. 이러한 시스템이 상위 1% 또는 상위 10%를 위해서 돌아가고 있을지는 모르겠지만, 대중들을 위해서 돌아가고 있는 것은 아니라는 사실을 대중들이 깨닫기 시작한 것입니다. 그래서 거리로 뛰쳐나와 이런 정치경제 모델은 자신들의 기본적인 요구에 부응하지 않는다며 시위를 하고 있는 것입니다.

칠레에서는 상위 1%가 부富의 약 3분의 1을 차지하고 있습니다. 이 같은 문제는 거의 세계 모든 곳에서 발생하고 있습니다. 불평등의 심화가 이러한 문제들의 중심에 있습니다. 그래서 서민층뿐 아니라 중산층도 엄청난 고통을 겪고 있습니다. 왜 경제 시스템이 제대로 돌아가고 있지 않을까요? 사실, 테헤란, 에콰도르, 칠레 등의 시위 촉발 계기는 두세 가지 경우에서 비슷했습니다. 유가와 대중교통요금 인상이 촉발제가 되었죠. 대부분의 사람들에게 도시 내에서의 이동은 필수불가결한 일이며, 그래서 이동하는 데 드는 비용은 중요합니다. 만일 그 비용이 터무니없이 오른다면 특히 저소득층은 엄청난 타격을 받게 됩니다. 이 때문에 대중교통 요금 및 유가 인상에 민감해지는 것입니다.

흥미로운 점은 이러한 촉발제가 어떻게 점차 광범위하면서도 조직적으로 발전해 나가느냐 하는 것입니다. 시위는 기본적인 경제 문제(대중교통비나 식비, 도시 공공서비스나 적정가의 주택 공급 부실과 같은)에서 촉발됩니다. 하지만 그 선에만 머무는 경우는 드뭅니다. 시위는 급속도로 증가하며 광범위한 문제들을 다루게 되죠. 이에 대해서는 두 가지 관점으로 생각해볼 수 있습니다. 첫 번째로, 이러한 문제들은 신자유주의와 같은 특정한 자본축적 형태에서 비롯됩니다. 문제는 자본주의가 아니라 자본주의 체제에서 구현되는 신자유주의라는 것입니다. 심지어는 기업 쪽에서도 이에 동의하며 개혁을 고려해볼 수도 있다는 사람들이 있습니다. 최근 들어 몇몇 기업은, 효율과 수익성에만 지나치게 매진했던 그동안의 모습에서 벗어나 이제는 사회나 환경에 미칠 영향을 고려해 기업활동을 하는 것이 중요하다고 인식합니다. 신자유주의에 편승해 우리는 여기까지 왔습니다만 이제 이 시점에서 멈춰 생각해봐야 합니다. 자본축적이 어떤 방향으로 나아가야 하는지에 대해 보다 폭넓게 바라봐야 합니다. 보다 더 사회적인 책임을 지고, 보다 더 공정한 형태인 이른바 '양심적인 자본주의'가 요구됩니다. 나날이 증가하는 사회적 불평등 문제도 시위에서 일반적으로 거론되는 주제이자 우리가 반드시 다루어야만 하는 문제입니다. 결국, 자본의 신자유주의 모형에서 이런 문제들이 발생하는 것입니다. 격렬한 시위가 어느 정도 가라앉자 칠레에서는 본격적으로 이런 문제들이 공론화되었습니다. 신자유주의 경제모델을 대체할 개헌 문제를 국민투표로 결정하자는 데 대통령과 의회가 한목소리를 냈기 때문이죠.

시위의 확산

자본주의 체제의 신자유주의 경제모델에 중대한 문제들이 있어 수정이 절실한 것은 사실입니다. 하지만 저는 신자유주의 자체가 근본적인 문제라고는 생각하지 않습니다. 신자유주의를 채택하지 않은 자본주의 국가 중에도 경제모델이 제대로 작동하지 않는 곳들이 있습니다. 문제는 자본주의 체제이지 특정한 신자유주의 경제모델 아닙니다. 이제 사람들은 이러한 근본적인 문제를 자각하기 시작했습니다.

현재 세계 곳곳에서 일고 있는 시위를 보면 새로운 것은 거의 없습니다. 지난 30년에 걸쳐 우리는 다양한 저항운동을 목격했습니다. 이런 저항은 도심 지역에만 국한된 것은 아니지만 대부분 도심 지역의 삶의 질이 저하되는 문제에 집중됐죠. 노동운동도 마찬가지입니다. 대규모 시위는 대부분 도심을 중심으로 벌어졌고, 그렇게 시작된 시위가 다양한 논리에 편승해 점차 확산되고, 다양한 계층과 다양한 사회적 위치에 있는 사람들의 힘을 받으며 발전해가는 양상을 띠고 있습니다. 반자본주의 투쟁이나 반자본주의 이론에 깊이 뿌리를 박고 있던 예전의 무산계급 및 노동계급에만 국한된 투쟁과는 비교가 되죠.

일례로 2013년, 터키에서는 이스탄불의 중심부에 있는 게지공원을 밀어내고 쇼핑센터를 짓겠다는 정부 발표에 반발해 시위가 일어났습니다. 그 이후에 일어난 일련의 사태는 너무 자주 봐왔던 것입니다. 경찰은 에르도안 대통령의 명령하에 시위대를 무력 진압하였습니다. 경찰의 무력 진압에 항거하기 위해 더 많은 사람들이 거리로 나왔습니다. 그러자 순식간에 이스탄불에서뿐 아니라 터키의 다른 모든 주요 도시에서도 대규모 시위가 일어났습니다. 민중과 협의를 하지 않는 비민주적인 행태에 반기를 든 전국적인 시위가 장기간 계속되었으며 현재도 그 여파가 지속되고 있습니다.

몇 주 뒤 브라질에서도 같은 일이 발생했습니다. 상파울루에서 버스요금 인상에 반대해 학생들이 거리 시위에 나섰습니다. 경찰은 상파울루 주지사의 명령으로 학생 시위대를 폭력적으로 진압했습니다. 이로 인해 전국적으로 이 학생들을 지지하는 세력이 결집합니다. 그 세력 중에는 '블랙 블록 아나키스트Black Block Anarchists'*에 의해 조직된 시위 세력들도 있었습니다. 순식간에 시위는 들불처럼 번져 브라질 100여 개

---

* 브라질의 극좌파와 무정부주의자들이 연합한 세력을 지칭한다.

도시로 퍼져나갔습니다. 리우데자네이루에서는 엄청난 규모의 시위가 며칠 동안 밤낮으로 계속됐습니다. 이제는 대중교통요금 인상 문제를 넘어, 신축 경기장 등 월드컵 및 올림픽 인프라 건설에 들인 천문학적인 액수의 비용과 이와 관련된 부정부패에 분노하며 엄청난 수의 사람들이 시위에 합류하였습니다. 이는 브라질인들이 축구를 사랑하지 않아서가 아닙니다. 병원이나 학교와 같이 국민들 일상생활의 질을 높이는 데에는 비용을 들이지 않으면서 월드컵 준비 등에 필요한 인프라 건설에 엄청난 비용을 들이는 정부의 행태를 용납할 수 없기 때문입니다.

이 같은 양상으로 대중이 결집하는 데에는 긴 역사가 있습니다. 이런 대중의 결집은 보통 그리 오래 지속되지는 않는데요. 대부분은 예고 없이 어느 순간 들고일어났다가 가라앉습니다. 그러고는 사람들 기억에서 잊혔다가 다시 불타오릅니다. 지난 30년 사이에 이런 식으로 대중들이 자꾸 결집하는 속도는 점점 빨라졌습니다. 아마도 이러한 양상이 눈에 띄기 시작한 것은 시애틀에서 예정되어 있었던 WTO세계무역기구 장관급 회담이 '반세계화 운동anti-globalization movement'에 의해 저지되었던 때부터인 듯싶습니다. 관계 당국이 예상치도 못한 사이에 갑자기 다양한 군중들이 시애틀로 몰려와 시위를 했습니다. WTO 회담 대표단들은 회담장에 들어갈 수가 없었습니다. 이 사건 이후 G20, G8, IMF, 세계은행 등의 회담이 있을 때마다 대규모의 사람들이 피켓을 들고 시위를 하게 되었습니다. 이후로도 2011년에는 '월가 점령 운동Occupy Wall Street'을 비롯해 세계 곳곳에서 온갖 다양한 형태의 비슷한 시위들이 등장했습니다. 이런 다양한 종류의 대중운동이 계속해서 반복되는 것을 우리는 지금까지 목격하고 있습니다. 그리고 대부분의 경우, 이런 운동은 파급력을 가지고 확산되는 양상을 띠었습니다. 세계 한쪽에서 벌어지는 시위가 세계 반대편의 시위에 생기를 불어넣는 식이죠.

대중의 결집

이런 시위들은 일정 기간 사그라들었다가 나타나기를 반복했습니다. 중간에 끊이지 않고 지속되는 경우는 없었습니다. 참여한 사람들의 목소리도 통일되기보다는 제각각인 경우가 많았습니다. 이런 대규모 시위에는 다양한 사람들이 모이지만, 같은 거리에 모여 있다고 해서 목소리가 하나로 조율되는 경우는 거의 없었습니다. 하지만 이런 모습도 이제는 변하고 있는 듯합니다. 레바논은 오랜 기간 갈등과 내전으로 쓰라린 역사를 겪고 있는데 주로 여러 종파와 종교 단체가 서로 반목해 빚어진 사태였습니다. 그랬던 레바논이 2019년에 처음으로, 정말 수십 년 만에 처음으로, 모든 종파가 하나로 뭉쳤습니다. 특히 경제적으로 어떤 희망도 없는 젊은이들을 주축으로 말입니다. 정부의 부패와 독재, 소수 권력자들에게 밀집된 특권에 맞서 반정부 시위가 시작되었습니다. 특히 젊은 세대에게 전혀 돌아가지 않는 경제적 기회에 대해서도 목소리를 높였습니다. 다시 말해, 이들의 종파가 무엇이건 간에 모두가 의견 일치를 봤다는 것입니다. 현 정치경제 체계가 제대로 작동하고 있지 않으며 뭔가 급진적으로 달라져야 할 필요성이 있다는 데 뜻을 같이했습니다.

뭔가 달려져야 한다는 것, 바로 이 지점이 서로 다른 종파 사이에서 해결해야만 했던 문제였습니다. 역사상 처음으로, 서로 대척점에 있던 종파들이 모여 대화를 했습니다. 현 정치경제 체계를 허물고 뭔가 대안을 만들어낼 것을 요구하기 위해서 말입니다(그 대안이 정확히 무엇인지는 미제로 남아 있습니다만).

저는 브라질에서 이런 모습을 직접 겪어봤습니다. 보우소나루가 대통령에 당선된 이후였습니다. 보우소나루 대통령은 신자유주의화를 천명하긴 했지만, 극우 성향의 권위적이고 복음주의인 기독교 정부를 이끌고 있습니다. 브라질에는 반대 정파인 좌파 정당이 여러 개 있습니다. 그중 가장 큰 좌파 정당은 노동당입니다. 예전에 집권한 경험도 있죠. 하지만 의석을 가진 여러 개의 좌파 정당들은 분열되어 있습니다. 각 정당에는 국고 보조를 받는 싱크탱크가 있습니다. 의회에 의석을 가진 정당이라면 정책 연구를 위한 싱크탱크를 발족하기 위해 보조금을 받습니다. 좌파에는 6개의 정당이 있고, 과거에는 이들 간에 의사소통이 잘 되는 편은 아니었습니다. 오히려 서로 극렬하게 맞서는 일이 잦았죠. 그런데 제가 2019년 봄에 그곳을 방문했을 때는 6개의 정당이 모두 한데 모여 1주일간이나 현 정국에 대해서 분석하고 있었습니다. 그 주가 끝날 즈음에는 공동 집회를 했습니다. 각 정당 대표가 모두 참석해 한목소리로 연설을 하고 포옹했습니다. 전에는 본 적이 없는 방식으로 좌파가 함께 일을 해나갈 수도 있겠다는 비전을 보여줬죠. 제가 수집한 정보에 따르면 칠레도 똑같습니다. 여러 갈래의 좌파가 머리를 맞대고 개헌을 위한 방향을 함께 모색하기 시작했습니다.

전 세계적으로 정치판에서 우파가 흔들리고 있는 게 좌파의 결집을 불러일으키고 있는 것일지도 모릅니다. 아무튼 이번에는 뭔가 달라 보입니다. 최근의 양상들을 보면 어쩌면 결집이 끊이지 않고 꾸준히 힘을 발휘할 수 있도록 체계화되고 조직화될 수도 있겠습니다. 그런데 결집과 조직화는 확연히 다릅니다. 지난 30년간 우리는 SNS를 통해 거의 실시간으로 결집하는 대중의 놀라운 힘을 목격했습니다. 심지어 미국에서도 대규모 여성 행진, 이민자 권리 시위, '블랙 라이브스 매터Black Lives Matter', 미투Me-Too 운동 등이 벌어지는 모습을 우리는 봤습니다. 하지만 여기에 장기적으로 지속되는 조직화는 부족합니다. 지금의 기본적인 경제체제에 뭔가 문제가 있으므로 급진적인 변화가 필요하다고 느끼는 사람들이 이제 결집하기 시작하는 시점인지도 모르죠. 강력한 경제성장을 추구하기보다는, 상위 1% 혹은 상위 10%의 경제적 이익에 편중되기보다는, 대중에게 의료와 복지 서비스를 제공하고 양질의 교육과 연금 등을 보장해주는 방향으로 현재의 경제체제가 급격히 바뀌어야 한다고 이들은 느낍니다.

불평등과 기후변화

대중들의 이러한 결집이 무엇을 의미하는지 저는 끊임없이 생각해 봤습니다. 오늘날 자본이 굴러가는 시스템에 결정적인 모순이 발생하는가? 그렇다면 그 결정적인 모순은 무엇일까? 한 가지 명확하고도 중

대한 문제는 사회적 불평등입니다. 지난 30년에 걸쳐 전 세계 거의 모든 나라에서 사회적 불평등이 증가했습니다. 사회적 불평등이 급격히 심화되었으며, 따라서 훨씬 평등한 사회를 쟁취하기 위해서 뭔가 움직여야 한다고 느끼는 사람들이 많습니다. 대중에게 더 나은 공공재, 더 나은 공공서비스를 제공해야 한다고 느끼고 있습니다. 이것이 바로 우리가 당면한 한 가지 문제입니다.

두 번째 문제는 기후변화입니다. 포괄적으로 말하자면 환경 파괴입니다. 기후변화는 전 세계가 공동 대응을 해야만 하는 지경에 와 있습니다. 공동 대응의 필요를 느끼는 사람들이 전 세계적으로 점점 더 많아지고 있죠. 미 해양대기국에서 제공한, 지난 80만 년 사이의 대기 중 이산화탄소 수치 그래프가 널리 배포되었으며 이것이 미치는 정치적 영향에 대해 열띤 토론이 있었습니다. 사회적 불평등과 환경 파괴는 심각하면서도 해결하기 힘들어 보이는 문제입니다. 하지만 자본주의가 진화하는 과정에서 자본이 불합리와 불평등을 양산할 뿐 아니라 야만적이며 심지어는 자멸의 길로 가고 있다고 보는 데에는 여러 가지 다른 이유들도 있습니다. 상황이 이와 같다면 분명 자본은 또 다른 경제체제로 대체되어야 합니다. 과거 엥겔스와 공장 감독관들의 폭로로 드러난, 영국에 만연해 있던 공장 작업환경에 마르크스가 분노했던 것과 똑같이 이를 비인간적이고 절대로 용납할 수 없는 일이라고 했을 때, 현재 방글라데시나 중국 등의 공장 작업환경을 바라본다면 어떨까요? '문명 세계에서 이런 생산체계는 있을 수 없는 일'이라는 결론을 내리게 됩니다. 하지만 자본은 왜 비인간적이고 절대로 용납할 수 없는 생산체계를 계속 이어가고 있을까요? 그렇게 하지 않아도 될 만큼의 기술력이 있는 이 시대에 말이죠.

자본의 속성

마르크스는 다루지 않았지만 이제는 중대한 문제가 되어버린 요인이 하나 더 있습니다. 자본은 항상 성장을 추구한다는 점이죠. 이윤 추구를 통해서 활기를 띠는 것이 자본의 속성이기 때문입니다. 건강한 자본주의 경제는 모두가 초과이윤을 얻는 것입니다. 초과이윤이란 하루의 시작점에 갖고 있는 가치보다 하루의 마무리 시점에 쌓인 가치가 더 늘었다는 얘기이죠. 그리고 이렇게 하루의 마무리 시점에 생긴 잉여가치는 '경쟁의 강제법칙coercive laws of competition'에 따라 더 많은 가치를 창출하는 데 사용됩니다. 자본주의에서 성장이란 복리로 불어나는 성장입니다. 세계 경제의 규모가 약 25년마다 두 배로 커지고 있는 현실을 감안할 때 이런 식의 복리성장은 이제 문제가 되고 있습니다.

마르크스가 살았던 시대에는 25년 만에 경제 규모가 배로 커진다고 해서 실질적인 문제가 되지는 않았습니다. 하지만 지금 시대는 그렇지 않습니다. 1990년도 미 달러 가치를 기준으로, 1950년에 4조 규모였던 경제가 2000년부로 40조 규모, 현재는 80조 규모로 성장했습니다. 이런 추세가 계속된다면, 자본의 관성에 따라 2050년이면 160조, 2075년이면 320조 규모가 될 것이며, 이번 세기 말쯤에는 640조까지 규모가 커질 것입니다. 이런 식이 바로 복리성장의 생리이죠. 본질적으로 영원한 나선형 성장이 불가능하다 하더라도 복리성장은 모든 장벽과 한계에 도전합니다.

마르크스는 리처드 프라이스Richard Price, 1723-1791가 1772년에 쓴 복리 이자에 관한 글을 인용했습니다. 프라이스는 예수가 태어난 날에 5% 복리 이자로 1페니를 투자할 경우 1772년이면 투자가치가 순금으로 지구 부피의 150배에 달하게 될 것이라고 계산했습니다. 1페니를 단리로 투자할 경우에는 1772년이 되면 불과 7실링과 잔돈 몇 푼의 가치밖에 안 될 것이라고 했고요. 여기서 마르크스는 장기간의 복리는 불가능하다고 강조했습니다. 하지만 이론적으로는 자본의 관성에 따르면 아무런 제약 없이 무한정 자본축적이 이루어집니다. 마르크스가 세상을 읽어내던 시대에는 넘을 수 없는 한계는 없는 것처럼 무한한 자본축적을 향해 달려드는 복리성장이란 것이 가시적인 문제가 되지는 않았습니다. 마르크스는 자본이 이렇게 오랫동안 살아남을 것이라고는 상상도 못 했죠. 1970년 이후로 국제통화 공급 및 국제 신용통화가 기하급수적으로 성장하고 있는 것을 보면 세계경제가 복리성장의 궤적을 밟고 있다는 것을 알 수 있습니다. 동시에 자본의 지배하에 돌아가는 세계시장에서 생산, 분배, 소비 및 가치의 현금화 등에 치명적인 문제들이 제기되고 있다는 것 또한 알 수 있습니다. 현재 대부분이 투자 기금으로 묶여서 80조 달러 규모로 돌아가는 세계경제에서 자본은 수익성이 좋은 투자 기회를 찾는 데 상당한 어려움을 겪고 있습니다. 그리고 수익성이 좋은 투자 기회를 찾게 되면 어떻게든 돈을 많이 거둬들이기 위해 노동력을 최대한 착취하게 됩니다. 화폐자본을 어디에 어떻게 투자하면 돈을 벌 수 있는가 하는 문제는 아주 중요합니다. 화폐자본은 무제한으로 축적할 수 있는 유일무이한 자본의 형태이기 때문에 특히 그렇습니다. 이러한 자본의 속성 때문에 환경 파괴와 사회적 불평등이라는 두 가지 핵심 문제를 해결하는 데 막대한 돈을 투자할 가능성은 거의 없습니다. 세계 정부의 개입이나 적어도 각국 간의 강력한 조정이 없다면 말이죠.

세계 통화가 금으로 제한되어 있던 시절에는 자본을 무제한으로 축적하는 것이 불가능했습니다. 가질 수 있는 금의 양은 한정되어 있는데, 대부분은 이미 채굴된 상태이니까요. 하지만 1971년에 금본위제가 폐지되면서 세계 화폐 공급이 금에서 자유로워졌습니다. 그 후 화폐가 엄청나게 공급되어 지금과 같은 상태가 되었습니다. 세계의 통화량은 중앙은행들이 바라는 대로 돼가고 있습니다. 전 세계의 중앙은행들을 이끄는 것은 미 연방준비은행입니다. 미 달러가 세계 기축통화여서 국제 거래 대부분이 달러를 기준으로 계약이 이루어지기 때문이죠. 우리가 경제난을 겪게 되면 미 연방준비은행은 화폐를 찍어서 통화량을 늘립니다. 하지만 바로 이때 이런 의문이 듭니다. 더 찍어낸 화폐는 무슨 일을 하게 되는가? 그 돈을 어떻게 투자해야 돈을 더 벌 수 있는가? 세계경제에서 다양한 방법으로 이러한 문제를 조정하고 해결하는 모습을 우리는 봤습니다. 예컨대, 마르크스가 말하는 '현금화 문제realization problem'라는 것이 있습니다. 도대체 어떻게 매번 이 돈을 전부 이윤을 더 많이 창출해낼 수 있는 시장을 찾아 재투자할 수 있단 말인가? 그러한 이윤은 어디서 비롯되는 것인가? 그로 인해 생기는 사회문제와 환경문제를 어떻게 다룰 것인가? 현시대를 지배하고 있는 정치경제 모델의 실패가 뚜렷하게 드러나고 정치적 저항이 급증하고 있습니다. 이런데도 자본주의 경제체제를 중심으로 돌아가는 전 세계 경제관리 시스템이 기존의 틀 내에서든 틀 밖에서든 현재 당면한 근본적인 문제들을 어떻게 해결할 것인가에 대해서는 숙고하고 있지 않는 실정입니다. 세계경제에 엄청난 불균형이 드러나고 있는바 정치경제체제의 대대적인 재편이 절실히 요구되는 시점입니다. 그러나 자본은 동전의 양면과 같습니다. 자본은 규모가 너무 크고 괴물 같아서 살아남을 수가 없습니다. 현재와 같은 성장 패턴에서 현재와 같은 형태로는 자본이 살아남을 수가 없다는 말입니다. 한편으로 우리는 자본 없이 생존할 수가 없고, 다른 한편으로 자본은 자멸의 길을 향해 가고 있는 모양새죠. 이것이 바로 결정적인 딜레마입니다.

자본주의의 모순

자본주의 시스템에는 여러 가지 모순들이 있습니다. 그중 몇 가지는 다른 모순들보다 훨씬 두드러지죠. 믿을 수 없을 정도로 심각한 계층적, 사회적 불평등과 환경의 붕괴는 무엇보다도 눈에 띄는 모순들입니다. 하지만 바로 여기에 '너무 커서 붕괴시킬 수 없고, 너무 괴물 같아서 생존할 수 없는' 자본의 모순이 나타납니다. 사회적 불평등도 환경 파괴

문제도 이런 근본적인 모순을 다루지 않고는 해결할 수가 없습니다. 자본은 거대한 괴물이 되어 점점 폭주하고 있습니다. 살아남으려면 크고 작은 내전이나 갈등과 같은 지정학적 충돌이 일어나지 않을 수가 없습니다. 이미 지구촌 곳곳에서 들끓고 있는 수많은 내전과 갈등은 종국엔 세계적 대재앙이 될 것이 분명합니다. 이러한 사실에 맞서 사회주의 및 반자본주의 운동은 자본의 어떤 면이 세계인들에게 유용한 서비스를 제공하고 있는지, 그리고 자본의 어떤 면이 너무 크고 근원적이어서 붕괴시킬 수 없는지, 칼날 같은 타협의 길을 가야만 할 것입니다.

이것이 문제의 핵심입니다. 마르크스가 살던 시대에는 자본주의가 하루아침에 붕괴되더라도 전 세계 인구 대부분이 스스로 먹거리를 구하고 번식할 수 있었을 것입니다. 지역사회에서 생계 및 번식에 필요한 것들을 조달할 수 있을 만큼 충분히 자급자족이 가능한 시대였죠. 세계 경제 및 세계시장이 어떻게 돌아가든 관계없이 식탁에 아침 식사를 올릴 수 있는 시대였습니다. 그러나 지금은 더 이상 그런 시대가 아닙니다. 그렇게 생존할 수 있는 지역은 거의 없습니다. 미국 국민들 대부분, 유럽의 상당 지역 및 일본, 그리고 이제는 중국, 인도, 인도네시아 및 남미에서도 점점 자본의 흐름 속에서 유통되는 먹거리에 의존하고 있습니다. 마르크스가 살던 시대에는 자본의 흐름이 붕괴되더라도 여기에 취약한 인구는 전 세계의 10% 정도였을 겁니다. 기근, 가뭄, 전염병 및 환경 재해에 영향을 받는 사람들이 더 많았던 시대였습니다. 1848년 유럽 자본주의가 위기를 맞은 데에는 흉작도 한몫을 했지만, 철도 개통 사업에 집중된 투기 자금의 폭락도 한몫을 했습니다. 이후로는 세계시장에서 돌아다니는 자본 덕에 자연재해로 발생하는 굶주림은 대부분 없어졌습니다. 기근이 발생할 경우, 당장에 기근을 촉발한 원인은 따로 있다 하더라도, 그 근본적인 원인을 추적해보면 필히 자본주의 운용 체계 및 분배의 실패에 있는 것으로 드러납니다. 지금 세계 인구의 대부분은 자본의 흐름에 의존하고 있습니다. 먹거리를 공급 조달하기 위해서도, 일상생활을 유지하는 데 필요한 연료 및 에너지를 얻기 위해서도, 기본적인 생산 필수품의 조달을 원활하게 하는 정교한 커뮤니케이션 시스템을 유지하기 위해서도 모두 자본의 흐름에 의존하고 있는 것이죠.

이제 자본은 일상생활에 너무 깊숙하게 침투해 있어서 붕괴시킬 수 없을지도 모릅니다. 거대한 자본의 흐름이 장기간 막히게 되면 그 경제적인 영향과 사회적인 여파로 세계인의 상당수는 대재앙을 맞게 될 것이고 생존이 불가능해질 수도 있습니다. 물론 안데스 고산지대에 사는 토착민이나 농민들은 그런대로 잘 살 수 있을지도 모르죠. 그러나 장기간 자본의 흐름이 막힌다면 세계 인구의 3분의 2는 몇 주 내로 기아와 연료 및 전기 부족의 위협에 처하게 될 것입니다. 어쩔 수 없이 이동도 할 수 없게 되고 기존에 누렸던 거의 대부분의 것들을 효과적으로 재생산할 수 없게 될 것입니다. 우리는 이제 자본주의 체제에 대한 지속적이고도 장기적인 공격이나 자본순환의 붕괴를 견딜 수 있는 여력이 없습니다. 악질적인 자본축적을 엄격하게 차단한다 하더라도 말입니다. 혁명주의자라면 자본주의가 붕괴되어 하루아침에 사라지고 그 잿더미 위에 새로운 체제가 서게 될 것이라고 한 번쯤 꿈꿔봤을 것입니다. 하지만 이제 더는 그런 혁명이 가능한 시대가 아닙니다. 설사 과거에는 그러한 혁명적인 전복이 가능했다고 생각할 수도 있겠지만 말입니다. 당장 굶어 죽지 않으려면 상품이 계속해서 만들어지고 이에 따라 화폐자본이 순환해야 하는 시스템이 상당 기간 유지되어야 합니다. 이런 맥락에서 자본은 이제 너무 거대해져서 붕괴시킬 수 없다고 말하는 것이기도 합니다. 우리는 우리 자신의 손으로 역사를 만들어가기를 갈망한다고 마르크스는 말했습니다. 하지만 이것은 우리 스스로 선택한 체제 내에서는 절대 가능한 일이 아닙니다. 우리가 선택한 체제에 의해 수많은 기존 재화의 생산 체인과 유통을 지속해 나아갈 수 있는 정치가 존재하며, 동시에 인간의 욕구에 부응하기 위해 현 체제를 점진적으로 수정하고 사회화하는 것 역시 우리가 선택한 체제에 좌우되기 때문입니다. 마르크스는 '파리코뮌Paris Commune'에 대해 다음과 같이 논평했습니다.

> 자신들을 해방하고, 그에 따라 현 사회의 경제적 기구에 의해 거역할 수 없는 방향으로 나아가는 보다 고양된 형태의 사회를 쟁취하기 위해서는 노동계급은 기나긴 투쟁의 시간을 보내야 할 것이다. 상황과 인간을 개조하는 일련의 역사적 과정을 거쳐야 할 것이다. 그들에게는 이루어야 하는 이상 같은 것은 없다. 하지만 붕괴하는 유산계급 사회가 잉태한 새로운 사회의 요소들을 자유롭게 해야 하는 이상은 가지고 있다.

우리의 과제는 현 사회에 잠재되어 있는 문제가 무엇인지를 잘 살펴서 그 대안이 될 수 있는, 보다 사회주의적인 시대로 평화롭게 전환할 수 있도록 모색하는 것입니다. 혁명은 단발성 이벤트가 아니라 기나긴 여정입니다.

2

신자유주의의 간략한 역사

A Brief History of Neoliberalism

1990년대에 들어서자 모든 문제를 개인의 탓으로 돌리는
사람들이 많아졌습니다.

2005년, 저는 《신자유주의의 간략한 역사A Brief History of Neoliberalism》라는 제목의 책을 한 권 썼습니다. 제 책을 광고하는 것을 좋아하지 않습니다만, 이 책이 출판된 이후부터 지금까지 세계에서 벌어진 일들은 반드시 짚고 넘어가야 하기 때문에 부득이 언급합니다. 이 책은 1970년대에 기업이 자본축적을 극대화하고 부와 권력을 장악하고자 정치경제 권력을 어떤 식으로 동원했는지를 중점적으로 다뤘습니다.

프로젝트로서의 신자유주의

1970년대에는 환경규제법, 소비자보호법, 산업안전보건법 등 반기업적인 성향의 법안들이 많이 통과되었기 때문에 기업은 위기의식을 느꼈습니다. 당시 루이스 파월(나중에 미 연방대법원 판사가 되는)이 돌린 유명한 메모가 있죠. 내용은 이렇습니다. "상황이 너무 나갔습니다. 반자본주의자들이 떠드는 말에는 허풍이 너무 심합니다. 반격을 해야 합니다. 우리의 힘을 집결시켜야 합니다." 그러자 반자본주의로 기울어지는 흐름을 바꾸기 위해 온갖 단체들이 모였습니다(당시 실제로 반자본주의자들의 논리가 매우 강력하게 힘을 받고 있던 상황이었죠). 비즈니스 라운드테이블Business Roundtable*과 미 상공회의소를 비롯해 기존의 각종 우파 싱크탱크와 새롭게 조직된 단체들이 우후죽순 쏟아져 나왔습니다.

그 책은 바로 이런 일들이 벌어진 과정을 주로 다뤘습니다. 저는

---

* 미국 주요 기업 CEO들의 단체이다. 줄여서 BR이라고도 부른다.

항상 신자유주의를 소수 엘리트층에 부와 권력을 집중시키고자 하는 계급 프로젝트로 규정했습니다. 수십 년이 흐른 지금 우리가 사는 세상을 보십시오. 극소수 계층에 부와 권력이 편중되는 현상이 그 어느 때보다도 훨씬 심각해진 실정입니다.

저는 자주 이런 질문을 받습니다. "2007년에서 2008년 사이에 신자유주의가 막을 내렸나요? 그때가 신자유주의의 위기였습니까? 그렇다면 우리는 지금 어디에 있는 겁니까?" 이는 우리가 정치적으로 진지하게 생각해봐야 하는 질문입니다. 그러기 위해서 우리는 프로젝트로서의 신자유주의가 어떻게 돌아갔는지를 조금은 이해해야만 합니다. 저는 신자유주의가 자본가 및 대기업을 중심으로 한 소수 엘리트층의 프로젝트이긴 하지만 여기에는 탄탄한 대중의 지지 기반이 필요했다는 것을 알아챘습니다. 1970년대 이후 이들은 공화당을 포섭하려 했고, 대중의 지지 기반을 확보하고자 했습니다. 주로 우파적 성향의 종교를 중심으로 이러한 대중의 지지 기반이 마련되었는데, 이는 1970년대부터 점차적으로 정치색을 띠게 되었습니다.

이론적인 정당성 또한 확보하고자 했습니다. 1970년대에 모인 자본가들이 특별히 이론적인 정당성에 대해 생각하려고 했던 것은 아니었겠지만, 통화주의 이론monetarism*과 공급중시 경제학supply-side

---

* 정부 개입을 극도로 축소하고, 시장의 자유를 최대한 보장해야 경제가 제대로 돌아간다는 경제 이론. 통화량만 조절하면 모든 게 잘 돌아간다고 주장한다. 미국 시카고대학의 경제학 교수 밀턴 프리드먼이 주창하였기 때문에 통화주의 이론의 신봉자들을 시카고학파라고 한다.

economics*이라고 하는 경제 독트린을 쉽게 찾아냈습니다. "우리는 근본적으로 경제 동력을 바꿔야 합니다. 정부의 시장 개입에서 벗어나야 합니다. 보다 자유로운 시장경제를 창출해야 합니다. 특히 노동조합의 힘을 없애야 합니다."라는 말로 깔끔하게 정리되는 이런 독트린을 내세웠던 것입니다. 이렇게 해서 공급중시 경제학은 신자유주의 프로젝트의 기초를 세우는 데 알맞은 경제 이론으로 자리매김하게 되었죠.

공급중시 경제학이 주장하는 바는 다음과 같습니다. 경제는 공급 환경을 조절하는 것으로 돌아가야 하고, 이때 가장 중요하게 다뤄야 할 공급 환경은 당연히 노동력 공급입니다. 1970년대 노동자계급의 힘은 매우 강력했습니다. 노동조합들의 힘은 강했고, 영국을 비롯한 유럽에는 노동당과 사민당이 여럿 있었습니다. 미국의 민주당조차도 대형 노동조합의 힘에 크게 의지하고 있었습니다. 신자유주의 초기 단계는 이러한 노조, 소위 '대형 노조'의 힘을 억제하는 것이었습니다. 그래서 가능한 수단을 모두 동원해 노조의 힘을 약화시키기 위해서 정치 지형을 재편하려고 했습니다.

이를 위해서는 기업 엘리트층에게 정치권력을 확보할 수 있는 길이 열려야 했습니다. 선거에 자금을 대면 그 길이 열리게 되죠. 선거에 엄청난 자금이 들어오고 있는데, '이것이 과연 정당한가?'라는 문제를

---

* 수요가 공급을 결정하는 것이 아니라, 공급이 수요를 창출한다는 공급 이론에 바탕을 둔 경제학으로, 경제 흐름의 중심을 공급에 두고 있다.

놓고 1970년대에 치열한 논쟁이 벌어졌습니다. 그 시절, 미 연방대법원에서는 이 문제로 여러 건의 소송을 다뤘습니다. 요약하자면, 선거 자금은 부득불 필요하지만 적정 수준이어야 한다는 것이 처음의 분위기였습니다. 그러나 결국에는 선거를 돈에 활짝 개방해야 한다는 방향으로 흘러갔습니다. 결국 선거비용은 미 연방대법원의 결정과 보호 아래에서 표현의 자유라는 차원으로 해석되었습니다. 그 결과, 어느 누구도 정계로 유입되는 돈의 흐름을 막을 수 없게 되었죠. 이로 인해 대기업과 부유층은 점차 정계를 장악할 수 있게 되었습니다.

이들은 언론 또한 장악해야 했습니다. 기업이 직접 언론을 소유하고 통제하는 방식을 통해 효율적으로 언론을 장악해 나갔습니다. 대학을 포섭해야 할 필요도 있었습니다. 하지만 1970년대 초 학생운동은 반기업 및 반전의 성격이 매우 강했으며, 교수진도 매우 진보적이어서 쉽사리 포섭할 수가 없었습니다. 맨해튼 인스티튜트를 비롯해 전미 경제연구소, 올린 재단, 헤리티지 재단 등의 싱크탱크들로 대학을 포섭하고자 했습니다. 이러한 기관들은 모두 대규모 자본의 지원을 받았죠. 이들은 반노조, 친기업, 자유시장 및 시장 개방을 통한 경쟁 강화 등을 연일 주장하며 이에 관한 출판물들을 쏟아냈습니다. 1970년대부터 이런 분위기가 지배했으며, 이는 꽤 성공적인 프로젝트였습니다.

1990년대에 이르면 노조는 전반적으로 영향력을 잃었고 기업을 통제하던 규제 기구는 대부분 해체되었습니다. 클린턴 정부의 민주당은 신자유주의 정치의 대리인이 되었습니다. 클린턴은 건강보험의 진보적인 개혁과 더 나은 삶의 질을 약속하며 정권을 잡았습니다. 그러나 결국 클린턴이 미국에 바친 것은 반노동 협정과 다름없는 NAFTA북미자유무역협정였습니다. 협정을 체결할 때 대형 노조에서는 그 누구도 참석하지 못했습니다. 민주당은 전통적인 지지 기반이었던 대형 노조에서 빠져나와 코즈모폴리턴적인 도시의 엘리트 전문가 집단을 자신들의 새로운 지지 기반으로 조성하기 시작했습니다.

클린턴은 NAFTA를 체결하고 '우리가 알고 있는 복지'*를 개혁했습니다. 마구잡이 수감 정책을 펼쳤으며, 이로 인해 흑인 청년들 다수는 범죄자 취급을 당했습니다. 클린턴은 금융규제법을 폐지했습니다. 그중 1930년대에 제정된 중요한 금융규제법 중 하나인 글래스-스티걸법Glass Steagall Act**도 폐지했죠. 클린턴은 그야말로 신자유주의 프로젝트의 제1대리인이었습니다. 대서양 건너편에서 토니 블레어도 이와 비슷한 신자유주의의 행보를 보였습니다. 블레어는 '우리는 기업과 대립하기보다는 협력해야 한다'고 말했죠.

---

* 1992년 대선 캠페인 당시 빌 클린턴은 '우리가 알고 있는 복지를 없애겠다'는 공약을 내세웠으며, 이는 빈곤층에 대한 기존의 사회복지 프로그램을 대폭 수정 축소하는 방향의 개혁이었다.

** 1933년 미국에서 은행 개혁과 투기 규제를 목적으로 제정한 법. 상업은행은 예금과 대출 업무만 하고, 투자은행은 기업 인수 합병 및 증권인수 등의 투자 업무만 하도록 상업은행과 투자은행의 업무를 엄격하게 분리했다. 이는 상업은행이 고객의 돈으로 무분별한 투자를 하는 것을 막는 역할을 했다.

악마의 거래

1990년대에 이르자 신자유주의 프로젝트는 순조롭게 돌아갔습니다. 사회적 불평등에 대한 데이터를 살펴보면 영국, 미국을 비롯한 OECD 주요국 대부분에서 사회적 불평등이 엄청나게 증가한 것을 볼 수 있습니다. 이러한 사회적 불평등의 상승세는 토마 피케티의 《21세기 자본》에 잘 서술되어 있습니다. 《21세기 자본》은 자본을 다룬 책이 아닙니다. 1970년대부터 계속되어온 자본주의 체제하의 사회적 불평등을 다룬 책입니다.

성공적인 정치 프로젝트였다고 할 수 있는 신자유주의 프로젝트는 바로 이런 것이었습니다. 노조는 힘을 잃었고 환경규제법은 시행되지 않았으며 금융규제법은 축소되었습니다. 누군가는 그 무렵 칠레에서 선거를 통해 당선된 사회주의자 아옌데 대통령과 1973년 반혁명을 통해 정권을 탈취한 신자유주의자 피노체트를 떠올립니다. 우리는 마거릿 대처와 로널드 레이건을 비롯해 당시 전 세계의 여타 인물들이 신자유주의 정책의 단초를 이끌었던 시대를 전부 겪었습니다.

신자유주의에 관한 책에서 저는 이 모든 것을 살피고 2000년 직후 정세를 이야기했습니다. 성공적인 신자유주의 프로젝트는 스스로 잘 굴러갔습니다. 여기에 반대나 저항은 있을 수 없는 일처럼 보였습니다. 마거릿 대처는 "대안은 없다There is no alternative"*는 유명한 말을 남겼죠. 대

---

* 신자유주의 이념 설파를 위해 마거릿 대처는 There is no alternative(대안은 없다)를 무기로 삼았으며, 마거릿 대처의 별명인 TINA는 바로 이 문구에서 비롯되었다.

처는 경제체제를 신자유주의로 전환하는 것은 물론이고 사람들의 사고방식과 경제문화 전반을 바꾸려 했습니다. 개인주의, 개인의 책임, 자기계발 등을 중시하는 사고방식을 주입했습니다. 한 사람 한 사람이 각자 기업가가 되어 자기 자신에게 투자해야 한다는 것이었습니다.

가난에 허덕이게 되더라도 그것은 자신에게 투자를 제대로 하지 못했기 때문이라는 것입니다. 우리가 가난에 빠지게 된 것은 우리의 잘못이라는 이야기입니다. 시스템의 잘못이 아니라 우리의 잘못이라는 것이죠. 집을 압류당해도 그것은 시스템의 잘못이 아니라 우리의 잘못이라는 이야기입니다. 바로 자립이라는 개념이 이렇게 생성된 것이죠. 1990년대에 들어서자 이미 이 개념이 만연했습니다. 그 뿌리는 매우 깊습니다. 제 책에서는 바로 이런 부분을 강조해서 다루고 있습니다. 1960년대에는 개인의 자유와 해방, 그리고 사회정의를 갈망하는 사람들의 운동이 매우 격렬했습니다. 소위 68혁명 세대라고 하는 사람들이 자본의 본질에 대항하는 운동을 했죠. 자본은 다음과 같이 말하며 대응했습니다. "우리는 개인의 자유를 보장하고 존중합니다. 특히 시장에서 선택의 폭을 넓힐 수 있도록 개인의 자유를 바탕으로 시장구조를 체계화할 것입니다. 그 대신 사회정의라는 것은 잊어주셔야겠습니다."

이는 1970, 80년대 레이건과 대처가 68혁명 세대에게 제안한 악마의 거래였습니다. 이 거래는 1990년대의 클린턴 시대까지 이어졌습니다. 1990년대에 들어서자 모든 문제를 개인의 탓으로 돌리는 사람들이 많아졌습니다. 시스템은 사실상 매우 잘 돌아가고 있다는 거죠. 이러한 사고방식은 초부유층과 잘나가는 기업가들에게 매우 유리하게 작용했습니다. 초부유층의 재산은 나날이 불어났고 CEO와 직원 사이 소득 격차는 점점 벌어졌습니다.

금융위기

그러다 2007-08년 금융위기*가 찾아왔죠. 마치 시스템이 실패한 것처럼 보였습니다. 이때 문득 우리는 현재 우리를 둘러싸고 벌어지고 있는 일들의 결정적인 핵심을 깨닫게 된 것이 아닌가 싶습니다. 1990년대에서 2000년대 중반까지 대중은 신자유주의 시스템이란 아무리 공격을 당해도 살아남을 수 있는 체제라고 설득당하고 있었습니다. 그러나 2007-08년에 이르자 신자유주의 시스템이란 것은 살아남을 수 없는 체제라는 사실을 깨닫게 되는 것이죠. 게다가 사람들은 모두 초부유층이 혜택을 받고 있었다는 사실을 직시하기 시작합니다. 2007-08년, 정부가 모든 지원을 아끼지 않으며(서민들 눈치는 보지 않고 무리해가면서) 은행과 월스트리트에 구제금융을 해 주었는데, 정작 월스트리트 직원들은 2008년 다 합쳐서 300억 달러가 넘는 보너스를 받았습니다. 세계 금융 시스템을 무너뜨린 당사자들에게 말입니다. 이에 대중은 현 시스템이 초부유층의 놀음판으로 돌아가고 있다며 입을 모아 말했습니다. 이때 우리

---

* 세계 금융위기, 즉 2000년대 후반 미국의 금융시장에서 시작되어 전 세계로 파급된 대규모의 금융위기 사태를 가리킨다.

는 신자유주의 시스템이 이제까지 굴러온 방식에 대해 공격하는 모습을 목격하기 시작합니다.

하지만 여전히 중요한 질문이 따라옵니다. 이것은 진정으로 자본의 힘에 대한 공격이었는가? 아니면 신자유주의를 지속하기 위한 하나의 눈속임이었는가? 저는 2007년에서 2008년 사이에 신자유주의가 종식되었다고 보지 않습니다. 잃은 것은 다만 신자유주의의 정당성, 특히 정치적 정당성이었습니다. 신자유주의 시스템에 대한 불만은 그대로 있었습니다. 이 불만은 나날이 깊어져 갔습니다. 다시 말해, 사람들은 자신의 존재가 걸려 있는 전반적인 경제 시스템에서 소외되기 시작했습니다. 하지만 신자유주의 시스템 자체는 변하지 않았습니다.

실상은 2007-08년 이후에도 부유층은 누구보다도 더 많은 혜택을 받고 있습니다. 이들은 '위기를 교훈으로 삼아야지, 그대로 낭비하면 안 된다'라는 교훈을 자신의 이익을 챙기는 데 사용했습니다. 영미의 자료를 살펴보면, 2008년 이후 대다수 사람들은 모두 전과 다름이 없거나 손실을 겪고 있는 반면, 상위 1%는 부와 권력이 14, 15%, 아니 20%까지 증가한 것을 알 수 있습니다. 신자유주의 프로젝트는 아직 끝나지 않았던 것입니다. 그러나 이전과는 달리 이제는 정당성이 사라져 버렸습니다. 신자유주의 프로젝트를 위해 새로운 형태의 정당성을 발굴해야만 했습니다. 우리는 이 새로운 정당성이 어떤 형태가 될지 촉각을 곤두세우고 지켜봐야 합니다.

2007-08년에는 주택시장의 위기도 같이 왔습니다. 미국에서는 약

7백만 가구가 집을 잃었습니다. 사태가 이쯤 되면 집을 빼앗긴 사람들 쪽에서 거대한 움직임이 일 거라고 예상할 수 있습니다. 거리로 나와 시위를 할 것이라고 예상할 것입니다. 그런 조짐이 있긴 했습니다만, 당시 집을 잃은 사람들은 대체로 책임을 자신에게 돌렸습니다. 자기 계발과 자기 자본 투자 등으로 대변되는, 1980년대부터 축적되어온 신자유주의 문화로 인해 사람들은 책임이 자기 자신에게 있다며 문제를 내부화했습니다. 물론 언론매체 및 기타 분야에서는 피해자들에게 달려들어 이들을 비난할 만반의 준비가 된 사람들로 넘쳐났습니다.

자, 이제 피해자들이 책임 추궁을 받게 됐습니다. 이렇게 되면 늘 그렇듯 주변부에서 숨어 있던 목소리가 기어 나와 질문을 던집니다. "이게 진짜 내가 비난받을 일인 거야?" 부당하다고 느끼게 됩니다. 그렇게 해서 2007-08년 사태에 피해를 입은 사람들은 모두 이러지도 저러지도 못하는 상태에 빠지게 됐습니다. 이들은 정부가 은행을 보살펴주고 금융계의 상처를 치유해주는 것을 봤습니다. 그러나 자신들을 도와주러 오는 사람은 한 명도 보지 못했습니다. 오히려 정치권은 내핍정책을 펼친다며 공공서비스를 축소했고, 피해자들은 바람직하지 못한 실패의 케이스로 비난의 시선을 받았습니다. 그런데 대체 누구를 위한 내핍정책이란 말입니까? 은행들의 빚을 갚아주기 위해서? 아니면 초부유층의 빚을 갚아주기 위해서? 피해자들의 마음속에 뭔가가 잘못됐다는 의심이 싹텄습니다.

사람들은 질문했습니다. "이렇게 엄청난 위기가 닥치다니 현 금융

시스템에 무슨 문제가 있었나요? 그리고 이 위기가 왜 전 세계로 번졌지요?" 전형적인 대답이 이어졌습니다. "금융 시스템은 아주 복잡합니다. 신용부도스와프CDS, 무담보채무약정과 같은 것들을 모두 이해할 수는 없습니다." 이는 당신처럼 하찮은 사람이 이해하기에는 금융 시스템이 복잡하기 그지없다는 답변인 것이죠. 이제 모두들 금융 시스템은 너무 복잡해서 전문가가 아니면 이해하지 못한다고 말하기 시작했습니다.

그러자 사람들은 다시 묻습니다. "전문가들만 이해할 수 있다면 어째서 전문가들이 그런 잘못을 한 거죠? 왜 전문가들은 앞으로 벌어질 일과 그로 인해 생기게 될 문제를 알지 못했나요?" 전문가들에게 이 같은 질문을 던진 기막힌 순간이 있었습니다. 버킹엄궁전에서 영국 여왕이 일단의 경제학자들과 함께 동석하며 차를 마시는 자리였습니다. 여왕이 경제학자들에게 이렇게 말했죠. "어째서 이런 위기가 닥치는 것을 알지 못했지요?" 그 자리에 동석했던 경제학자들은 어떻게 말해야 할지 몰랐습니다. 이들은 영국왕립경제사회학회의 회의를 소집해서 대답을 찾고자 했습니다. 그래서 다음번에 여왕을 만나러 갔을 때는 차를 마시면서 말할 수 있었죠. "저희는 무엇이 잘못됐는지는 이해를 했습니다." 그리고 이들이 생각해낼 수 있었던 대답은 한 가지뿐이었습니다. "저희는 시스템상의 위험을 이해하지 못했던 것입니다."

경제학자가 이렇게 인정을 했다는 것은 매우 놀랄 만한 일입니다. 시스템이 있는데 그 시스템에 위험이 도사리고 있다면, 더욱이 그 위험이 우발적인 것이 아니라 시스템상의 위험이라면, 여기에 주의를 기울이는 사람들이 많을 것이라고 생각했을 것입니다. 하지만 경제학자들 중 어느 누구도, 이론가들 중 어느 누구도, 전문가들 중 어느 누구도 우리의 시스템에 위험이 높아지고 있는 데 주의를 기울이지 않았습니다. 결국 도사리고 있던 위험으로 인해 금융위기가 발생했고, 사람들은 급습을 당했습니다. 이는 지식인들의 직무 태만이자 상상력의 직무 태만입니다. 이는 시스템 자체에 진짜 문제가 있으므로 바로잡아야 한다는 뜻이었습니다. 2007-08년 이후 우리가 서 있었던 곳이 바로 이 지점입니다. 시스템이 잘못 돌아가게 된 과정과 정당화의 과정을 사고하기 시작했다는 점에서, 정부의 정책을 통해 초부유층의 이익은 계속됐다는 점에서 말입니다. 그렇다면 이제 이 모든 것에서 어떤 해답들이 나올까요?

3

신자유주의의 모순을 파헤치다

Contradictions of Neoliberalism

거물급 은행가를 감옥에 보내는 나라는 아이슬란드밖에 없습니다.

저는 마르크스의 《자본론》의 시각으로 신자유주의 프로젝트를 분석했습니다. 이런 방법으로 신자유주의 프로젝트의 중심에 있는 모순을 밝혀내려고 했죠. 마르크스의 저서에서는 여러 가지 차원에서 모순들을 이야기하고 있습니다만, 이를 들여다보는 간단한 방법이 있습니다. 《자본론》 1권에서 마르크스는 기술 발전이 두드러지고 이윤 추구가 강한 사회에서 벌어지는 현상을 분석하고 있습니다. 생산 현장의 노동력 착취를 통해 이뤄지는 '잉여가치 생산'*에 대해 면밀히 살펴보고 있는 것이죠. 1970년대에 시작된 노동력 탄압은 《자본론》 1권에서 마르크스가 예측한 분석과 일치합니다.

신자유주의의 핵심 모순

《자본론》 1권의 마지막에 마르크스는, 자본가에게 막대한 힘이 쏠린다면 노동자에 대한 착취는 증가할 것이고 자본가들은 이를 통해 이윤을 극대화하는 상황이 올 것이라고 서술하고 있습니다. 이윤의 극대화는 임금 축소에 의해 이루어집니다. 제 저서 《신자유주의의 간략한 역사》에 나오는 주요 그래프를 보면 1970년대 이후 국민 총소득에서 임금이 차지하는 비중이 급격하게 떨어지는 것을 알 수 있습니다. 생산성

---

* '잉여가치'란 마르크스 경제학의 개념 중 하나로, 자본가가 노동자에게 지불하는 임금 이상으로 노동자가 생산하는 가치를 의미한다. 결국, 노동에 대한 정당한 가치를 지불하지 않고 노동자에게 가야 할 임금의 일부를 자본가의 이윤으로 돌리게 되는 상황으로 이어진다.

증가가 실질임금 상승으로 이어지지는 않았던 것이죠. 《자본론》 1권에서는 대규모 빈곤 인구의 증가 및 실업률의 증가, 쉽게 쓰다 버릴 수 있는 노동인구의 등장과 점점 커져가는 고용의 불안정성을 예측하고 있습니다. 이것이 바로 《자본론》 1권에서 분석한 내용입니다.

《자본론》 2권을 보면 다른 이야기가 등장합니다. 《자본론》 2권에서는 자본이 어떻게 순환하고, 수요 공급과 어떻게 연관되어 있으며, 자본이 자본을 재생산하는 시스템이 어떻게 지속적으로 균형을 맞춰가고 있는지 살펴보고 있습니다. 자본이 자본을 재생산하는 시스템의 균형을 유지하기 위해서는 임금이 안정되어 있어야 합니다. 노동자의 힘을 지속적으로 축소하고 임금을 계속해서 낮춘다면 다음과 같은 중요한 질문이 따라옵니다. "시장은 어디에 있으며 시장에는 무슨 일이 일어나는가?" 그래서 마르크스가 《자본론》 1권에서 언급하기 시작했던 노동력 착취와 임금 축소를 통한 이윤의 극대화로 인해 자본가들은 시장에서 어려움에 직면하는 상황을 맞이하게 됩니다. 노동자의 임금을 줄이면 줄일수록 시장도 계속해서 줄어들기 때문입니다. 이것이 바로 신자유주의 시대의 핵심 모순 중 하나입니다. "시장이란 어디에서부터 형성되는가?" 하는 모순에 봉착하는 것이죠.

이런 모순을 해결하기 위한 해법에는 여러 가지가 있습니다. 그중 하나는 지리적 확장입니다. 중국 및 러시아를 비롯한 구소련 제국에 속해 있던 동유럽 국가들이 글로벌 자본주의 체제로 편입되면서 엄청난 규모의 새로운 시장과 기회가 열리게 되었습니다. 이 밖에도 이 문제에 대한 해법으로 여러 가지를 생각해낼 수 있습니다. 그중 가장 좋은 해법은 사람들에게 신용카드를 주는 것이었죠. 대놓고 빚더미 속으로 들어가라고 사람들을 밀어 넣는 것입니다. 점점 더 빚을 많이 지고 살라고 부추기는 것이죠.

다시 말해, 집을 살 만한 돈이 없는 노동자에게는 돈을 빌려줍니다. 그러면 주택시장의 시세가 오릅니다. 1990년대에는 수입이 계속해서 줄어드는 사람들에게 돈을 점점 더 많이 빌려주었습니다. 이는 바로 2007-08년 금융위기를 초래한 근본적인 원인 중 하나였습니다. 급기야 주택담보대출 이자를 갚을 수입이나 능력 여부에 관계없이 거의 모든 사람에게 신용대출이 확장되었습니다. 주택 가격만 오른다면 이는 아무 문제가 되지 않았습니다. 대출을 받은 사람이 어려움에 처한다 하더라도 저당권자 즉 은행은 항상 이익을 남기며 집을 팔 수 있었습니다.

하지만 중요한 문제는 임금이 계속 줄어드는 상황에서 수요 측면을 어떻게 관리할 수 있냐는 것이었습니다. 앞서 제가 언급했던 바와 같이 이러한 격차를 해소하는 방법 중 하나는 신용 시스템을 확장하는 것이었습니다. 실제로 어마어마한 액수가 오가는 시스템이죠. 1970년에는 전형적인 자본주의 사회의 총 부채액이 그다지 많지 않았습니다. 부채액 대부분은 누적되지도 않았습니다. 여기에서 돈을 빌려서 저기에다 갚는 식으로 돌아갔죠. 그러다 보니 1970년대에는 순 부채액이 그다지 빠르게 증가하지는 않았습니다.

그러나 1970년대 이후, GDP국내총생산와 비교해 순 부채가 계속해서 증가하기 시작했습니다. 그리하여 현재 우리는 전 세계적으로 재화 및 서비스 총 생산량의 약 225%에 달하는 부채액을 떠안고 있는 상황입니다. 물론 이것은 수치에 불과하고 이런 수치가 나타나게 된 전후 맥락을 파악하기도 어렵습니다. 하지만 1980년으로 거슬러 올라가 당시 상황을 보면 멕시코는 부채 문제에 빠져 있었는데, 당시 부채는 많아야 GDP의 80-90%였습니다. 따라서 당시에는 실제로 80-90%만큼의 부채만 해결하면 되는 정도의 위기 상황이었죠. 하지만 지금 전 세계는 그 당시에 비해 부채가 서너 배 늘어났습니다. 그런데도 어느 누구도 이 문제에 크게 신경 쓰지 않고 있는 것 같습니다. 여기에서 우리는 이 기간 동안 부채가 계속해서 증가하고 있었다는 사실 하나를 알 수 있습니다.

자본과 정부

그리고 또 하나 제가 아주 중요하게 생각하는 것은 1980년대를 이해하는 것입니다. 1980년대에 신자유주의 프로젝트는 강한 정부를 등에 업고 살아남을 수 있었습니다. 이데올로기적으로 말하면, 오늘날 이는 상당히 복잡한 양상을 띠고 있습니다. 신자유주의는 '정부를 배제하자. 정부를 제거하라. 정부가 문제이므로 우리는 정부의 개입에서 벗어나야 한다.'라는 구호를 외치고 있기 때문이죠. 로널드 레이건이 한 유명한 말도 있습니다. "정부는 해결책이 아닙니다. (중략) 정부가 바로 문제입니다."

그러나 정부는 발을 빼지 않았습니다. 역할을 바꿨죠. 건강관리 및 교육을 비롯해 넓은 범위의 사회복지사업과 같은 복지 시스템을 창출해 국민을 지원하던 정부가 자본을 지원하는 쪽으로 방향을 틀었습니다. 정부는 자본을 옹호하고, 때로는 보조금을 주기까지 하면서 자본의 적극적인 대리인이 되었습니다. 1980년대부터 우리는 정부가 자본을 옹호하기 위해 벌이는 갖가지 놀음을 목격하고 있습니다.

최근의 일을 예로 들면, 아마존은 제2 서비스센터를 짓기로 결정하고는 여러 도시와 지방정부에 지역 유치를 위한 입찰 조건을 제시해 보라고 요청했습니다. 아마존은 말했죠. "우리에게 무엇을 주시겠습니까?" 요컨대, 전 세계에서 가장 돈이 많은 기업 중의 하나가 운용 자금을 지원해야 한다고 말하는 것입니다. 뉴저지주에서는 이것을 해주겠다, 또 다른 사람들은 저것을 해주겠다며 제안을 했습니다. 이제 기업이 자기 사업을 하며 대중의 지갑에서 보조금을 쏙 빼먹는 일은 일상다반사입니다. 뉴욕시와 뉴욕주에서도 아마존 유치를 위해 온갖 제안을 다 했습니다만 지역 시민들의 반대에 부딪혀 무산되었죠. 하지만 이는 보기 드문 경우입니다.

폭스콘사가 위스콘신주에 공장을 짓기로 하자 주 정부는 40억 달러에 달하는 인센티브를 줍니다. 위스콘신주 정부는 40억 달러를 교육, 건강관리 등 사람들에게 필요한 일에 투입하는 대신 폭스콘에게 준 것입니다. 주 정부는 이렇게 말합니다. "이로 인해 일자리가 창출됩니다." 하지만 실제로 창출되는 일자리는 그다지 많지 않을 것입니다. 결국 나중에 드러나는 결과를 보면, 아마도 아마존 때문에 창출되는 일자리란 것은 1년에 연봉 2만 달러짜리일 것이며, 이것도 주 정부 보조금으로 주는 일자리일 것입니다. 민중을 지원하던 주 정부는 거대 기업의 세금을 경감시켜주고, 직접적으로 보조금을 주며, 기반시설을 건설해주고, 규제를 풀어주는 등 온갖 수단을 동원해 기업의 사업을 지원하는 방향으로 역할을 바꿨습니다.

이 같은 지원이 이루어지려면 강한 국가가 필요합니다. 약한 국가로는 안 되는 일이죠. 신자유주의에 관한 제 저서에서도 언급했습니다만, 신자유주의와 신보수주의의 연합이 부상하고 있었습니다. 1990년대에 소위 '네오콘'으로 불렸던 자들이 정부에서 강한 파벌을 형성했습니다. 도널드 럼즈펠드와 딕 체니로 대표되는 이들은 아들 부시 행정부에서 권력을 장악하고, 신보수주의의 윤리를 신자유주의 경제 원리와 접목하는 데 총력을 기울였습니다. 신보수주의는 강한 국가를 대표했으며, 이는 군국주의 국가였습니다. 그리고 이 국가는 자본의 신자유주의 프로젝트도 지원하기로 예정되어 있었습니다.

당시 미 군국주의 정부는 이라크 전쟁에도 뛰어들었는데, 결국 비참한 결과를 맞이했죠. 하지만 여기서 핵심은 신자유주의 프로젝트가 강한 신보수주의 정부와 톱니바퀴처럼 맞물려 있다는 사실입니다. 이 연합은 매우 중요했고 신자유주의가 대중적 정당성을 잃어버린 시기에도 계속 강화되었습니다.

미국의 우울

거대 자본에 대한 부시 행정부의 지원은 2007-08년에도 사라지지 않았습니다. 부시 재임 기간 동안 이라크 전쟁 등 다양한 이유들로 신보수주의 프로젝트는 점점 정당성을 잃었습니다. 신보수주의자들이 우리를 이라크 전쟁에 휘말리게 했습니다. 이들이 해외에서 한바탕 총질을 하며 신나게 즐기는 광기에 우리를 끌어들였습니다. 부시 행정부 말기에는 이미 신보수주의와 신자유주의의 연합이 무너진 상태였습니다. 신보수주의가 진정으로 종식되었죠. 콘돌리자 라이스와 럼즈펠드 같은 주요 인사들이 정계의 뒤안길로 사라졌습니다. 이는 신보수주의 운동이 부시 시대의 신자유주의 정책에 제공했던 정당성이 사라졌다는 것을 의미했습니다. 그리고 나서 2007-08년의 금융위기가 도래했죠. 국가는 강경한 자세로 거대 자본을 구제해야만 했습니다. 이것이 2007-08년 이야기의 큰 줄기였습니다.

우리는 신보수주의가 불타버린 잿더미 속에서 국가권력을 총동원하여 미국의 내부적인 위기에서 빠져나왔습니다. 이 현상은 국가가 강력하게 간섭하는 것을 반대한다는 신자유주의의 신념과 이데올로기적으로 배치되는 것일 수도 있죠. 그러나 국가는 민중을 위해서가 아니라 자본가들을 위해서 개입할 수밖에 없었습니다. 선택의 여지가 없었죠. 은행을 비롯한 금융기관들을 구하느냐, 아니면 민중들을 구하느냐의 양자택일에 처한 국가는 망설이지 않고 금융기관들을 구하기로 결정한 것입니다. 이것은 신자유주의자들이 벌이는 정치적 게임에서 확고한 규칙으로 정착했으며, 그 후 계속해서 가차 없이 집행됐습니다.

2007-08년 금융위기는 주택이 압류당할 위기에 처한 주택 소유자

들에게 정부가 보조금을 지불해서 해결할 수도 있었습니다. 그랬다면 주택 압류가 대대적으로 일어나지는 않았을 것입니다. 사람들은 자신의 집을 지키고 금융기관도 구제할 수 있었습니다. 그런데 왜 이런 간단명료한 방법을 거들떠보지도 않았을까요?

사람들이 집을 압류당하도록 하는 것이 자본가의 입장에서는 매우 유리한 일이었기 때문입니다. 압류당한 주택이 시장에 엄청나게 나오면, 헤지펀드와 사모펀드 등이 헐값으로 사들여 엄청난 이익을 낼 수 있었죠. 이런 식으로 주택시장이 되살아났습니다. 지금 현재 미국의 제일 큰 임대주는 블랙스톤이라는 사모펀드입니다. 이 회사는 압류당한 주택을 최대한 많이 사들인 다음 수지맞는 사업체로 바꾸어버렸죠. 주택시장이 붕괴된 처참한 현장에서 대박을 터뜨린 것입니다. 블랙스톤의 우두머리인 스티븐 슈워츠먼은 하룻밤 사이에 세계에서 가장 돈이 많은 사람들 중의 하나가 됐습니다.

2007-08년 위기 때, 국가는 민중의 요구에 부응하는 존재가 아니라 거대한 자본가의 요구대로 움직이는 존재라는 사실이 극명히 밝혀졌습니다. 신뢰할 수 있는 신보수주의 운동이란 것은 이미 사라졌습니다.

그렇다면 신자유주의의 정치적 정당성은 어디서 오게 되었던 것일까요? 2007-08년의 잿더미 속에서 신자유주의의 정치적 정당성은 어떻게 다시 들어서게 되었던 것일까요? 이 문제를 캐다 보면 보다 최근에 벌어졌던 일들의 핵심에 다다르게 됩니다. 저는 이미 2007-08년 위기 때 민중은 뒷전으로 밀려났다고 말했습니다. 민중은 어느 누구도 자신들을 돕거나 자신들의 상황에 관심을 기울이지 않는다고 생각했습니다. 당시 우리는 거의 30년 동안 지속된 탈산업화의 끝자락에 있었습니다. 탈산업화 때문에 수많은 지역사회가 무너졌으며, 괜찮은 직장에 취업할 수 있는 기회를 박탈당한 사람들이 엄청나게 많이 생겼습니다. 민중들은 소외됐으며 소외된 사람들은 매우 불안한 성향을 보이는 법입니다. 어떤 사람들은 시무룩한 표정을 짓고, 어떤 사람들은 우울해합니다. 약물과 알코올 중독에 빠지는 사람도 있죠. 아편 비슷한 작용을 하는 합성 진통제인 오피오이드가 유행했으며, 자살률이 급등했습니다. 미국에서 평균 여명이 사실상 감소하는 지역들이 생겨났으며, 이 여파로 현재 인구 현황이 양호하지 않습니다. 전반적으로 미국 인구는 부당한 대우를 받아 억울해하는 분위기입니다.

월가를 점령하라

이런 시점에 이르면 다음과 같은 질문이 생기게 됩니다. "이 모든 문제의 책임은 어디에 있는가?" 대자본가 및 이들이 이끄는 언론매체들은 사람들이 자본주의와 자본가들에게 책임을 묻는 것을 절대로 피하려고 합니다. 1968년과 1969년에는 실제로 사람들이 이들에게 책임을 물었습니다. 그 결과 반자본주의 운동이 일었던 것이죠.

2011년에는 '월가를 점령하라' 운동이 일어나면서, 사람들이 월가를 향해 손가락질을 하며 비난했습니다. 사람들은 이렇게 생각하기 시작했습니다. "아마 여기서 무슨 꿍꿍이가 일어나고 있는 것 같단 말이야. 은행가란 친구들은 특권층이잖아, 그리고 이 사람들은 사실 엄청난 범죄를 저지르고 있어. 그런데도 감옥에 가는 놈들은 아무도 없어." 세상에서 거물급 은행가를 감옥에 보내는 나라는 아이슬란드밖에 없습니다(아랫사람 몇 명만 감옥에 보내는 미국과는 정반대죠).

'월가를 점령하라' 운동가들이 상위 1%에 책임이 있다고, 문제는 바로 그들에게서 시작됐다고 지적하자 월가는 실제로 상당히 긴장했습니다. 그러자 이미 자본가들에게 지배당하고 있던 거대 기관들이 모두 나서서 운동가들의 지적과는 다른 설명을 내놓기 시작했습니다. '문제는 이민자들에게 있다'거나, 슬쩍 인종 문제를 끼워 넣으며 '사회복지 혜택에만 기대어 사는 게으른 계층이 문제'라거나, '공평하게 경쟁하지 않는 중국에 문제가 있다'거나, '문제는 자신을 돌보지 않고 자기 계발을 제대로 하지 않는 사람들에게 있다' 등의 논리를 폈던 것입니다. 오피오이드 유행을 크게 부각시키며 개개인의 의지가 취약해졌다고 대대적으로 떠들어대기도 했습니다.

여러분은 제도권 언론매체 및 극우파와 대안우파가 장악하고 있는 기관 등에서 이런 루머와 헛소리를 듣기 시작합니다. 그런데 대안우파라는 것은 이 시점에 오면 급작스럽게 티 파티와 코크 형제*의 후원을 받게 됩니다. 그리고 거대 자본의 후원을 받아 유권자들을 매수하여 연

---

* 미국의 석유 재벌인 찰스 코크(Charles Koch, 1935-)와 데이비드 코크(David Koch, 1940-2019) 형제를 가리키는 말. 형제는 함께 코크인더스트리를 영향력 있는 기업으로 성장시켰다.

방정부뿐만 아니라 주 정부를 장악하게 되죠.

이는 정치적 프로젝트를 둘러싸고 자본가계급의 파워가 공고화되었던 1970년대의 분위기를 그대로 보여주는 현상입니다. 하지만 이번에는 이민자 혹은 해외 경쟁, 세계시장 상황, 숨 막히는 규제 등이 모든 문제의 원인이라고 비난합니다. 오로지 자본만 책임에서 제외했죠!

도널드 트럼프

결국 우리는 도널드 트럼프를 맞이하게 됐습니다. 이 사람은 편집증에다 변덕스럽고 약간 사이코패스적인 기질이 보입니다. 이 사람이 무슨 짓을 했는지 한번 보십시오. 트럼프는 자신이 할 수 있는 데까지 규제를 풀어버렸습니다. 1970년대 이래 거대 자본가들이 호시탐탐 노리고 있던 환경보호국을 망가뜨렸습니다. 상위 1%와 대기업, 채권 보유자들에게 거의 모든 것을 퍼주고, 민중들에게는 거의 아무것도 안 주는 세제 개혁도 했습니다. 광물 채굴에 대한 규제를 완화하고, 연방정부 소유 토지 개방 등도 보장했습니다. 그야말로 신자유주의 정책의 종합 세트입니다. 신자유주의의 각본에 없었던 것은 관세전쟁이나 반이민정책밖에 없을 것입니다. 경제적인 측면에서 보자면 트럼프는 기본적으로 신자유주의적 복음을 그대로 따른 것입니다.

그렇다면 이런 경제정책이 어떻게 정당화될 수 있을까요? 어떻게 이런 것이 합법적인 정책이 될 수 있을까요? 트럼프는 국수주의적이고 반이민자적인 구호를 외치며 이를 정당화시켰습니다. 이것은 자본이 자신의 앞길을 헤치며 나아가는 전형적인 방식입니다. 코크 형제가 돈의 힘으로 유권자들을 지배하고, 브라이트바트 뉴스, 폭스 뉴스 등으로 언론매체를 장악하고 있는 것을 우리는 목격하고 있습니다. 이들은 신자유주의 프로젝트를—관세전쟁과 반이민자 정책은 빼고—거리낌 없이 추진하고 있는 거죠.

하지만 이 시점에서 자본가계급은 1970년대처럼 공고해지거나 단합되어 있지는 않습니다. 자본가계급에는 신자유주의 경제모델에 분명히 뭔가 잘못된 게 있다고 믿는 부류가 존재합니다. 트럼프를 트럼프답게 하는 것들, 즉 관세, 반자유무역, 반이민정책 등은 코크 형제가 바라는 것이라고는 할 수 없죠. 또한 자본가계급 전체가 원하는 것도 아닙니다. 현재 자본가계급은 약간 신경이 날카로워진 상태라고 할 수 있습니다. 2007-08년도의 위기 때 '자본 이외의 다른 어떤 것에 책임을 돌려 비난하자'는 행태가 탄생되었다는 것을 기억해야 합니다. 이것은 당시 자본가 계층의 입장에서는 필사적인 몸부림이었습니다. 지금까지 이런 몸부림은 성공적이었습니다. 하지만 취약하고 불안정한 것도 분명합니다. 이런 가운데 생활이 불안정한 사람들, 특히 불안정하면서 소외된 사람들은 기존의 틀에서 벗어나 여러 가지 다른 정치적 방향으로 나아갈 여지가 다분합니다.

4

실체 없는 금융이 세상을 지배하다

The Financialization of Power

자본주의 체제에서는 온당하며 적절하게 통제된 신용제도가 필요합니다.

'권력의 금융화The Financialization of Power'가 어떻게 진화되었는지 한번 살펴보겠습니다. 이것의 진화 과정은 그 자체가 엄청난 것이어서 꼼꼼히 살펴볼 가치가 있습니다. 권력의 금융화란 하나에서부터 열까지 모든 것이 점점 더 금융화되는 것을 의미하며, 금융의 힘이 믿을 수 없을 정도로 커지는 것을 가리킵니다. 이런 현상에는 몇 가지 재미있는 점이 있습니다. 왜냐하면 역사적으로 금융이란 기생충같이 그 자체로는 무엇 하나 생산하지 못한다는 인식이 널리 퍼져 있었기 때문입니다.

금융의 가치(?)

1970년대까지는 금융 활동이 국민소득 계정에 포함되지도 않았습니다. 그래서 GDP에 명함도 내밀지 못했죠. 생산적인 활동이 아닌 단순한 거래라는 이유에서였습니다. 그러나 금융의 힘이 점점 커지자 금융가들은 목소리를 높이기 시작했습니다. 금융 활동은 생산적이므로 국민소득 계정에 포함해야 한다고 말이죠. 이 문제는 영국민들이 브렉시트를 선택하면서 커다란 이슈로 떠올랐습니다. 시티오브런던City of London*이 영국 경제에 생산적인 활동을 하리라는 기대를 갖게 되었기 때문입니다. 모두들 시티오브런던이 이런 역할을 해주기를 간절히 바랐습니다. 1970년대만 해도 금융은 생산적인 활동으로 분류되지 않았습니다. 금융이란 단순한 거래이자 유통이기 때문에 무엇 하나 직접적으로 생산하

---

* 미국에 월스트리트가 있다면 영국에는 시티오브런던이 있다.

지 못한다는 거죠. 영국은 자동차를 비롯해 여러 제품을 생산했지만, 금융 제품은 이런 것에 끼지 못했습니다. 하지만 골드만삭스의 전 회장인 로이드 블랭크파인은 큰소리로 외쳤습니다. 골드만삭스는 신을 대리해서 일할 뿐만 아니라 미국 경제에서 가장 생산적인 분야라고 말이죠. 골드만삭스의 직원들은 전 세계에서 가장 생산적인 노동자라는 것이죠.

이런 현상을 보면서 사람들은 금융서비스의 가치가 도대체 무엇인가 하는 흥미로운 질문을 하게 되었습니다. 우리 인간은 금융서비스만 먹고 살 수 있는가? 물론 아니죠. 우리는 금융서비스를 먹을 수도, 입을 수도 없고, 또 금융서비스 안에 들어가 살 수도 없습니다. 그래서 금융서비스가 본질적으로 기생충 같은 것이란 말은 상당히 설득력이 있습니다. '월스트리트를 점령하라' 운동가들은 공통적으로 금융서비스를 기생충 같은 것이며 비생산적이라고 주장했습니다. 만약 금융서비스를 이렇게 분류한다면 금융가들은 현재 누리고 있는 정치적·경제적 특권을 잃게 될 것입니다. 하지만 현재 골드만삭스는 다음과 같이 주장합니다. 골드만삭스는 아주 생산적인 회사이기 때문에 골드만삭스 없이 살아가려고 하면 뉴욕시는 경제적 재앙을 자초하게 될 것이라고 말입니다. 과거에 금융서비스를 규제했더니 고용과 성장에 부정적인 영향을 끼쳤습니다. 그래서 금융서비스 규제를 더 완화하는 문제가 뉴욕시에서는 상당히 오랜 기간 논란거리였습니다. 2007-08년 금융위기 바로 직전에 당시 뉴욕시 시장 마이클 블룸버그는 금융 규제를 완화하라고 압력을 행사했습니다. 그래야 뉴욕시의 금융업이 런던에 비해 경쟁력이 생긴다는 거였죠. 규제를 완화해야 뉴욕시에 내재되어 있는 잠재적인 생산성이 폭발적으로 증가한다고 주장했습니다. 그 생산성이 금융규제법 때문에 온통 묶여 있다는 것입니다. 그러다 금융위기가 닥쳤습니다. 그와 함께 '도드-프랭크 금융개혁법Dodd-Frank financial reform law'*이라는 규제법이 도래했죠. 그런데 현재의 상황은 어떻습니까? 도드-프랭크 개혁법을 갉아먹으려는 세력들이 공공연하게 활개를 치며 금융서비스 규제를 완화하려고 기를 쓰고 있습니다. 골드만삭스 간부들을 데려와 미 재무부를 굴리던 트럼프 행정부는 이런 뉴욕시의 상황에 쌍수를 들고 환영했습니다.

금융서비스는 가치를 생산할까요? 만약 그렇다면 어떤 방법으로 가치를 생산할까요? 여기서 저는 마르크스로 다시 돌아가 한 가지 아주 흥미로운 사실을 짚어봐야겠습니다. 자본이란 항상 성장을 물고 늘어집니다. 또 항상 복리성장만 취급합니다. 3% 정도의 복리성장이면 꽤 짤짤하죠. 하지만 복리성장이란 기하급수적인 성장곡선을 그립니다. 체스 게임을 발명한 사람에게 왕이 상금을 주겠다고 한 유명한 이야기가 있습니다. 발명가는 이렇게 말했습니다. "체스보드의 첫 번째 네모 칸에 쌀 한 톨만 주시면 됩니다. 그런 다음에 두 번째 칸에는 두 톨, 세 번째 칸에는 네 톨, 이런 식으로 두 배씩 주시면 됩니다." 왕은 별거 아니

---

* 2007-08년의 금융위기와 같은 사태가 일어나지 않도록 오바마 정부가 제정한 광범위한 금융규제법으로, 글래스-스티걸법의 부활이라는 평가를 들었다.

라고 생각해서 그렇게 주겠노라고 했습니다. 그러나 서른네 번째 칸에 도달했을 때는 이미 나라 안의 쌀이 바닥났죠. 복리는 바로 이런 식으로 진행됩니다. 1, 2, 4, 8, 16, 32, 64…… 이렇게 뻗어나는 길을 따라 그저 달릴 뿐입니다. 자본은 1750년경 이래 1년에 복리 3% 정도로 증식했습니다. 그런데 평균적으로 볼 때 이보다는 약간 적었죠. 1930년대와 같은 불황으로 성장곡선이 흔들렸기 때문입니다. 하지만 성장률이 복리 3%라고 가정합시다. 마르크스가 책을 쓸 당시에는 서유럽, 영국, 미국 동부 등지에서 복리 3%의 성장은 별게 아니었습니다. 그러나 현재 3%의 복리성장으로 계속 나아간다는 것은 너무나 엄청난 일입니다. 이러한 복리성장을 어떻게 흡수할 것이냐 하는 현실적인 문제가 인류 앞에 가로놓이게 되죠. 엄청나게 불어나는 돈을 쏟아부을 투자 기회를 계속 확장해나가지 않으면 안 되는 것입니다.

복리성장

현재 전 세계의 GDP를 합치면 8백억 달러에 가깝습니다. 그러니까 우리는 앞으로 25년에 걸쳐, 남아도는 8백억 달러를 굴려 적어도 3%의 이익을 낼 수 있는 새로운 투자 기회를 찾아야 합니다. 2000년도에 우리는 4백억 달러만 흡수하면 됐습니다. 또 20년이 지나면 그때는 천6백억 달러를 들먹일 것입니다. 전 세계 경제는 20여 년마다 두 배로 규모가 커져야만 하는 것이죠. 그렇다면 이런 엄청난 팽창은 어떤 형태를 띨 수 있을까요? 경제가 물리적으로 팽창할 수 있을까요? 지난 45년간의 팽창을 물리적인 측면에서 봅시다. 구소련 제국은 전부 자본주의 체제로 흡수됐습니다. 중국도 자본주의 체제로 들어섰습니다. 과거에는 존재감이 없어서 자본주의적 개발이 그다지 이루어지지 않은 나라들 중에서도 현재는 글로벌 자본주의 체제에 편입된 나라들이 많죠. 인도네시아와 인도가 그 대표적인 예입니다. 복리로 물리적인 성장이 이루어진다는 것은 환경을 비롯한 여러 가지 이유 때문에 파국으로 치달을 수 있습니다.

이 문제에 관해서 제가 인용하기 좋아하는 정보는 바로 중국의 시멘트 소비입니다. 2012년 이후 2년 동안 중국이 소비한 시멘트 양은 미국이 과거 100년 동안 소비한 양의 두 배입니다. 이런 것이 물리적인 복리성장이라면 우리를 기다리는 것은 파멸밖에 없습니다. 앞으로 60년 이내에 우리는 문자 그대로 시멘트에 파묻힐 것입니다. 그래서 이 체제가 어떻게 팽창해갈지 정말로 문제가 아닐 수 없습니다. 생산되고 소비되는 제품의 측면에서 팽창할 것인가? 생산 활동 및 잉여가치 생산이란 측면에서 팽창할 것인가? 돈의 힘이란 측면에서 팽창할 것인가? 이 중에서 원론적으로 무제한적인 것은 돈밖에 없습니다. 전 세계적으로 공급되는 통화량에 계속 0만 붙이면 되니까요.

사실 전 세계의 중앙은행들이 양적완화라는 미명하에 하는 짓이 바로 그것입니다. 전 세계의 통화공급량은 1970년대 이래 기하급수적으로 팽창했습니다. 원론적으로 말하자면 이런 팽창은 무한정 계속될 수 있습니다. 그러나 유통되는 돈이 많으면 많을수록 그 돈으로 뭘 할 수 있으며, 그 돈으로 뭘 살 수 있느냐는 문제가 제기됩니다. 새로 찍어 내는 이런 돈을 모두 진정한 투자에 쏟는다는 것은 어렵습니다. 2007-08년 금융위기 이후 엄청난 돈으로 은행들을 구제했을 때 사람들은 이 돈이 대부분 생산적인 활동을 증가시키는 방향으로 사용되기를 희망했죠. 하지만 그렇게 사용된 돈은 20% 미만이었습니다. 나머지 돈은 주식을 다시 사들이고, 주식시장의 자산가치에 투자하거나 토지 및 부동산을 사들이는 데 사용됐습니다. 생산성과는 전혀 동떨어진 곳으로 돈이 흘러간 것이죠. 주식 같은 금융의 도구와 부동산 투기 같은 곳으로 돈이 샌 것입니다. 흥미로운 사실을 하나 말씀드리죠. 2007-08년 금융위기는 부동산 시장에서부터 시작됐는데, 이 금융위기에 대한 사람들의 반응 때문에 주요 부동산 시장이 활성화되고 투기가 가속화됐습니다. 중국 부동산 시장에서는 미친 듯이 투기가 이루어졌습니다. 중국 수출산업에 위기가 닥친 2008년 이래 중국 성장률의 약 15%는 신규 주택 건설로부터 기인된 것입니다. 샌프란시스코 소재 미 연방준비은행 직원이 이런 말을 한 적이 있습니다. "미국은 위기가 닥치면 집을 짓고는 그 안에 물건을 채워 넣어 그 위기에서 빠져나오곤 했죠. 그 역사가 깁니다." 그런데 세계 주요 도심지의 부동산 시장을 보면 부동산 가격이 엄청나게 올라서 살 만한 집을 구하지 못하는 사람들이 많습니다. 지금 뉴욕시에서 1년에 5만 달러 수입으로 살아보겠다 하는 사람들은 꿈에서 깨어나야 합니다. 살 집을 구하지 못하기 때문이죠. 살 만한 집을 구할 수 없는 현실은 어디서나 볼 수 있습니다.

이것은 참으로 미친 짓입니다. 2007-08년 금융위기 이래 통화 측면에서는 회복 속도가 굉장히 빨랐지만 물리적인 측면에서는 별 '진전'이 없었습니다. 세계의 일부 지역에서는 진전이 일어난 곳도 있지만 대부분 최근의 통화팽창은 실제로는 부유한 자들의 손에 그 혜택이 돌아갔습니다. 이것은 특히 양적완화라는 정책에 있어서는 사실입니다. 양적완화 정책을 실시하면서 중앙은행들(미국의 연방준비은행, 잉글랜드은행, 유럽중앙은행, 일본은행)은 상업은행들이 보유하고 있던 담보대출과 채권을 사들였습니다. 중앙은행들은 현금을 줬죠. 이렇게 하면 경제에 유동성이 증가하게 됩니다. 상업은행들이 담보대출과 채권을 보유하고 있으면 은행의 활동에 상당히 제약을 받게 되는 것이죠. 이것이 양적완화입니다. 2007-08년 금융위기에 반응해서 일어난 일 중에 중요한 것이 바로 이것입니다. 중앙은행들은 전 세계 통화공급량을 늘렸습니다. 그러나 늘린 돈은 생산적인 활동에 흘러가지 않았습니다. 그 돈은 주로 자산가치를 매입하는 데 흘러 들어갔던 거죠.

'양적완화는 기본적으로 서민들의 피땀을 빨아서 부자들의 배를 불렸다'는 평가가 지배적입니다. 그런데 잉글랜드은행은, 비율로 보면, 양적완화를 통해서 서민이 부자보다 더 혜택을 받았다는 보고서를 작성했습니다. 이 말이 무슨 의미인지는 보고서의 마지막 부분에 가서야 이해할 수 있었습니다. 최하층 10%의 평균 소득이 5년에 걸쳐 3천 파운드 증가한 반면, 최상층 10%는 32만 5천 파운드가 증가했습니다. 그러나 소득 증가율은 최하층이 최상층보다 더 높았던 것입니다. 이는 결국 최하층 10%가 얼마나 가난한지 역설적으로 보여주는 보고서입니다. 여러분은 무엇을 선택하겠습니까? 10달러에 대한 10% 이자와 백만 달러에 대한 5%의 이자, 이 두 개 중에서 어떤 것을 고르겠습니까? 그때 바로 이런 일이 벌어진 것이었습니다. 양적완화를 통해 최상층은 기존의 부와 권력을 어마어마하게 불린 반면 최하층은 겨우 1주일에 커피 두 잔 정도를 더 마실 수 있게 된 셈입니다. 그러나 보고서의 제목은 이랬습니다. "실제로 가난한 사람들이 부자들에 비해서 상대적으로 더욱 많은 혜택을 받았다." 증가율과 증가량을 구별하는 것은 매우 중요한 일입니다. 대기업의 수익률은 상대적으로 적을 수도 있습니다. 반면에 맨해튼에서 근근이 버티고 있는 패밀리 레스토랑의 수익률은 상대적으로 높을 수도 있죠. 그러나 이 식당은 자꾸 오르기만 하는 임대료와 배달료를 감당하느라 젖 먹던 힘까지 다 써야 하는 경우도 생깁니다. 반면 엑손과 같은 대기업은 수익률이 아무리 적더라도 수익의 절대적인 양으로 보면 어마어마한 돈을 벌어들입니다.

통화의 속성

자본이 양적인 면에서 내부적으로 어떻게 배치되어 있으며 그 구성이 어떻게 변하는지 알게 되면 이 세상에서 통화가 얼마나 중요한지 알게 됩니다. 사회적 불평등은 바로 이런 통화의 속성에서 비롯합니다. 이런 통화의 속성은 기업의 기능 자체에도 영향을 끼치게 됩니다. 우리는 제너럴모터스란 회사가 자동차 제조사라고 알고 있습니다. 그러나 제일 돈을 많이 버는 회사는 제너럴모터스 억셉턴스General Motors Acceptance Corporation: GMAC였습니다. 이 회사는 자동차를 구입하려는 사람에게 돈을 빌려주는 일을 하는 곳입니다. 이 회사는 너무나 돈을 잘 벌게 되어 결국 독립적인 은행으로 변신했습니다. 자동차를 만드는 대기업 중에서 자동차를 만드는 일보다는 금융업으로 돈을 더 많이 버는 회사가 많습니다. 저는 최근에 항공사의 자료를 본 적이 있습니다. 항공사는 실제로 사람들을 비행기에 태우고 목적지에 데려다주는 일보다는 비행기 연료 가격을 둘러싼 금융 조작 같은 여타 금융업을 통해 돈을 더 번다는 것을 알 수 있었습니다. 제조업체 중에도 금융업에 발을 디디고 있는 회사들이 많죠. 이렇게 하려면 수익률이 좋다는 보장이 있어야겠죠. 그런 보장을 받으려면 회사는 잽싸게 움직이고 굉장히 정교하고 세련되게 처신하면서, 돈을 이리저리 굴리며 수익을 극대화하기 위해서 양질의 정보에 접근해야 합니다. 그래서 기업의 상층부는 기술 전문가가 아닌 금융 전문가들로 점점 더 채워지고 있습니다. 연방정부와 주 정부는 기업들의 금융 협상을 구조적으로 도와주는 역할을 하는 경우가 많습니다. 예를 들어봅시다. 은행은 연방준비은행에서 1.5%의 금리로 돈을 빌리고는 이 돈을 한 바퀴 돌린 다음, 수익률 3%짜리 정부 채권에 돈을 묻어둡니다. 이런 과정에서 은행은 앉아서 돈을 번 것 이외에는 어떤 일도 한 게 없죠. 그러나 이런 현상은 2007-08년 이후에는 굉장히 흔한 일이 되었습니다. 이런 돈은 전부 시스템으로 흘러 들어왔지만 이런 돈이 생산적인 활동에 쓰인 경우는 거의 없습니다. 주로 금융 시스템에서 돈을 갖고 게임하는 데 들어간 것이죠. 여기에는 자산 취득도 포함됩니다. 전 세계에 소위 '토지 수탈'이 횡행했습니다. 저는 하버드대학의 기부금 재단이 라틴아메리카에서 토지 구입과 임대에 깊숙이 관여한다는 보고서를 봤습니다. 다른 여러 곳에서 깊숙이 관여하고 있는 아프리카는 토지 가격이 급등하고 있습니다.

이런 형편이니, 우리는 투기 경제로 진입하고 있다고 해도 과언이 아닙니다. 이 투기 경제란 것은 생산적인 활동이라고 정당화할 수 있는 게 아닙니다. 하지만 현재는 아주 정교하고도 복잡한 금융 시스템을 이해하는 것이 상당히 어렵다는 문제가 있습니다. 이러한 배경을 뒤로하고 독특한 투자계층(헤지펀드 및 사모펀드)이 출현하고 있는 것을 볼 수 있습니다. 이 계층은 어떠한 정치적·사회적·경제적 제약도 받지 않고, 수단과 방법도 가리지 않은 채, 수익률만 높으면 만사형통인 계층을 말합니다.

이런 투자자들 중에서도 중요한 것은 펜션펀드(연금기금)입니다. 펜션펀드는 방에 앉아 이렇게 말합니다. "난 수익률이 높은 게 좋아." 그러고는 밖에 나가 묻습니다. "수익률이 높은 게 어디 있지? 아프리카에서 토지 수탈을 하면 되나?" 제 연금기금을 관리하는 TIAA*가 라틴아메리카 토지 수탈에 관여하고 있다는 보도가 있었죠. 저는 항의했습니다. 그러자 경영진은 어차피 연금기금은 수탁된 돈을 최대한 불려서 수익을 내야 하기 때

---

* Teachers Insurance and Annuity Association of America의 약자로 '미국 교직원퇴직연금기금'을 말한다.

문에 라틴아메리카의 토지에서 최고 수익률이 나온다면 할 수밖에 없다고 말했습니다. 그렇게 하지 않으면 의무를 저버렸다고 비난받는다는 것이죠. 우리는 현재 완전히 미친 경제체제를 구축해놓았습니다. 완전히 금융화되어 버려 생산에 대해서는 까맣게 잊었습니다. 또 점점 더 빚에 허덕여 미래를 담보로 잡히거나 지급불능 상태에 빠지게 됩니다.

금융의 순기능과 역기능

마르크스는 금융 분야에는 항상 기생충적인 요소가 있다고 말했습니다. 하지만 건설적인 요소도 있습니다. 상품을 사고파는 데 수반되는 상이한 거래 회전 시간을 매끄럽게 메꾸기 위해 금융 시스템이 필요합니다. 자본의 흐름을 조절하는 데 도움이 되는 여러 가지 금융 기능들도 있죠. 예를 들면, 예전에는 공제조합이 있었습니다. 이것들은 규모가 작은 저축 대부 기관으로, 지역민들이 이자를 조금 받으며 돈을 넣으면, 집이 필요한 사람들이 이 돈을 대출받을 수 있는 것입니다. 이것이 신용제도를 긍정적으로 활용하는 예라고 인정하는 사람들이 많을 것입니다. 신용제도를 이렇게 활용해서 여러 사람들이 필요로 하는 프로젝트, 예를 들면 병원을 짓는 등의 사업을 펼치기 위해 집단적으로 돈을 모금할 수 있었습니다. 이처럼 신용제도에는 건설적인 측면이 있는 것입니다. 하지만 투기를 목적으로 브라질에서 토지를 사들이는 광기 어린 측면도 있는 것이죠. 이럴 때 국가가 개입해 긍정적인 측면은 촉진하고, 투기적인 측면은 제어해야 합니다. 하지만 자본가들은 투기적인 측면을 선호

합니다. 더욱이 수익률이 더 높다면 두말할 나위 없죠. 그래서 자본가들은 국가의 개입과 규제를 철폐하려고 합니다. 현재 자본가들은 금융 규제를 철폐하려고 기를 쓰기 때문에 금융서비스 분야에서 도대체 무슨 일이 벌어지고 있는지, 그것들이 어느 정도나 생산적인지 하는 문제를 놓고 대규모 전투가 일어나려고 합니다. 미국의 다음 선거 때 이 문제가 제기될 것이며, 대자본가들이 무엇을 좋아하는지는 벌써 알 수 있을 것입니다. 트럼프는 이들이 원하는 것을 주지 못해 안달을 떨 겁니다.

골드만삭스에 근무하는 사람들은 비생산적인 노동자들입니다. 우리는 이 말을 하늘에 대고 외칠 수 있어야 합니다. 우리가 그 사람들에 대해서 해줄 수 있는 최고로 좋은 말은 '너희들은 비생산적이지만 필요한 일꾼'이란 말이죠. 아기를 목욕시킨 후 물과 함께 아기를 버릴 수는 없는 것이니까요. 자본주의 체제에서는 온당하며 적절하게 통제된 신용제도가 필요합니다. 이런 제도는 전기나 수도 같은 공공사업처럼 조직화되고 규제를 받아야 됩니다. 그래서 적절한 사회적 기능과 욕구 충족을 위해 신용을 제공해야 합니다. 우리는 미래에 혜택을 받는 장기적인 프로젝트에 투자하기 위해서 이런 신용제도가 필요하죠. 예를 들면 물리적이며 사회적인 사회기반시설인 교육 같은 프로젝트 말입니다. 다시 말하자면 미래를 정의하고 미래에 투자하기 위해서 적절한 신용제도와 신용기관이 필요한 것입니다. 이는 확실합니다. 그러나 우리는 골드만삭스가 필요한 게 아닙니다. 1990년대 이래 미 재무부 장관은 골드만삭스에서 배출됐습니다. 따라서 미국의 경제정책을 휘두른 것은 사실상 골드만삭스입니다. 그러면 미 재무부 장관이란 사람은 누구를 위해 경제정책을 펼까요? 물론 골드만삭스죠. 신자유주의 경제체제의 본질은 바로 이것입니다. 우리는 '월가를 점령하라' 운동가들이 사용했던 구호를 부활시켜야 합니다. 이 운동은 신용제도 안에 있는 기생충적인 투기 요소를 크게 부각시켰습니다. 금융제도에서 무엇이 생산적이고 무엇이 비생산적인지 이해하는 것이 매우 중요합니다. 이 작업은 실용적인 질문인 동시에 지적이며 이론적인 도전입니다.

금융 지원과 빚은 미래의 노동을 담보로 요구합니다. 학자금 지원의 빚을 지고 있는 학생들은 이 사실을 잘 알고 있습니다. 빚이 10만 달러 있으면 10년에서 15년까지는 이 빚을 갚느라 노동을 소비해야 합니다. 그러고 나서야 비로소 자신의 생활을 할 수 있습니다. 이것이 그 학생의 미래이자 우리 모두의 미래입니다. 우리는 노예들이 빚을 갚으려고 노역하는 사회로 진입하고 있습니다. 엄청난 빚을 진 사람들이 너무 많기 때문입니다. 이것은 제가 앞에서 말했던 것과 맞닿아 있습니다. 임금이 상대적으로 떨어지고 있어서 수요를 유지하려면 점점 더 사람들이 빚을 지게 만들어야 했습니다. 자본주의 체제는 신용제도를 끊임없이 확장해야 생존할 수 있습니다. 신용이 성장한다는 것은 자본이 성장한다는 의미입니다. 현재 우리의 딜레마는 여기에 있습니다. 간단히 얘기하면, 이런 현상은 영원히 유지될 수는 없습니다. 하지만 자본이 존속하려면 유지되어야만 합니다. 이 문제의 해결 방법에 관해서 앞으로 이야기해보겠습니다.

5

독재로 선회하는 신자유주의

The Authoritarian Turn

세계 최고 부자 8명의 재산이 하위 50%의 재산과 맞먹습니다.

레너드 코헨의 노랫말에서 보듯 '가난한 사람은 계속 가난하고 부자는 더 부유해진다the poor stay poor, the rich get rich'는 사실은 모두가 알고 있습니다. 더구나 세상이 '그렇게 돌아간다that's how it goes'는 것도 모두가 알고 있습니다.* 하지만 모두가 이런 사실을 알고 있다면 왜 '모두들' 이런 현실을 바꾸려고 뭔가를 하지 않는 것일까요?

브라질의 보우소나루

이러한 현실에 대해서 모두가 정말로 알고 있는 것은 무엇인가? 저는 이 문제가 흥미롭습니다. 2019년 10월 8일에 있었던 브라질의 선거 결과를 한번 살펴봅시다. 자이르 보우소나루가 1차 투표에서 46%를 얻었는데, 이는 여론조사보다 10% 더 많은 수치였습니다. 예상보다 훨씬 선전한 것이죠. 2위는 29% 득표한 노동당 후보이며, 그 외의 여러 후보가 뒤를 이었습니다. 따라서 결선투표를 해야만 했죠. 그러나 결선투표에서 보우소나루가 압승할 것은 분명했습니다.

약간 괴짜에다, 편협하고 어디로 튈지 모르는 우파 후보인 보우소나루의 당선을 둘러싸고 몇 가지 흥미로운 현상들이 생겼습니다. 먼저, 브라질의 주식시장이 엄청나게 반응했습니다. 선거 결과가 발표된 다음 날 주가가 6% 올랐던 것입니다. 신흥 시장들이 전반적으로 어려움을 겪고 있는 시기에 브라질의 실물시장은 3% 회복됐습니다. 보우소나루의

---

* 레너드 코헨의 Everybody Knows라는 노래의 가사를 그대로 인용해 설명한 내용이다.

승리에 대한 시장의 반응은 굉장히 긍정적이었던 것이죠. 왜 이런 현상이 벌어졌는지 알다가도 모를 일입니다. 보우소나루가 특히 친기업적이라는 사실은 그의 이력을 모두 뒤져봐도 찾을 수 없었습니다. 국회에서는 극우파에 속하며 자기 멋대로 행동하는 예측 불가능한 의원이었죠. 이 사람은 주로 부패를 척결하겠다는 공약으로 선거운동을 했습니다. 이런 공약은 정치가들뿐만 아니라 기업인들에게도 위협이 되었을 텐데 말입니다.

부패를 척결한다는 것을 미국 정치계에서는 '시궁창의 물을 빼다 drain the swamp'라고 말하는데, 요즘에는 이것이 정치적 술수로 이용되고 있습니다. 실제로 부패를 척결하려고 노력하는 것과 상대방을 공격하려고 부패 척결을 이용하는 것 사이에는 하늘과 땅의 차이가 있습니다. 물론 브라질에는 부패가 만연되어 있습니다. 하지만 부패 척결이 본질적으로 우파를 대상으로 한 것이라기보다는 좌파를 제거하기 위해 사용되고 있다는 것에는 의문의 여지가 없습니다. 지우마Dilma Vana Rousseff 대통령은 사소한 부패 혐의, 즉 통계자료를 조작했다는 혐의로 대통령직에서 물러났습니다. 개인의 부패가 아니었습니다. 지우마를 공격하던 사람이야말로 부패 혐의로 결국 감옥에 갔으며, 지우마 대신 대통령의 자리에 오른 사람*은 막말을 서슴지 않는 인물이었습니다. 그러나 아무도 그를 뭐라고 하지 않았습니다. 아마도 보수파였기 때문이겠죠. 이 사람

---

*   보우소나루를 말한다.

은 또한 룰라를 부패 혐의로 감옥에 보내려고 기획했는데, 이 혐의는 아무리 봐도 불확실한 것이었습니다. 이처럼 보우소나루가 부패를 척결하겠다고 말한 것은 노동당을 비롯한 좌파의 부패를 척결하겠다는 의미였습니다. 요즘은 세계 어디에서나 벌어지는 일이죠. 예를 들어, 현재 중국에는 부패 척결 운동이 대대적으로 벌어지고 있지만, 이 운동이 반대 세력을 탄압하려고 하는 것인지, 부패(특히 지방정부 단위의 부패)의 진짜 원인을 찾아내어 척결하려는 운동인지 불확실합니다.

보우소나루는 브라질에서 1970년대와 80년대에 자행됐던 군사독재를 찬양하는 발언을 하기도 합니다. 군부가 치안은 확실히 유지했다는 것입니다(어떤 의미에서는 그렇죠). 국민들에게 안전한 생활을 보장하고, 마약 밀매와 조직폭력배가 날뛰는 것으로 알려진 도시 빈민 지역의 치안을 확보하려면 군사독재가 필요할 수도 있다고 주장한 것입니다. 본인 역시 필요하다면 군대를 불러들일 수도 있다고 말했습니다. 또 필리핀 대통령인 두테르테를 존경한다고 말하기도 했는데, 이 사람은 마약 밀매 조직의 범죄를 소탕한다는 미명하에 초법적인 수단을 동원했습니다. 마약 밀매업자를 맞닥뜨리게 되면 쏘아 죽이면 그것으로 끝입니다. 보우소나루는 바로 그런 사람입니다. 급기야 그는 온갖 추잡한 용어를 써가며 여성과 유색인종에 대한 혐오와 차별 발언을 쏟아냈습니다. 미 국민들은 트럼프 때문에 이런 말에 익숙해졌죠. 그래서 보우소나루는 '열대의 트럼프'라는 별명도 얻었습니다. 보우소나루는 바로 이런 정치적 기반 위에서 당선되었던 것입니다.

왜 브라질의 금융가들과 주식시장은 이러한 보우소나루를 열렬히 지지하면서 "너무 잘한다. 우리가 원하고 또 필요로 하는 것은 바로 이런 거야."라고 외치는 것일까? 우리는 이런 질문을 하지 않을 수 없습니다. 밝혀진 바에 따르면, 시카고대 출신의 경제학자 파울루 게지스Paulo Guedes가 보우소나루에게 경제 자문을 하고 있다고 합니다. 이 시카고라는 말이 참 흥미롭습니다. 1973년에 칠레의 사회주의자 대통령 살바도르 아옌데를 죽이고 집권한 피노체트 장군에게 경제 자문관으로 시카고학파 경제학자들을 공급했으며, 시카고학파의 신자유주의 경제 이론에 따라 경제정책을 펴게 했던 도시가 바로 시카고입니다. 신자유주의의 첫 번째 물결이 밀려올 때 처음으로 두각을 나타냈던 그룹이 바로 시카고학파입니다. 신자유주의 물결은 피노체트의 쿠데타로 라틴아메리카에 넘실대기 시작했습니다. 이제 40년 후에 브라질은 또 시카고학파 경제학자를 맞이했습니다. 이 사람은 국유산업의 민영화, 긴축재정, 균형예산을 찬성한다고 말하고 있습니다. 이는 가난한 사람들을 위한 사회복지 예산을 줄이겠다는 것과 똑같은 말입니다. 특히 노동당이 수립했던 대규모 복지 예산을 삭감하겠다는 것이죠. 보우사 파밀리아Bolsa Familia라는 이름으로 불리는 사회복지 프로그램은 저소득층이 자녀를 학교에 보내면 보조금을 주는 정책이었습니다. 이것으로 브라질의 저소득층은 상당히 구매력을 갖추게 되었죠. 게지스는 연금 개혁을 지지합니다. 브라질 국가 연금은 그 혜택이 너무 많기 때문에 제한할 필요가 있다는 것입니다. 또 모든 국유 자산을 민영화하는 것도 지지합니다. 한

마디로 말하자면 전형적인 신자유주의 정책을 지지한다는 얘기이죠. 그래서 주식시장이 그렇게 열렬히 환영했던 것입니다. 주식시장은 보우소나루 개인에 관해서는 아무런 관심도 없었습니다. 게지스가 경제부 장관이 되는 것, 그리고 이 사람이 시행할 신자유주의 정책에만 관심을 가졌죠. 게지스는 경제부 장관이 되자 자신은 피노체트 장군의 뒤를 밟겠다고 공언했습니다.

신자유주의 경제와 우파 포퓰리즘의 동맹

이런 현상을 보면서 불안감이 서서히 스며듭니다. 신자유주의 경제와 우파 포퓰리즘이 동맹을 맺은 듯 보이니까요. 여러 가지 현상을 비교 분석해보면 이 말이 맞아 보입니다. 2013년 이래 독일에서 등장한 우파 정당을 한번 보십시오. 이 정당은 반이민, 외국인 혐오 그리고 국수주의에 기반을 두고 있습니다. 이 정당은 2013년에는 거의 무에서 출발하여 이제는 독일 연방하원에서 세 번째로 의석을 많이 확보한 정당이 됐습니다. 이 정당도 경제정책을 천명해야 했습니다. 경제정책에 대해 묻자 이 사람들은 간단하게 '질서자유주의ordoliberalism'라고 대답했습니다. 이것은 신자유주의neoliberalism의 독일 버전입니다. 이 버전은 단순히 자유시장 이데올로기에만 전적으로 매달리는 것이 아니라, 국가가 주도하는 자유시장에 의존하는 것입니다. 사실 국가 주도형 자유시장이란 독일 버전의 신자유주의뿐만 아니라 유럽 전역에 걸쳐 널리 퍼져 있는 유럽형 신자유주의입니다. 물론 실제로도 신자유주의 이데올로기를 채택하고 있는 나라들의 자유시장은 대부분 국가의 지원에 많이 의존하고 있죠. 하여튼 우파 국수주의 정당인 독일대안당AfD은 자신들의 경제정책은 신자유주의의 독일 버전이라고 천명했습니다.

여기서 우리는 신파시즘 또는 신나치주의라고 불리는 극우 포퓰리즘 정치 운동이 신자유주의를 천명하는 분명한 사례 둘을 봤습니다. 이러한 포퓰리즘적인 대안 우파 운동과 신자유주의가 동맹을 맺고 있는 것처럼 보입니다. 바로 이 현상이 지금 미국에서 벌어지고 있는 것일까요?

트럼프는 극우적인 대안을 분명히 천명하고 있습니다. 버지니아주 샬러츠빌시에서 벌어진 일*이 증명하듯 트럼프는 백인우월주의와 신나치주의를 배척하지 않고 있습니다. 그는 스티브 배넌Steve Bannon의 대안 우파 정치를 부정하지도 않고 있습니다. 그렇다면 트럼프는 신자유주의의 영원한 존속을 위해 얼마나 신명을 바칠까요? 이 둘은 불안한 동맹일지도 모르지만, 그래도 동맹은 동맹입니다.

신자유주의란 언제나 상류층과 자본가를 위한 것이며, 신자유주의의 1차적 목표는 상류층의 재산과 권력을 유지하고 보강하는 것이며, 신자유주의 역사란 모두 이에 관련된 것뿐이라면? 부자는 결국 더 부자가 되고 가난한 자는 계속 그 상태로 가난하거나 더 가난해지도록 작동

---

* 2017년 8월 미국 버지니아주 샬러츠빌시에서 백인우월주의자들이 우파단결시위를 벌였다. 이 과정에서 나치즘에 경도된 20세 공화당원이 인종차별주의에 반대하는 맞불집회에 참석한 시위대를 향해 차량을 돌진해 한 명이 죽고 수십 명이 다치는 유혈 사태로 번졌다.

하는 것이 신자유주의라면? 이런 얘기가 다 사실이라면 신자유주의가 성공했다는 것을 부정할 수 없습니다. 신자유주의 정책이 시행되고 있는 곳은 어디나 사회적 불평등이 심화되고 있는 것을 보면 말이죠. 우리가 정말로 들여다봐야 하는 것이 바로 이 역사입니다.

코크 형제

요즘 같은 시대에 계급이 어떻게 형성되어 있는지 명확하게 정의하는 것은 어렵습니다. 특히 노동계급의 개념에 대해서 들여다볼 때는 더욱 그렇습니다. 지금은 임시직이 너무 많고 서비스 분야의 고용이 너무 많기 때문입니다. 미국에는 공장이 너무 적죠. 전부 중국으로 가버렸으니까요. 자본주의가 발달한 나라들에서 노동계급은 여러 방식으로 분해되고 나뉘었습니다.

그러나 자본가계급을 정의하는 것은 문제가 없습니다. 우리는 누가 자본가계급이고, 그들이 어떠한 사람들인지 잘 알고 있습니다. 코크 형제를 예로 들어봅시다. 코크 형제는 자신들의 계급적 지위와 재벌 왕국을 상속받았습니다. 코크인더스트리는 거대한 사기업입니다. 이 업체는 미국에서 가장 큰 기업에 속합니다. 화학업체이지만 소재기업이기도 합니다. 우리가 사용하는 물건들 중 대부분에는 코크 형제의 기업에서 생산한 제품이 들어가 있다고도 말할 수 있죠.

그래서 이들 형제는 폭넓은 분야에 기업 이해관계를 맺고 있습니다. 그런데 그 이해관계라는 것이 엄청난 이익을 산출해내는 것이죠. 따라서 이들은 어마어마한 부자입니다. 그러면 이들 코크 형제는 어떤 정치 노선을 따를까요? 물론 이들은 어떤 면에서는 전형적인 신자유주의자들입니다. 코크 형제는 자유시장과 자유무역을 신봉하죠. 이들은 신자유주의자 중에서도 자유의지론자libertarian에 가깝습니다. 코크 형제는 국가 재정이 건전하게 운영되기를 바라면서 국가가 시장에 개입하는 것은 바라지 않습니다. 이들은 국가의 규제를 좋아하지 않지만 어떤 분야에서는 다소 진보적인 견해를 갖고 있다는 점에서 자신들의 정체성을 드러낸다고 볼 수 있죠. 코크 형제는 적절한 이민정책을 원하며, 교도소 개혁을 바랍니다. 그리고 관세를 매기는 것은 좋지 않다고 생각합니다. 이들은 관세 문제로 중국과 갈등을 빚고 있는 트럼프를 공격했습니다.

이 중 처음 두 가지인 적절한 이민정책과 교도소 개혁은 규제 완화와 노동시장 개방과 관계가 많습니다. 노동시장의 개방은 언제나 자본가계급에게는 엄청난 이해가 걸려 있는 문제입니다. 아무리 노동시장이 자유롭고 개방돼 있어도 전과자들이 여러 가지 제한 조치들에 부딪혀 노동시장에 진입할 수 없다면 노동시장의 유연성이 떨어진다고 할 수 있습니다. 코크 형제는 이런 현상을 좋아하지 않았습니다. 따라서 이들은 아무리 자유시장과 자유무역을 신봉한다고 해도 어떤 부문에서는 진보적으로 보이는 입장을 취하는 것이죠. 초기 코크 형제는 티 파티에 자금을 대며 후원했습니다. 이들은 자신들에게 유리한 방향으로 공화당을 아주 강력하게 후원했죠. 2019년에 세상을 떠난 데이비드 코크는 지난 5년은 코크인더스트리 및 자신들의 이해관계에서 최고의 호시절이었다는 말을 남겼다고 합니다.

    이들 형제가 5년이라고 말했다는 것이 흥미롭습니다. 왜냐하면 5년 전이라면 트럼프가 당선되기 이전을 말하거든요. 오바마 대통령 임기 말에 공화당이 의회를 모두 장악해서, 행정부가 아무리 규제법을 통과시키려고 해도 전부 막아버리던 때였습니다. 예산을 아무리 팽창시키려 해도 전부 막아버리던 시기였죠. 이 시기는 국채 발행액의 한도 늘리지 않기, 예산의 균형 맞추기, 세금 줄이기 등이 미국 정계의 줄다리기에서 아주 중요한 변수로 작용하던 때였습니다. 코크 형제에게는 아주 좋은 시절이었죠. 오바마가 할 수 있는 일이라곤 대통령령을 만드는 것뿐이었습니다. 이것은 공화당이 장악했던 의회로부터 신랄한 비판을 받았죠. 예를 들면 연방정부 소유 토지에서 광산 개발을 막는 법안 등은 대통령의 권한을 남용하는 것이라고 비난했습니다. 오바마는 이민, 광산 개발, 환경 등의 문제에 관해 대통령 권한으로 일련의 규제법을 제정했습니다. 코크 형제의 비위에 맞지 않는 일이었죠. 하지만 대통령령으로 이루어진 것은 대통령령으로 풀어버리면 되는 것입니다. 트럼프가 백악관에 입성하자 제일 먼저 한 일이 바로 오바마가 대통령령으로 해놓은 일을 대부분 되돌려놓는 것이었죠. 코크 형제는 크게 환영했습니다. 예를 들면 기후변화 같은 것은 더 이상 화젯거리가 되지 않았죠. 환경보호국이 기후변화 얘기를 꺼내지도 못하게 했습니다. 연방 소유 토지에서 광산을 개발하는 것에 대한 규제는 완화됐습니다. 북극해에서 석유를 시추하는 작업이 개시됐습니다. 해양 시추 작업도 시작됐죠. 기본적으로 금융 분야의 규제는 모두 대통령령으로 점진적으로 무력화되기 시작했습니다. 물론 이민에 관한 대통령령도 작동되기 시작했죠.

코크 형제에게 지난 5년은 매우 좋은 시절이었습니다. 단 자신들이 관심을 갖고 있었던 두 가지 문제, 이민과 교도소 개혁이란 국내의 현안을 빼면요. 이들은 또한 트럼프의 관세 부과 정책에 대해서도 심기가 불편했습니다. 이 문제는 어떤 경우에도 신자유주의의 각본에는 안 나오는 것이니까요. 그러나 전반적으로 보면 트럼프가 대통령으로 있고 공화당이 의회를 장악하고 있는 동안 코크 형제는 재미가 쏠쏠했습니다. 이들은 규모가 아주 큰 정치행동위원회를 거느리고 있는데, 이 위원회는 상당 기간 매우 적극적으로 활동했습니다. 위원회를 통해 코크 형제는 1억 달러의 선거 자금을 공화당에 기부했습니다. 상하 양원을 계속 장악하라는 취지였습니다. 하지만 이들은 민주당에도 돈을 댔죠. 민주당의 일부 파벌이 좌파로 변질되는 것을 막아달라고 보수적인 민주당원들에 돈을 준 것입니다.

코크 형제들은 열렬한 신자유주의 신봉자들입니다. 그래서 이민법 개혁에 극렬하게 반대하거나 트럼프 행정부가 밀고 있는 관세전쟁을 지지하는 공화당 후보자들은 후원하지 않습니다. 자유의지론자의 입장에서나 자신들의 사업상 이익에 관한 측면에서나, 관세전쟁이나 이민을 제한하는 법은 좋은 아이디어가 아니죠. 관세나 이민 제한은 상품과 서비스 및 노동의 자유로운 흐름을 간섭하니까요. 트럼프가 관세 문제로 여러 나라를 괴롭히자 공화당뿐만 아니라 민주당에서도 트럼프를 지지하는 사람들이 많아졌습니다. 이제 멕시코 및 캐나다와의 관세 문제는 민주당과 공화당의 지지를 받으며 해결됐습니다. 이 협정 때문에 미국의 국익이 엄청나게 신장됐다고 요란스럽게 떠들었지만 사실 이 협정은 그렇게 성공적인 것도, 그렇게 미국의 국익에 도움이 되는 것도 아닙니다. 새로 무역협정을 맺어야 하는 여러 나라에 대해서 여러 가지로 시끄러운 소리가 들려옵니다. 한국과는 이미 새로 협정을 맺었고, 유럽과는 서서히 협정의 전모가 드러나고 있습니다. 아마도 유럽과도 협정이 타결될 것입니다. 구속력이 있는 강력한 관세협정이 맺어질 것 같지 않은 나라는 중국입니다. 트럼프는 중국을 노리고 있는 것이 분명한데, 이는 일부 재계와 민주당 인사들에게 그런대로 괜찮은 현상일지도 모릅니다. 그러나 미국의 기업체나 농부들 사이에는 중국과 관세로 마찰을 빚는 것을 좋아하지 않는 사람들이 많습니다.

 트럼프 행정부는 현재 관세 문제에 대해서 한발 빼고 있는 형국인데, 아마도 선거* 때문인 것으로 보입니다. 하지만 트럼프 행정부가 강력히 추진한 부문은 세제 개혁이었죠. 2017년도의 세제 개혁을 통해 기업에 엄청난 혜택을 주었습니다. 예컨대 코크인더스트리가 어마어마한 이익을 볼 수 있도록 세제 혜택을 준 것이죠. 기업뿐만 아니라 부유한 기업 관계자 개개인에게도 엄청난 수익이 돌아갔습니다. 트럼프의 정치와 자본가계급의 이익이 아주 확실하게 일치하는 부문이 바로 이런 세

---

* 2020년 11월 트럼프의 패배로 끝난 미 대선을 가리킨다.

제 문제입니다. 생각해보십시오. 코크 형제는 세제 개혁과 세제 혜택에 관심이 있었죠. 이들은 두 가지를 다 성취했습니다. 코크 형제는 모든 부문의 규제를 완화하는 것에 관심이 있었죠. 이들은 환경 규제에서부터 금융 규제에 이르기까지 모든 규제를 완화시켰습니다. 이들이 원하는 것은 거의 대부분 얻었습니다. 브라질의 정치에서도 이와 똑같은 현상이 벌어지고 있습니다. 앞으로 폴란드, 헝가리 그리고 모디 수상 치하의 인도에서도 이와 비슷한 정치를 보게 될 것입니다. 극우파들은 신자유주의를 지원하고, 사회의 부를 집중시키고 중앙화하기 위해 단결하고 있으며, 반대파를 점진적으로 억압하기 위해서 지원을 아끼지 않고 있습니다.

그 결과 코크 형제를 비롯한 여타의 자본가들은 눈 한 번 깜빡일 때마다 더 부자가 되고 있습니다. 하지만 이들은 부의 일부분을 어마어마한 자선사업에 쏟아붓고 있죠. 부자들은 이런 식으로 자신의 부에 정당성을 부여하고 있는 것입니다. 뉴욕 자연사박물관 공룡관에 서 있다는 것은 코크 형제의 기부관에 서 있다는 것을 의미합니다. 아이들이 공룡을 보고 있으면 자연스럽게 그것들은 코크 형제의 후원으로 전시됐다는 것을 알게 됩니다. 이들이 이런 멋진 일도 하는 훌륭한 시민이란 것을 그냥 가만히 앉아서 홍보하는 셈이죠. 자, 이제는 링컨센터에 가서 코크기념관에서 공연되는 발레를 보실 차례입니다.

부자들이 이런 엄청난 돈을 들여 자선사업 놀이를 하는 데는 다 이유가 있습니다. 대중의 지지를 이끌어내고, 부자들은 이렇게 고결한 성품을 가졌다는 것을 대중들에게 인식시키며, 특정 문화와 사고방식을 주입하려는 것이죠.

자본과 정치

저는 지금 자본가계급이란 어떤 사람들인지 알리기 위해서 코크 형제를 일종의 상징적인 인물로 내세우고 있습니다. 요즘 같은 세상에는 자본가계급을 정의하고 어떤 인물인지 그리는 것은 어렵지 않다고 봅니다. 여러분은 지금 코크 형제에 관해 들여다봤지만, 마이클 블룸버그라는 사람도 있습니다. 이 사람을 자세히 들여다보면 그림이 아주 흥미로워집니다. 자본가계급이란 동질적인 집단이 아닙니다. 이 계급은 모두 자유시장, 자유무역, 규제에서 자유로울 권리, 국유 재산의 민영화, 국가 재정의 건전성 등을 지지하는 사람들입니다. 그래서 이런 면에서는 동질적인 집단이죠. 하지만 각기 특정한 관심사가 있습니다.

코크 형제는 환경 규제를 싫어합니다. 이들은 기후변화에 대해서 토론하는 것을 금지하고 있으며, 아예 입에 올리지도 못하게 합니다. 이들은 기후변화에 대해서 트럼프가 무식한 소리를 지껄이자 아주 반가워했습니다. 트럼프는 환경보호국장에 별 볼일 없는 우파 인물을 앉혔습니다. 환경보호 자체를 싫어하며, 환경보호국을 유명무실하게 만들려고 하는 인물이죠. 코크 형제는 쾌재를 불렀습니다. 로널드 레이건 이래 공화당은 환경보호국을 기능이 정지된, 있으나 마나 한 기관으로 만들려고 했습니다. 이 기관을 아예 없애는 것은 너무 힘들지만, 이빨 빠진 호랑이로 만드는 것은 쉽습니다. 반면에 마이클 블룸버그는 기후변화를 심각하게 받아들입니다. 그래서 2018년 선거에서 민주당 후보들에게 1억 달러에 달하는 선거 자금을 지원했다는 말이 돌았습니다. 이들은 탄소 배출을 줄이는 환경 규제와 정책을 선호하는 후보들이었습니다.

신자유주의와 자본가계급에 대해서 얘기할 때 저는 이들이 완전히 동질적인 자본가계급이라고 말하지 않습니다. 이들 사이에는 차이가 있습니다. 블룸버그는 환경 규제는 찬성하지만 금융 규제는 반대합니다. 코크 형제는 둘 다 반대하죠. 블룸버그는 연방정부가 저소득층 지원을 위해 막대한 돈을 쓰는 데 반대합니다. 코크 형제도 이와 똑같은 입장을 취하고 있습니다. 블룸버그는 기후변화와 총기 규제에 대해서는 코크 형제를 비롯한 여러 자본가계급과 의견이 다릅니다. 하지만 자본주의 체제 유지를 위한 기본적인 문제에 관해서는 의견이 같습니다.

미국의 정치를 움직이는 집단은 소수의 초부유층과 기업입니다. 미국에는 정당이 하나밖에 없다는 느낌이 들 때가 많습니다. 이 정당 내에 두 가지 파가 있을 뿐이죠. 이 정당을 월스트리트당이라고 부릅시다. 이 정당의 반에 돈을 대고 운영하는 사람들은 코크 형제 패거리들입니다. 이것을 공화당파라고 할 수 있죠. 다른 반쪽에 돈을 대는 사람들은 마이클 블룸버그, 톰 스타이어, 조지 소로스 등의 패거리인데, 이들은 민주당파라고 할 수 있습니다. 양쪽 모두 자본가의 자금 지원에 좌지우지됩니다. 양쪽 모두 기본적으로는 신자유주의를 지지하지만 특정한 문제를 놓고 견해를 달리합니다. 특히 기후변화와 기후 관리에 대해서 견해가 다르죠. 양쪽 모두 대중들이 고등교육을 받아야 한다는 견해에는 찬성하지만, 그 교육이 어때야 하는지는 견해가 다릅니다. 한쪽은 신자유주의 교육, 사업가 자질을 배양하는 교육, 능력주의의 기초 위에서 사업가 정신을 배양하는 교육 등을 배워야 한다고 주장하죠. 다른 쪽은 사회적 책임의 배양과 자립정신을 익혀야 한다고 말합니다. 양쪽 모두 사회적, 문화적 프로젝트를 지원하지만 지원하는 종류가 다릅니다. 양쪽 모두 다문화주의를 지원하지만, 그 지원에는 한계가 있습니다. 둘 다 여성의 권리와 동성애자의 권리를 신장하는 일에 관심을 갖고 있는 것 같지만, 그렇게 적극적이지는 않습니다.

경제 권력이 정치에 개입하려면 그 진용을 잘 짜야 하지만, 지금은 극우 성향의 인종차별적인 국수주의, 더 나아가 신나치주의 정치를 다루어야 하는 상황에 직면해 있습니다. 브라질의 신군부독재로 나아가는 추세는 꼭 대기업은 아닐지라도 재계의 지원을 받고 있습니다. 재계는 계속해서 우파 성향의 정책을 지원하고 있습니다. 하지만 80년대나 90년대처럼 전통적인 신자유주의적 수단을 통해서, 또는 2000년대처럼 독재정치를 후원해서 그럴 수 있는 상황이 아니라면, 이제는 신파시스트 정치를 후원할 태세를 취하는 듯합니다. 저는 이 파시스트라는 용어를 아주 신중하게 사용하고 있습니다. 프랑코, 히틀러, 무솔리니는 모두 자신들만의 뚜렷한 사회주의, 즉 국가사회주의를 개발하는 와중에도 대기업들과 밀접하게 관계를 맺으며 활동했다는 것을 여러분에게 다시 한 번 상기시켜드리고자 합니다.

이런 방향으로 흘러가는 것이 불가피하다고 말하는 것은 아닙니다. 신자유주의는 자신의 정당성을 잃어가고 있는 위험에 처해 있으며, 신자유주의를 추구하는 재계 인사들 중에는 대중의 지지를 이끌어낼 수 있는 메커니즘을 찾고 있다는 징후가 보인다는 말을 하고 있는 것입니다. 경제 권력은 전 세계적으로 극히 소수에게 집중되고 있습니다. 최근 발표된, 부의 분배에 관한 옥스팸Oxfam* 보고서에 따르면, 전 세계 상위 8명의 재산이 하위 50%의 재산과 맞먹는다고 합니다. 20년 전에는 340명이 그만큼의 부와 권력을 소유했습니다. 어떤 면에서는, 자본가계급에 부와 권력을 집중시키고자 하는 신자유주의의 목표를 아주 성공적으로 달성한 셈입니다.

이런 부의 집중이 어떻게 정당화·합법화되고 있으며, 앞으로 어떤 방식으로 존속될 것인가? 우리는 이런 커다란 문제에 직면해 있습니다. 신자유주의 경제와 신파시스트 정치가 동맹을 맺는 것으로 추정되는 이 현상을 우리는 용인할 것인가? 이런 동맹들은 전 세계에 걸쳐 여러 가지 소요를 일으키며 부상하기 시작하고 있습니다. 브라질의 보우소나루 현상은 부정할 수 없는 현실입니다. 필리핀에는 두테르테가 있습니다. 터키에는 에르도안, 헝가리에는 오르반, 인도에는 모디가 있죠. 이들의 행태를 보고 있자면, 위험한 상황이 다가오고 있다는 것을 명백하게 알 수 있습니다. 진보적인 조직인 마이클 블룸버그의 민주당은 이러한 정

---

* Oxford Committee for Famine Relief 1942년 영국에서 결성된 국제 빈민구호단체

치적 진화를 거스르기에는 너무나 미약합니다. 세계를 지배하려는 이러한 신자유주의와 신파시스트의 동맹을 막으려면 민중의 거대한 저항 운동이 일어야 합니다. 그러나 그렇게 되려면 모든 사람이 이러한 문제들의 깊은 본질을 꿰뚫고 있어야 하며, 어떤 해결책들이 가능한지 알고 있어야 합니다.

6

사회주의는 진정한 자유를 추구한다

Socialism and Freedom

기꺼이 자유를 내어드리죠. 그 대신 정의라는 것은 잊어주셔야겠습니다.

최근 페루에서 강연을 했을 때 자유가 화두로 떠올랐습니다. 그곳의 학생들은 '사회주의는 개인의 자유를 구속하는가?' 같은 질문에 큰 관심을 보였죠. 미국을 위시한 세계 곳곳에서 우파는 자유라는 개념을 자신들의 것으로 삼았습니다. 그리고 사회주의자들을 '자유를 부정'하는 자들로 매도하는 데 자유라는 개념을 무기로 사용했습니다. 사회주의나 공산주의에서는 국가 통제가 우선하기 때문에 어떤 경우에도 개인의 자유는 배제된다고 떠들었죠. 저는 학생들에게 사회주의 해방운동은 개인의 자유도 운동의 한 부분으로 붙들고 있다고 대답했습니다. 사실 사회주의는 개인의 자유를 주변부가 아닌 핵심 과제로 두고 싶어 한다고 봐도 좋습니다. 개인의 자유를 성취하는 것이야말로 사회주의 해방운동의 핵심 목표라고 저는 주장했습니다. 하지만 이는 우리 각자의 잠재력을 실현하기 위한 충분한 기회와 가능성이 제공되는 사회를 다 함께 힘을 모아 만들어냈을 때 가능한 일입니다.

자유의 양면성

마르크스는 이 주제에 대해 몇 가지 흥미로운 이야기를 했습니다. 그중 하나가 '자유의 영역은 필요의 영역이 충족될 때 시작된다'는 것이죠. 애당초 먹을 것이 부족한 상황이라면, 건강관리를 비롯한 주택, 대중교통, 교육 등이 적절히 제공되지 않는 상황이라면 자유는 아무런 의미가 없습니다. 이러한 기본적인 필요를 제공하는 것, 이러한 기본적인 인간의 요구를 충족하는 것, 그리하여 비로소 민중이 자유롭게 원하는 바를 펼칠 수 있도록 하는 것, 이것이 바로 사회주의의 역할입니다. 결핍 및 요구를 비롯한 그 밖의 여러 정치사회적 제약에서 해방되어 개인의 역량과 힘을 전적으로 펼칠 수 있는 세상이 바로 사회주의 체제 전환의 종착지이자 공산사회 건설의 종착지입니다. 우리는 우파가 자유의 개념을 독점하게 해서는 안 됩니다. 오히려 사회주의 스스로 자유의 개념을 되살려야 합니다.

그러나 마르크스는 자유가 양날의 검이라는 점도 지적했습니다. 노동자의 입장에서 흥미로운 방법으로 자유를 바라보고 있죠. 마르크스는 자본주의 사회에서 노동자란 이중적인 의미에서 자유롭다고 말합니다. 노동자는 노동시장에서 자신이 원하는 이에게 노동력을 자유롭게 제공할 수 있습니다. 어떤 계약 조건이든 자유롭게 협상할 수도 있습니다. 하지만 동시에 이들은 자유롭지 못합니다. 왜냐하면 생산수단에서도 '자유롭기' 때문입니다.* 따라서 노동자는 살기 위해 어쩔 수 없이 생산수단을 가진 자본가에게 노동력을 넘겨야만 하죠.

노동자의 자유란 이렇게 양면성을 띠고 있습니다. 마르크스는 이 점이 자본주의 체제에서 나타나는 자유의 핵심적인 모순이라고 봤죠. 《자본론》 중 노동시간을 다룬 장章에서 마르크스는 다음과 같은 이야기를 합니다. 자본가는 노동자에게 자유롭게 말하죠. "최소의 임금으로 맡

---

* 노동자에게는 생산수단이 없다(be freed from)는 말을 이 장의 주제인 자유와 연계해 생산수단에서 자유롭다(be "freed" from)는 말로 설명하고 있다.

은 일을 정확히 해내는 데 최대한 많은 시간을 할애해주시는 분을 채용하고자 합니다. 이게 제가 요구하는 채용 조건입니다." 그리고 자본가는 시장사회에서 자유롭게 그렇게 합니다. 아시다시피 시장사회는 가격 경쟁 속에서 돌아가니까요. 한편, 노동자도 자유롭게 말합니다. "나에게 하루에 14시간 일을 시킬 권리가 당신에게 있는 것은 아닙니다. 당신이 바라는 일을 뭐든 다 시킬 권리는 없습니다. 그것이 특히 내 생명을 단축시키거나 건강과 행복을 해치는 일이라면 말이죠. 나는 정당한 임금에 정당한 시간만큼만 일을 하겠습니다."

시장사회의 본질을 감안하면 자본가와 노동자가 각기 요구하는 조건은 모두 옳습니다. 그래서 마르크스는 시장을 지배하는 교환의 법칙에 따라 둘 다 동등하게 옳다고 말하죠. 그러면서 동등한 권리 사이의 결정은 힘에 지배된다고 이야기합니다. 자본가와 노동자 사이의 힘의 관계에 따라 결과가 좌우됩니다. 이는 어느 정도 위압적이고 폭력적으로 바뀌는 경우도 있습니다. 실제로 일일 노동시간 및 임금, 노동환경 등이 자본가와 노동자 간의 투쟁을 통해 결정됩니다. 자본가가 교환의 법칙에 따라 노동력을 최대한 착취하려고 하는 것도 자유인 반면, 노동자가 이에 저항하는 것도 자유입니다. 자본주의 체제에서는 이렇게 두 자유 간의 충돌 구도가 매일같이 형성됩니다.

이처럼 자유를 양날의 검으로 보는 시각은 매우 중요하기 때문에 좀 더 자세히 살펴보겠습니다. 이 주제에 대해 상세히 다룬 역작들 중에는 경제역사학자 칼 폴라니가 쓴 논문도 있습니다. 칼 폴라니는 《거대한 전환The Great Transformation》을 집필한 분이죠. 폴라니는 마르크스주의자는 아닙니다. 마르크스를 좀 읽어보긴 했겠지만 마르크스주의자들이 세상을 바라보는 시각에는 동의하지 않았죠. 하지만 자본주의 체제하에서 권리란 무엇이며 자유란 무엇인지에 대한 문제를 오랫동안 심도 있게 고민했던 것만큼은 분명합니다. 《거대한 전환》에서 폴라니는 좋은 의미의 자유와 나쁜 의미의 자유가 있다고 말합니다. 나쁜 의미의 자유로는 무제한으로 동료를 착취하려 하는 자유, 공동체에 상응하는 서비스를 제공하지도 않은 채 과도한 수익을 올리려 하는 자유, 과학기술 발명을 공익에 이용하지 못하도록 막으려 하는 자유, 인적 재해 및 자연재해를 비롯해 사적 이익을 취하기 위해 몰래 설계된 일을 돈벌이에 이용하려 하는 자유(나오미 클라인이 자신의 저서 《쇼크 독트린The Shock Doctrine》에서 '재난 자본주의'에 관해 논하고 있는 개념임) 등을 꼽았죠. 폴라니는 이러한 자유가 횡행하는 시장경제에서 아주 고귀한 자유들도 태어났다고 말합니다. 양심의 자유, 언론의 자유, 집회의 자유, 결사의 자유, 직업 선택의 자유 같은 것들 말이죠. 우리는 이러한 자유들만이라도 소중히 여겨야겠지만(물론 많은 이들이 소중히 여기고 있고, 심지어 저를 비롯한 마르크스 진영의 사람들조차도 그러고 있습니다만), 상당 부분 이러한 자유들은 악한 자유들에도 책임이 있는 동일한 경제체제의 부산물입니다.

현재 우리를 지배하고 있는 신자유주의 사고의 헤게모니와 기존 정치권력에 의해 나타나는 자유의 양상을 감안하면, 이러한 이중성에 대한 폴라니의 답변은 매우 이상한 해석들을 낳습니다. 폴라니는 이에 대해 '시장경제를 지나면, 다시 말해 시장경제를 넘어서게 되면 이제껏 경험해보지 못한 자유의 시대가 시작될 수 있다'고 서술하고 있습니다. 이는 시장경제를 버린 뒤에야 진정한 자유가 시작된다는 말로, 시장경제를 신봉하는 현시대에 상당히 충격적인 발언이죠. 폴라니는 계속해서 다음과 같이 서술하고 있습니다.

> 법적 자유 및 실제 자유는 과거 어느 때보다 더 광범위해지고 보편화될 수 있다. 규제와 관리를 통해 소수뿐 아닌 모든 이들이 자유를 성취할 수 있다. 근본적으로 썩어빠진 특권의 종속물로서가 아닌, 정치 영역의 협소한 경계를 뛰어넘어 스스로 친숙한 사회 조직 속으로 확장해가는 관례적인 권리로서의 자유를 모든 이들이 성취할 수 있다는 것이다. 그리하여, 산업사회가 만인에게 제공하는 여유와 안전을 통해 새로운 자유들이 창출될 것이며, 이는 해묵은 자유와 시민권 위에 차곡차곡 쌓여갈 것이다. 이러한 사회야말로 정의와 자유가 공존할 수 있는 사회인 것이다.

자유와 정의

이쯤 되면 제겐 정의와 자유에 바탕을 둔 이러한 사회 모델이 소위 68혁명 세대라고 하는 1960년대 학생운동의 정치적 의제와 다르지 않게 보입니다. 당시 정의와 자유 두 가지 모두에 대한 요구가 광범위하게 퍼졌죠. 국가 및 기업자본에 의해 부여되는 강제와 시장의 강제 등에서 벗어날 자유는 물론이고, 사회정의에 부응하는 자유에 대한 요구까지 광범위하게 일었습니다. 급진적인 내용을 다룬 제 첫 번째 저서 《도시와 사회정의Social Justice and the City》에서 저는 이런 맥락의 글을 실었습니다. 이에 대한 1970년대 자본주의자들의 정치적 답변은 흥미로웠죠. 이들은 이러한 요구를 정면 돌파하면서 요컨대 다음과 같이 말했습니다. "기꺼이 자유를 내어드리죠. 몇 가지 조건이 붙긴 하겠지만요. 그 대신 그 정의라는 것은 잊어주셔야겠습니다." 여기서 말하는 자유는 경계가 정해진 자유였습니다. 대부분이 시장 내에서 비롯되는 선택적 자유를 의미했던 것이죠. 국가 규제에서 해방된 자유시장이 이들이 내놓은 대답이었습니다. 그 대신 사회정의라는 것은 잊어버리라고 했죠. 이렇게 정의의 부재를 담보로 시장 경쟁을 통한 자유의 개념은 아주 잘 자리를 잡아갔던 것으로 보입니다. 하지만 그 결과 타인에 대한 착취와 같은 악한 자유들이 자유의 미덕으로 포장되어 세상에서 날뛰게 되었죠.

폴라니는 이러한 전환을 명확하게 인식하고 있었습니다. 자신이 그렸던 미래로 가는 길은 도덕적 장벽 때문에 가로막혔다고 봤는데, 그 도덕적 장벽은 폴라니가 말한 '진보 이상주의liberal utopianism'였죠. 제가 보기에 우리는 아직도 진보 이상주의가 제기한 문제에 직면해 있습니다. 이것은 언론과 정치적 논의에 가득 찬 이데올로기입니다. 민주당의 진보 이상주의는 진정한 자유를 성취하는 데 방해가 되는 것들 중 하나입니다. 폴라니는 이렇게 서술하고 있습니다. "계획과 통제는 자유를 부정하는 것으로 공격받고 있다. 사람들은 기업의 자유와 사유재산이 자유의 핵심이라고 선언하고 있다." 이는 신자유주의 이론가들이 내세우는 것입니다. '자유 개방 시장의 토대 위에 사유재산권과 개인의 자유가 보장되는 사회에서만 국가의 지배로부터 개인의 자유를 지킬 수 있다'는 것이 밀턴 프리드먼과 하이에크의 주장입니다.

폴라니는 말합니다. "그래서 계획과 통제는 자유를 부정하는 것으로 공격받고 있다. 사람들은 사유재산이 자유의 핵심이라고 선언하고 있다. 다른 토대 위에 세워진 사회는 '자유'라고 불릴 자격이 없다는 것이다. 규제가 만들어낸 자유는 비자유라고 비난받고 있다. 그것이 제공하는 정의, 자유, 복지는 노예제도를 교묘히 위장한 것이라는 비난을 받고 있다."

제 기준에는 이것이야말로 우리 시대의 가장 중요한 문제들 중 하나입니다. 우리는 시장, 시장의 결정, 그리고 수요와 공급의 법칙(마르크스가 자본의 운동법칙이라고 부른)이 우리 생활을 지배하는 제한된 자유를 넘어 나아갈 것인가, 아니면 마거릿 대처가 말한 대로 우리에게는 대안이 없다는 것을 받아들일 것인가? 우리는 국가의 통제를 벗어났지만, 시장의 노예가 되었습니다. '여기에는 대안이 없다, 이것을 넘어서면 자유가 없다.' 우파는 이 같은 개념을 전파하고 있으며, 이를 믿는 사람이 많아졌습니다.

이것이 지금 이 시대의 역설입니다. 우리는 자유의 이름으로 진보 이상주의를 선택했습니다. 진보 이상주의는 진정한 자유를 성취하는 데 장벽이 됩니다. 교육을 받기 위해서 엄청난 돈을 지불해야 하며, 융자받은 학자금의 빚이 자신의 미래로 자꾸자꾸 뻗어가는 것이 자유로운 세상이라고는 생각하지 않습니다. 우리가 얘기하고 있는 것은 빚을 갚기 위해 노역하는 제도입니다. 우리는 지금 빚을 진 노예에 관해서 얘기하고 있는 것입니다. 이런 제도가 세상에 정착되지 못하도록 해야 합니다. 교육은 무료여야 합니다. 교육을 받으려고 돈을 지불해서는 안 됩니다. 의료 및 기본적인 주택도 무료여야 합니다. 또한 적절한 영양을 섭취할 수 있는 식품도 무료여야 합니다.

자유와 집

몇십 년 전인 1960년대에는 공공주택 공급이 있었지만, 현재는 전혀 없습니다. 영국을 예로 들면, 1960년대에는 공급되는 주택 중에서 공공주택의 비율이 상당히 높았습니다. 사회가 공급해주는 주택이었죠. 제가 자랄 때는 싼 가격으로 공공주택을 공급했는데, 이것은 기본적인 생활필수품을 공급하는 차원에서 행해졌던 것입니다. 그런 다음 마거릿 대처가 나타나서는 모든 것을 민영화했죠. 그러고는 이런 식으로 말했습니다. "부동산을 소유하면 훨씬 자유로워집니다. 비로소 '재산 소유 민주주의property-owning democracy'의 진정한 일원이 되는 거죠." 그러자 모든 세대 중에서 60%가 공공주택에서 살던 시대가 하루아침에 그 비율이 20% 이하인 시대로 바뀌었습니다. 주택은 상품이 되었습니다. 상품은 투기 대상이 되는 법입니다. 주택이 투기 대상이 되면 될수록 그 가격은 오르는 법입니다. 반면에 실질적인 주택 공급은 전혀 늘지 않습니다.

저는 노동계급이 사는 지역사회에서 자랐는데, 그곳은 꽤 평이 좋은 지역으로 개인이 주택을 소유하고 있던 곳이었습니다. 노동계급은 대부분 주택을 소유하고 있지는 않았지만, 일부는 주택을 소유하고 있었으며, 저는 그런 지역사회에서 자랐죠. 당시 주택은 사용가치로 평가됐습니다. 다른 말로 하자면, 주택이란 우리가 살면서 무엇인가를 하는 장소였죠. 우리는 주택의 교환가치를 따지지 않았습니다. 저는 최근에 어떤 자료를 봤는데, 거기에는 노동계급의 주택 실질가치는 1960년대까지 백 년 이상 변하지 않았다는 사실이 담겨 있었습니다.

그런데 1960년대에 들어서서 주택은 사용가치가 아니라 교환가치로 인식되기 시작했습니다. 사람들은 이렇게 묻기 시작했죠. "이 집은 얼마야? 가치를 좀 높일 수 없나? 가치를 높이려면 어떻게 해야 하지?" 갑자기 이런 교환가치 개념이 사람들의 의식에 들어온 것입니다. 그때 등장한 것이 마거릿 대처입니다. 대처는 이렇게 말했죠. "좋아요, 우리는 공공주택을 모두 민영화할 것입니다. 여러분들은 모두 주택시장에 참여할 수 있습니다. 교환가치가 높아지면 모두들 이익을 볼 수 있는 거죠." 교환가치로 인식되는 주택이 중요한 의미를 띠기 시작한 것입니다.

그 결과 저소득층은 살 집을 구하는 것이 점점 어려워졌습니다. 일터로 출퇴근하기 용이한 중심부 지역에서 살던 사람들이 더 멀리 쫓겨나 출퇴근 거리가 더 늘어났습니다. 1990년대가 되자 주택은 돈벌이 대상이 됐습니다. 너도나도 집으로 투기를 하자 주택 가격이 급등할 때가 많았습니다. 이따금 오르락내리락하는 경우도 있었지만요. 결국 최하위

소득 계층은 살 곳을 찾을 수 없는 지경에 이르렀습니다. 노숙자가 생겼으며, 보통 사람들이 감당할 수 있는 가격의 주택이 부족해 주택난이 발생했습니다.

제가 어렸을 적, 사회주의자 수상이 집권하던 영국에도 노숙자들은 있었습니다. 그러나 그 숫자는 매우 적었죠. 하지만 현재 런던이나 비슷한 규모의 대도시에 가보면 노숙자들이 훨씬 많이 늘었다는 것을 알 수 있습니다. 뉴욕에는 현재 노숙자가 6만 명입니다. 그리고 젊은이들 중 많은 수가 노숙자입니다. 이들은 거리의 노숙자가 아니라, 친척이나 친구 집을 전전하면서 소파 생활을 하는 노숙자입니다. 이런 노숙을 '카우치 서핑couch surfing'이라고 부르죠. 이런 상태에서 견실한 지역사회를 만들기란 불가능합니다.

오늘날 전 세계에 걸쳐 도심에 건물들이 엄청나게 들어서고 있습니다. 투기를 목적으로 하는 빌딩들입니다. 사람이 살기 위한 도시를 짓는 것이 아니라 투기를 위한 도시를 만드는 것이죠. 삶을 목적으로 도시를 건설하는 것이 아니라 투자를 목적으로 도시를 짓는다면 뉴욕과 같은 상황에 빠질 것입니다. 뉴욕은 부유층을 겨냥한 주택 건설 붐이 한창이지만 정작 집값이 너무 비싸 주택난을 겪고 있습니다. 뉴욕의 주택시장에 진입하려면 적어도 백만 달러는 있어야 합니다. 사용가치 면에서 봐도 뉴욕 시민 대다수의 형편에 맞지 않는 가격으로 주택이 공급되기 때문에 생활할 집을 구할 엄두조차 내기 힘듭니다. 뉴욕에는 초부유층을 대상으로 한 넓고 어마어마한 고가 아파트들이 들어서고 있습니다.

블룸버그 뉴욕 전前 시장은 파크애비뉴 같은 곳에 세계의 억만장자들이 모두 와서 투자할 만한 커다란 아파트를 짓겠다는 원대한 꿈을 갖고 있었죠. 그리고 실제로 그렇게 했습니다. 그 결과 아랍 왕자들과 인도, 중국, 러시아의 억만장자들이 뉴욕에서 살지도 않으면서 그 아파트를 구입했습니다. 그러고는 1년에 한두 번 왔다 가면 그만입니다. 이런 식의 주거 환경은 대다수 주민들을 위한 건실한 주거 환경이 아닙니다.

우리는 상류층이 엄청난 자유를 누릴 수 있도록 도시를 건설하고 주택을 짓습니다. 반면에 나머지 사람들의 자유는 사실상 박탈하고 있죠. 바로 이런 면을 두고 마르크스는 다음과 같은 유명한 말을 한 것 같습니다. "필요의 영역은 사실상 자유의 영역이 성취될 수 있도록 극복되어야 한다." 현재 뉴욕에는 투자의 자유와 상류층이 살 곳을 선택할 수 있는 자유만 있을 뿐입니다. 대중들은 선택의 자유를 전적으로 박탈당한 채 내동댕이쳐져 있고요. 시장의 자유는 이런 식으로 가능성을 제한하는 것입니다. 이런 관점에서 사회주의는 폴라니가 제안한 것처럼 자유에 대한 접근, 주택에 대한 접근을 집단화해야 합니다. 우리는 주택을 시장에서 사회 공유의 장으로 데려와야 합니다. '주택은 공공재다'가 우리의 슬로건입니다.

자유와 시간

시장에 있는 것들을 사회 공유의 장으로 끌어들이는 것이 현대 사회주의의 기본적인 이념입니다. 저는 영국의 노동당—이 정당은 당면한 문제를 왕성하게 민주적인 절차로 처리하는 몇 안 되는 전통적인 정당이죠—이 교통 등 대중들 삶의 일부분을 차지하는 분야들을 시장에서 사회 공유의 장으로 끌어들이자고 제안한 사실에서 격려를 받습니다. 만약 영국의 철도가 민영화 이후 효율이 높아졌는지 묻는다면, 모두 비웃을 것입니다. 철도 민영화가 어떤 결과를 초래했는지 모두가 잘 알고 있습니다. 완전히 실패작이었습니다. 엉망진창이었죠. 모든 것이 따로따로 놀았습니다. 도시의 대중교통도 똑같습니다. 수돗물 공급도 민영화되었죠. 민영화되면 수돗물 공급이 개선된다고 했습니다. 하지만 수돗물에 요금이 부과되었습니다. 요금을 내야 하지만 그 공급은 원활하지 않았습니다. 수돗물은 생필품입니다. 시장을 통해서 거래되어서는 안 되는 것입니다.

노동당은 이렇게 말했습니다. "자, 보십시오. 이것들은 모두 대중들의 생활필수품입니다. 이런 것들은 시장을 통해서 공급되어서는 안 됩니다. 학자금 대출 장사를 멈춰야 합니다. 교육을 민영화하려는 시도를 멈춰야 합니다. 생활필수품은 사회 공유의 장을 통해 제공되어야 합니다. 이런 기본적인 필수품들을 시장에서 빼냅시다. 다른 방식으로 공급합시다." 우리는 교육을, 의료를, 주택을, 기본적인 식품을 그렇게 할 수 있습니다. 사실, 라틴아메리카 국가들에서는 저소득층에게 저렴한 가격으로 기본적인 식품을 공급하는 실험을 했습니다. 오늘날 전 세계 대부분의 사람들에게 기본적인 식품을 공급하는 체계를 갖추지 못할 이유가 전혀 없습니다.

모두가 품위 있는 삶을 사는 데 필요한 생필품을 보장받을 때에만 자유의 영역이 가능합니다. 사회주의가 추구해야 할 자유는 바로 이런 것입니다. 그러기 위해서는 집단적인 방법, 집단적인 노력이 필요합니다. 그러나 유감스럽게도 영국의 노동당은 선거에서 참패했습니다. 그러나 저는 확신합니다. 영국의 노동당은 진보적인 정책(대중의 전폭적인 지지가 필요한) 때문에 진 것이 아니라고. 브렉시트에 대해 단호한 입장을 취하지 못했고, 언론이 실패했다고 규정한 다른 모든 정책들에 대한 공격을 효과적으로 방어하지 못했기 때문에 진 것입니다.

마지막으로 한 가지 문제점을 말씀드리겠습니다. 사회주의 세상을 만들려면 우리는 개인주의를 내놓아야 하고, 무엇인가를 포기해야 한다는 얘기들을 많이 합니다. 그런 말이 어느 정도는 사실일 수도 있습니다. 하지만 우리가 개인화된 잔인한 시장의 자유를 넘어서면, 폴라니가 주장한 대로 더욱 큰 자유를 획득할 수 있습니다. 우리가 할 일은 개인의 자유 영역을 극대화하는 것이라는 마르크스의 말을 저는 이렇게 해석합니다. 필요의 영역이 제대로 관리될 때만 자유의 영역이 극대화된다고요. 사회주의의 임무는 사회에서 일어나는 일을 모두 관리하고 통제하는 것이 아닙니다. 전혀 그렇지 않습니다. 사회주의의 임무는 기본적인 생필품들이 제대로 관리되어, 즉 무료로 공급되어 사람들이 모두 자신들이 원하는 시기에 자신들이 원하는 것을 할 수 있는 사회를 만드는 것입니다.

이것은 각 개인이 자신이 하고 싶은 것을 할 수 있는 자원에 접근할 수 있다는 것만 의미하는 게 아닙니다. 그것을 할 수 있는 시간도 있다는 것을 의미합니다. 시간, 진정한 자유 시간, 이것이 사회주의 이상에 절대적으로 필요합니다. 뭐든 각 개인이 진정으로 원하는 것을 할 수 있는 진정으로 자유로운 시간, 이것이 사회주의가 추구하는 가치입니다. 지금 당장 사람들에게 이렇게 물어보십시오. "당신은 자유로운 시간을 얼마나 갖고 있습니까?" 아마 이런 대답이 돌아올 것입니다. "자유 시간이 거의 없습니다. 이런저런 잡다한 것들 때문에 시간이 없어요." 무엇이든 할 수 있는 자유로운 시간이 진정한 자유의 핵심이라면, 사회주의 해방운동은 이것을 사회주의 정치 임무의 중심 과제로 삼아야 합니다. 이것이야말로 우리가 함께 할 수 있고, 또 반드시 해야만 하는 것입니다.

7

세계경제에서 중국의 중요성

The Significance of China in the World Economy

2009-2012년 중국이 소비한 시멘트는 미국의 100년 소비량보다 많습니다.

2019년 1월 2일 주식시장이 마감된 이후에 애플사는 판매 목표를 달성하지 못할 것이라고 발표했습니다. 특히 중국에서 달성하지 못할 것이라고 했죠. 곧바로 애플 주가가 하락했고(6%가 떨어졌죠), 이미 돈을 많이 잃은 주식시장은 그다음 날 2.5% 더 하락했습니다. 여기에서 흥미로운 것은 이 하락세의 방아쇠를 당긴 것이 애플사의 중국 내 판매량이란 점입니다. 애플 컴퓨터는 중국에서 만들지만 중국 내에 상당한 시장을 형성하고 있기도 합니다. 중국 시장이 약세로 들어선 이유를 몇 가지로 설명한 공식적인 논평이 있었죠. 그중 가장 많이 거론된 것은 트럼프의 관세 공격이었습니다. 하지만 그 후에 나온 보고서에는 중국의 소비시장이 침체기로 들어선 것이 주요한 원인이라고 언급되었습니다.

중국의 영향력

그러나 자세히 살펴보면 애플사의 인기가 하강세에 접어들었으며, 중국 시장에서 애플의 점유율은 겨우 7%로 떨어졌다는 것을 알 수 있습니다. 나머지 80%는 화웨이, 샤오미, 오포, 비보 등 전에는 들어보지도 못한 중국 컴퓨터 회사들이 차지했습니다. 2010년만 해도 이 회사들은 대부분 이름만 있을 정도였죠. 아이폰 및 컴퓨터 등의 중국 생산량이 엄청나게 증가했으며 생산원가도 훨씬 떨어지고 운영체제도 중국 이용자들이 사용하기 훨씬 쉬워졌습니다. 3년 만에 중국 도시 대부분은 현금 경제에서 현금이 필요 없는 경제로 변했는데, 이건 제가 직접 경험한 사실입니다. 사용하기 편리한 중국제 아이폰이 결정적인 도구였죠. 저는 커피 한 잔도 현금으로 낼 수 없었습니다.

    제가 이런 이야기를 하는 데는 이유가 있습니다. 전 세계에서 벌어지고 있는 일들을 얘기할 때 중국이 세계경제에서 차지하는 중요성을 과소평가하는 경향이 있기 때문입니다. 하지만 애플의 경우에서 볼 수 있듯이 앞으로는 중국에서 일어나고 있는 일이 전 지구적인 자본주의 경제개발에 결정적인 원인으로 작용할 것입니다. 사실은 이미 결정적인 원인이 됐습니다. 특히 2007-08년 금융위기 이래로 말이죠. 자본주의는 2007-08년에 공황으로 빠져들어 붕괴될 뻔했으나 중국의 경제 팽창으로 살아남은 것입니다. 우리는 중국 경제의 엄청난 규모와 변화 속도를 있는 그대로 받아들여야 합니다. 단 3년 만에 중국 주요 도시의 경제가 현금 경제에서 현금이 필요 없는 경제로 변화했다는 것이 이 사실을 웅변으로 말해주고 있습니다.

    먼저 중국 경제의 규모부터 살펴보기로 합시다. 전통적인 측정치인 GDP를 기준으로 하면 중국 경제는 세계에서 두 번째로 크죠. 그러나 현지 통화의 구매력을 기준으로 측정하는 구매력평가지수로는 세계에서 제일 큽니다. 중국 경제가 잘나가면 전 세계 경제도 잘나갑니다. 중국 경제가 불황에 접어들면 자본의 진화에 심대한 영향을 끼치게 됩니다.

    이런 현상의 이면도 살펴보겠습니다. 이것은 반자본주의적 관점에서는 중요합니다. 중국은 아직도 마르크스주의를 따르는 나라이며 공산당이 통치하는 나라입니다. 중국 공산당은 사실상 자본가계급 정당이라고 말하고 싶은 사람들이 많겠지만, 아직도 마르크스, 레닌, 마오, 덩샤

오핑, 시진핑의 말이 당을 이끄는, 명색이 공산당입니다. 지난 당대회에서는 2050년까지 완전한 사회주의 경제로 전환하겠다고 선언했습니다. 완전한 사회주의 경제란 평등, 민주주의, 자연 친화적인 정책, 미적 우수성을 지닌 문화 세계가 그 특징입니다. 이것은 공산당이란 기관을 통해서 성취될 예정입니다. 이 선언을 보면 지금 당장은 민주주의가 자리 잡을 가능성은 전혀 없으며, 공산당이 권력을 독점하는 것이 불가피하고, 중국적 특색을 가진 사회주의로 전환하는 데 공산당이 그 도구로 사용될 것이라는 점이 명백합니다.

사회주의의 미래에 관심이 있는 우리는 중국에서 벌어지고 있으며 중국인들이 계획하고 있는 일을 진지하게 받아들여야 합니다. 우리는 두 가지 질문을 마음속에 품어야 합니다. 첫 번째 질문은 이렇습니다. 현재 중국에서 벌어지고 있는 일이 사회주의의 미래에 얼마나 영향을 미칠 것인가? 그렇다면 그 사회주의는 어떤 모습을 띠게 될까? 다음은 두 번째 질문입니다. 이른바 중국적 특색을 지닌 사회주의 경제체제 전환을 목표로 중국이 계획적으로 움직일 때, 앞으로 중국에서 벌어질 일이 전 세계의 사회주의 미래를 결정할 것인가?

중국의 변신

좌파에 속한 사람은 누구나 이런 질문에 관심을 기울여야 합니다. 왜냐하면 어떤 면에서 우리는 마르크스가 말한 '경쟁의 강제법칙'이 우리의 정체성을 정의하는 데 매우 중요한 역할을 하는 세상에 살고 있기 때문입니다. 미국과 중국은 엄청난 경쟁관계에 있습니다. 이 경쟁관계는 경제적인 것에 국한되지 않습니다. 정치적으로도 문화적으로도 마찬가지입니다. 트럼프 행정부의 행보로 우리는 눈만 뜨면 중국과의 경쟁관계를 의식하며 살게 되었습니다. 그래서 우리는 중국에 대해서 보다 논리적으로 생각해봐야 합니다.

저는 중국 전문가가 아닙니다. 중국에 관해 훨씬 많이 알면 좋겠고 중국어도 알면 좋겠는데 말이죠. 중국에 몇 차례 가봤고 중국에 관해서는 많이 읽었습니다. 특히 경제지를 통해 중국에서 벌어지고 있는 일들을 추적하려고 합니다. 하지만 솔직히, 제가 제시한 질문에 대해 명쾌한 답을 얻지는 못했습니다. 중국에서 벌어지고 있는 일들을 모두 명확하게 분석하지는 못하고 있죠. 중국은 분명 상당히 복잡한 사회입니다. 그래도 중요한 질문의 답을 찾는 동안 몇 가지 점이 제 눈에 띄었습니다.

첫 번째는 커다란 변화가 1978년에 일어났다는 점입니다. 이때 덩샤오핑을 비롯한 일단의 젊은이들이 모여 상황을 진단하며 말했죠. "우리는 변해야만 합니다. 우리 경제의 생산성을 극적으로 끌어올릴 수 있는 방향으로 변화해야 합니다." 당시 중국 경제는 침체되어 있었습니다. 당시 이들이 당면한 문제를 세계은행은 1980년에 이렇게 진단했습니다. '중국의 8억 5천만 명에 달하는 인구가 극심한 가난 속에 살고 있으며 이 상태는 개선되지 않고 있다'라고 말이죠. 이 부분이 제 눈에 띈 한 가지입니다.

다른 하나는, 급성장으로 순식간에 생활수준이 높아진 나라들에 중국이 둘러싸여 있었다는 점입니다. 일본이 그랬으며 한국이 그랬는데, 더욱 중요한 것은 중국이 자신의 영토로 생각하는 대만도 그랬다는 것입니다. 당시에는 명목상으로만 중국의 일부였던 홍콩도 그랬고, 싱가포르도 그랬습니다. 따라서 이들 국가에 사는 화교들은 상당히 부유한 생활을 누리고 있는데 정작 중국 본토의 경제는 침체되어 있었던 것입니다.

당 지도부는 이것을 매우 위협적인 상황으로 인식했습니다. 제국주의 세력이 이것을 직접적으로 공격하는 것은 차치하고라도 말이죠. 그들은 마르크스의 말처럼 궁핍의 시대가 지나가면 자유의 시대가 시작된다는 것을 알고 있었습니다. 자신들이 진정으로 개발도상국이라고 말할 수 있기 전에 먼저 중국 인민들이 생필품을 누릴 수 있어야 하는데, 이에 도달하려면 엄청난 간격이 존재한다는 것을 알았습니다. 이러한 맥락에서 당 지도부는 앞으로 닥칠 시대에 결정적인 역할을 하게 될 경제적 요소를 도입하기로 결정했습니다. 바로 경제적 주체들이 서로 경쟁하여 생산성을 높이도록 강제했던 것이죠. 그러기 위해서는 시장경제를 도입해야 했습니다.

그런 과정에서 당 지도부는 서구 경제학자들의 자문을 구했습니다. 밀턴 프리드먼이 1980년에 중국에 갔습니다. 대학에서 경제학 강의가 상당히 바뀌었습니다. 그래서 여러분이 지금 중국에 가보면 경제학과에서 마르크스 경제학을 아주 성실하게 공부하는 학생들은 보기 드물다는 사실을 알게 될 것입니다. 경제학과의 교수진은 대부분 미국 매사추세츠공대MIT, 스탠포드대 등에서 박사학위를 받은 사람들로 채워져 있습니다. 중국은 신고전주의 경제학에 눈을 떴습니다. 경제 분석 방법이 바뀌고, 경제정책이 바뀌기 시작했습니다. 마르크스의 정치경제학은 경제학이 아니라 철학의 한 분야로 인식되고 있습니다.

이러한 변신은 놀라울 정도로 성공적이었습니다. 소련 연방에 속해 있던 나라들이 공산주의나 사회주의에서 자본주의로 변신하는 과정에서 겪었던 고질적이고도 파멸적인 경제 위기를 여러분은 잘 알 것입니다. 이들 나라는 아직도 그 상처를 다 극복하지 못했습니다. 반면 중국은 급속도로 성장했습니다. 1980년 중국 내 극빈층 인구는 8억 5천만 명이었지만 2014년에는 이미 그 숫자가 4천만 명으로 줄었다고 세계은행은 추산했죠. 최근 중국은 '2022년까지 빈곤 인구 0명'이라는 목표를 세웠습니다. 여러분이 어떻게 생각할지는 모르겠지만, 중국인의 생활수준, 실질적으로 생활필수품을 비롯한 여러 상품과 서비스 등을 취득할 수 있는 능력이 엄청나게 증가했다는 것은 의심의 여지가 없습니다. 정말로 놀라운 성취죠. 그러나 이게 다가 아닙니다. 중국인들은 완전히 새로운 생활양식도 개발했습니다.

중국인들의 일상생활은 급속한 도시화로 인해 혁명적으로 바뀌었습니다. 1990년대에 이미 백만 명이 넘는 도시가 수백 개 됐죠. 이제 도시화는 1년에 15%나 됩니다. 농촌 지역에서 도시로 엄청난 사람들이 몰려들고 있죠. 일례로 1990년대 추산에 따르면, 지난 10년에서 15년 사이에 3억 명 정도가 실제로 농촌에서 도시로 이주했습니다. 그에 비해

아일랜드에서 미국으로 이주한 숫자는 1세기에 걸쳐 3천만 명 정도로 추산됩니다. 중국에서 일어난 일과 전 세계의 다른 곳에서 일어난 일을 비교하면 중국의 변화 속도와 그 크기는 어마어마합니다. 인류 역사에 전무후무합니다.

금융위기와 중국

최근에 전 세계의 자본주의가 완전히 붕괴될 뻔한 것을 중국이 어떤 방법으로 구원했는지 한번 살펴봅시다. 2007-08년에 전 세계적 금융위기가 발생했죠. 미국의 소비시장이 붕괴됐습니다. 이것은 미국 소비시장에 상품과 서비스를 공급하던 기업과 나라들이 불황에 빠져든다는 것을 의미합니다. 중국은 2007-08년에 수출산업에서 약 3천만 개의 일자리가 사라졌다고 합니다. 이 시기에 중국에서는 엄청난 노동불안이 있었습니다. 노동자들의 항의가 빗발쳤으며 파산한 기업이 많았다는 보고가 있습니다. 6개월 동안 임금을 지불하지 못한 회사들도 많았습니다. 일자리를 잃은 사람들은 맨몸으로 길거리에 내몰렸습니다.

중국으로서는 엄청난 위기가 닥친 것입니다. 그런데 2009년에 "2007-08년 위기 때 전 세계적으로 일자리 순손실은 어느 정도 발생했는가?"라는 질문에 답하기 위해서 IMF와 국제노동기구가 공동으로 조사를 실시했습니다. 미국의 일자리 순손실이 천4백만 개였던 데 비해 중국의 순손실은 3백만 개에 불과했습니다. 중국은 어떻게 해서든 1년 반 만에 2천7백만 개 일자리를 만들어냈던 거죠. 이는 정말로 경이로운 일입니다. 처음 이 사실을 알았을 때 저는 "이런 건 그 누구도 들어본 적이 없는 일"이라고 말했습니다. 하지만 저는 그 이후에 중국은 이미 2000년대부터 1년에 2천만 개의 일자리를 만들어냈다는 사실을 알게 됐습니다. 이미 고용 면에서 거대한 변화가 일어나고 있었는데, 중국인들은 위기에 대응하기 위해서 한층 더 진력했던 것뿐입니다.

2007-08년에는 수출 기업체들이 대부분 파산했기 때문에 수출산업 부문에서 일자리를 만들 수는 없었습니다. 그래서 중국은 1990년대에 시작했던 일을 확장했습니다. 바로 기간산업에 투자했던 것이죠. 특히 건설에 투자를 확장했습니다. 이것을 설명하기 위해 저는 그래프 하나를 자주 사용합니다. 중국의 시멘트 소비에 관한 것이죠. 시멘트가 많이 소비된다는 것은 건설사업이 많이 진행된다는 것을 의미합니다. 2007-08년 이후에 중국의 시멘트 소비는 세 배가 늘었습니다. 대략 2009년부터 2012년 사이에 중국이 소비한 시멘트는 미국이 100년 동안 소비한 양보다 많았습니다. 현재 미국에 살고 있다면 미국에서 시멘트가 많이 소비되고 있다는 것을 알겠지만, 중국의 소비는 그야말로 엄청난 수준이었죠. 중국은 쉬지 않고 무한정 건설사업을 이어갔습니다. 도시, 도로, 고속도로를 새로 건설했으며 고속철도망을 깔았습니다. 2008년에 고속철도망은 전혀 없었죠. 그러나 2014년이 되자 고속철도망은 만5천 마일에 달했습니다. 지금은 아마도 2만 마일이 될 것입니다. 이런 것들을 건설하는 데는 엄청난 자재가 필요합니다. 이렇게 중국은 사회기반시설 투자로 호황을 누렸습니다.

기억하실지 모르겠지만, 2007-08년 금융위기 직후 미국 내에서는 이런 식의 제안이 있었습니다. "자, 우리는 모든 것을 되돌려놓을 수 있습니다. 우리나라 다리는 대다수가 무너지기 직전입니다. 우리는 이러한 사회기반시설에 투자를 해야 합니다." 그러나 이런 일은 일어나지 않았습니다. 정치 때문입니다. 특히 공화당은 이렇게 말했습니다. "우리는 내핍생활을 해야 합니다. 예산을 증액해서는 안 됩니다. 그런 식으로 일을 처리해서는 안 됩니다." 그래서 미국은 내핍생활을 강조하는 정치에 함몰됐습니다. 유럽에서도 내핍생활을 강조하는 정치가 판을 쳤습니다. 일본에서도 내핍이 강조됐습니다. 나머지 자본주의 체제의 나라들도 이렇게 말했습니다. "2007-08년 위기는 부채 위기입니다. 우리는 부채를 갚아야 합니다. 어떻게 부채를 갚을 수 있겠습니까? 내핍을 통해서 할 수 있습니다. 빚을 갚으려면 국민들은 고통을 감내해야 합니다. 그렇게 해서 경제를 제대로 돌아가게 되돌려놓아야 합니다." 자, 이런 정치를 한 결과는 어땠습니까? 그리스 같은 나라에서 어떤 일이 일어났는지 여러분은 기억나실 겁니다.

중국은 정반대로 했습니다. 중국인들은 이렇게 말했죠. "자, 위기가 닥쳤습니다. 일자리를 잃은 사람들이 우왕좌왕하고 있죠. 사회적 불안이 엄청나게 고조되고 있고요. 우리는 이 사람들을 일터로 돌아가게 해야 합니다. 우리는 수백만 개 일자리를 만들어야 합니다. 그것도 아주 빨리 만들어야 합니다. 우리는 건설사업을 통해 일자리를 만들 겁니다. 우리는 짓고, 또 짓고, 더 지을 겁니다. 그 돈을 어떻게 마련하냐고요? 그런

건 신경 쓰지 마세요. 빚을 내서 돈을 지불하든지, 어쨌든 무슨 수를 낼 겁니다." 중국인들은 외국 돈이 아니라 자국 화폐로 돈을 빌렸습니다. 그렇게 중국은 위기에서 탈출할 수 있었습니다. 그런데 위기에서 탈출하려고 미친 듯이 건설하려면 당연히 자재가 필요합니다. 그 결과 중국에 철광석을 비롯해 여타 원자재를 공급하던 나라나 경제체제는 모두 2007-08년 위기에서 상당히 빨리 탈출할 수 있었습니다. 예를 들면 호주는 중국에 상당히 많은 광물을 공급했습니다. 라틴아메리카도 위기를 겪었습니다만, 그 여파가 생각처럼 심각하지는 않았습니다. 칠레 같은 나라들은 미친 듯이 구리를 중국에 보냈고, 다른 라틴아메리카 국가들은 콩과 광물을 보내고 있었습니다. 제가 중국이 2007-08년에 전 세계의 경제를 구원했다고 말한 것은 바로 이런 의미에서입니다.

중국의 잠재력

중국의 놀라운 팽창은 당시 세계경제에 결정적인 역할을 했으며, 이후 중국은 계속해서 중요한 역할을 담당하고 있습니다. 2007-08년 이후 세계경제가 소생하는 데 가장 중요한 요소로 작용했던 것은 사실 중국 GDP의 증가였습니다. 그러나 제가 지적했던 것처럼 이것의 상당 부분은 빚으로 충당되었습니다. 그런데 빚의 한도가 초과됐습니다. 중국은 채권을 발행해 돈을 조달했을 뿐만 아니라 국내 소비시장을 확장해야 하는 처지에 놓이게 됐습니다. 이것이 중국에서 일어난 두 번째 일입니다. 중국은 자국의 경제체제 내에서 소비자 지불 능력을 신장시켜야 했습니다. 이제 이것은 전 세계적으로 중요한 일이 됐습니다. 해외 자본은 중국을 원가가 싼 제품의 생산기지로뿐만 아니라 소비시장으로 인식하고 있기 때문입니다.

이 장을 시작할 때 저는 애플에게 중국 시장은 매우 중요했다고 말했습니다. 현재 애플은 중국 시장에서 그리 좋은 성적을 내지는 못하고 있지만 말입니다. 중국에서 엄청난 규모의 사업을 벌이는 미국 회사는 애플 외에도 많습니다. 예컨대 스타벅스가 미국 내의 매장 숫자보다 중국의 매장이 더 많다는 것은 유명한 이야기죠. 트럼프가 중국을 너무 괴롭히면 중국인들은 스타벅스의 팽창에 제동을 걸 것이 뻔합니다. 스타벅스뿐만 아니라 중국에서 수지맞는 장사를 벌이고 있는 미국 기업들이 전반적으로 고통을 겪게 될 것입니다. 벌써 중국 당국과 마찰을 빚고 있는 미국 자동차 제조사들도 있습니다. 이런 것이 중국이 트럼프의 관세 정책에 대항하는 하나의 수단이 될 수도 있죠. 중국은 세계 최대 자동차 시장이므로 미국 제조사들이 중국에서 쫓겨나서는 안 됩니다.

중국의 내수 시장은 성장하고 있습니다만, 그 성장은 특정한 방향으로 이루어져야 합니다. 예를 들어 주택을 건설하면, 인민들이 사야만 합니다. 아니면 그 주택에 투자할 수 있는 돈이 있어야만 합니다. 그러려면 돈을 빌릴 수 있어야만 하죠. 2007-08년 이전에는 중국에서 주택담보대출을 받을 수 있는 길이 거의 없었습니다. 하지만 대대적인 건설 사업이 시작되자 인민들이 주택을 구입할 수 있도록 도와주는 금융체제를 새로 도입할 필요가 생겼죠. 금융권은 주택과 아파트를 구입하고자 하는 소비자들에게 대출을 해주는 방향으로 팽창할 수밖에 없었습니다. 동시에 기업이 주택과 아파트를 건설하도록 돈을 빌려줄 수 있는 규모로 팽창해야 했죠. 결국 금융권은 이 모든 과정을 지원할 수 있는 능력을 갖춰야 했습니다.

    1978년 문화혁명 이전에는 중국에 은행이 존재하지 않았다고 해도 과언이 아닙니다. 1978년 이후에 은행이 재빨리 중국 사회에 편입되었습니다. 특히 1995년경부터 은행은 중국 사회에서 훨씬 적극적인 역할을 하기 시작했죠. 전 세계에서 가장 큰 은행 4개가 중국 은행입니다. 1978년까지 은행이란 것이 존재하지 않았던 나라가 지금은 세계 최대 규모의 은행을 4개나 보유한 나라로 변한 것입니다. 다섯 번째로 큰 은행은 일본 은행이죠. 그리고 여섯 번째 은행이 J.P. 모건입니다. 미국인들은 자신들이 세계에서 가장 크고 강력한 은행들을 갖고 있다고 생각하지만 중국인들이 훨씬 큰 은행을 4개나 갖고 있는 것입니다. 이 은행들은 개발업자들에게 돈을 빌려주고 있으며, 물론 소비자들에게도 돈을 빌려줍니다. 중국 경제는 아주 빠른 속도로 금융화되고 있습니다. 중국 경제가 미증유의 속도로 급속하게 변신하고 있는 또 하나의 중요한 지표입니다.

    중국인들은 언제까지나 저임금, 노동집약적인 생산을 해서는 거대한 경제체제를 구성할 수 없다는 사실도 인식하고 있습니다. 그래서 현재 자본집약적인 수단을 동원해서 고부가가치 상품을 생산하는 경제로 전환할 계획을 갖고 있죠. 중국의 새로운 컴퓨터 회사가 갑자기 등장한 배경에는 이런 인식이 깔려 있는 것입니다. 여기서 또다시 주목해야 할 것은 그 속도입니다. 중국의 사업가, 과학자, 기술자들 중에는 미국에서 교육을 받은 사람이 많습니다. 애플, 구글, 마이크로소프트 같은 컴퓨터 회사에서 근무한 사람도 많습니다. 이들 사이에서 중국 내에 중국판 실리콘밸리 같은 것을 만들 수 있는지에 관한 흥미로운 토론이 벌어졌습니다. 만약 만들 수 있다면, 어떤 식으로 할까요?

서구인들은 모두 중국이 고도로 중앙집권적인 경제라고 생각하는데, 이것은 중국에 관한 가장 큰 오해에 속합니다. 사실은 그렇지 않습니다. 중국은 중앙집권화와 분권화가 동시에 작동하는 믿을 수 없을 정도로 정교한 체제입니다. 베이징의 공산당이 무언가를 제안하면 전국에서는 완전히 분권적이고 지역적인 해답을 내놓습니다. 인민들은 중앙정부의 요구에 자신들만의 독특한 방식으로 반응하려고 하죠. 중앙정부는 제안하고 지방에서는 집행하는 방식입니다. 분권화는 중앙집권적인 권력을 유지하는 매우 중요한 도구입니다.

정부에 문제가 생기면 이것은 특정한 방식으로 분배가 됩니다. 시, 지방정부 등 모든 지역 정부에게 문제를 해결해달라고 요청합니다. 어떤 지역 정부에서 문제를 해결하면, 중앙정부는 모든 사람에게 이 해결 방법을 채택하라고 지시합니다. 이는 굉장히 활동적인 지역 사업가가 필요하다는 의미입니다. 지역 정부는 서로 격리되어 있는 것처럼 보입니다. 이들은 중국이라는 거대한 완전체 내에서 경쟁체제를 형성해 치열하게 경쟁합니다.

지역 도시의 시장은 선출되는 것이 아니라 공산당이 지명합니다. 시장의 임기는 평균 3년 반입니다. 편의상 4년이라고 봅시다. 시장을 4년 동안 하고 나면 임기 말에 평가를 받습니다. 4년 동안 무엇을 했는지 공산당이 살펴보는 거죠. 임기 말이 되면 성과를 평가하는 문서가 작성됩니다. 지역의 GDP를 얼마나 증가시켰는가? 어떻게 사회적인 조화를 이루었는가? 문서의 항목이 전에는 7개 내지 8개밖에 없었는데, 지금은 약 40개로 늘었습니다. 가장 중요한 항목은 '지역 경제를 얼마나 발전시켰는가?'입니다.

시장으로 재직하면 4년 동안 지역 경제를 성장시킬 수 있습니다. 일을 잘해서 지역 경제를 정말로 잘 성장시키고 사회적인 조화를 잘 유지하면 4년 후에는 다른 곳의 자리를 받을 수도 있죠. 이렇게 해서 공산당 내에서 출세의 길을 밟게 되는 것입니다. 그러다 베이징의 중앙위원회에 들어가게 될 수도 있죠. 하지만 이 4년 동안 미친 듯이 일을 해야 합니다. 베이징에서 오는 아이디어나 문제를 해결하기 위해서 일할 뿐만 아니라 지역적으로 효과를 볼 것 같은 아이디어는 뭐든지 붙잡고 늘어져야 합니다. 만약 성공하면 베이징에서 이를 눈여겨보고 보상을 해줍니다. 하지만 공산당이 탐탁잖아 하는 경우도 생기는데, 이럴 때 지역 당사자들은 견책을 받거나 강등당하거나 심지어 감옥에 가기도 합니다.

실리콘밸리 출신 사업가 두 명이 혁신적인 첨단기술을 위한 공간을 창조하여 전자 및 첨단기술 신생 회사를 키우는 인큐베이터를 만들자고 베이징시 정부에 제안했습니다. 토지는 모두 국가 소유이기 때문에 시 정부는 쉽게 공간을 확보할 수 있죠. 베이징시는 특정 지역의 주민을 6개월 만에 모두 소개疏開하고는 '사업가 거리'라는 공간을 만들었습니다. 시는 또한 인큐베이터 공간에 들어오는 스타트업들을 관리할 새로운 기구를 만들고 필요한 지원 설비를 모두 설치했습니다. 필요한 서비스도 모두 유치했죠. 베이징은 주택 임대료가 엄청나게 비쌉니다. 그래서 시 정부는 스타트업들에게 임대료를 무료로 해줬습니다. 뉴욕이나 런던에서는 상상도 할 수 없는 일이죠.

이 아이디어는 매우 성공적이었습니다. 이 거리는 경쟁이 치열한 사업가 공간이 되었는데, 특징은 '베끼기 문화'였습니다. 이 공간에서 지적재산권은 조금도 존중받지 못했습니다. 누군가가 근사한 아이디어를 내면 다른 사람이 금세 훔쳐갔습니다. 그래서 좋은 아이디어가 생기면 재빨리 구현해야 합니다. 그러지 않으면 누군가가 가져가 버리니까요. 여기서는 모든 것이 역동적으로 흘러갔습니다. 베이징의 이 특별한 공간에서 기업들은 모든 종류의 새로운 전화 시스템 및 그것들을 활용할 수 있는 새로운 체계를 개발하기 시작했죠. 그야말로 단시간에 아이디어의 혁신, 보급, 실행 등의 과정을 거치게 되는 것입니다.

최강 중국(?)

이렇게 해서 미국의 실리콘밸리 같은 공간이 중국에 만들어졌습니다. 그것도 약 3년 만에 말이죠. 그리고 이것은 실리콘밸리와는 전혀 다른 철학과 문화를 가지고 있었죠. 예를 들면 실리콘밸리에서는 다른 사람의 아이디어를 훔치는 것을 좋게 생각하지 않습니다. 이에 대해 리카이푸는 자신의 저서 《AI 슈퍼파워: 중국, 실리콘밸리 그리고 새로운 세계질서》에서 이렇게 말하고 있습니다.

실리콘밸리의 사업가들은 미국에서 가장 열심히 일하는 사람들이라는 명성을 갖고 있다. 제품을 내놓기 위해서 미친 듯이 밤을 새우고는 또 새로운 히트작을 내려고 그 제품을 끊임없이 만지작거리는 열정적인 창립자들이다. 나는 애플, 마이크로소프트 그리고 구글에서 몇십 년간 일하면서 실리콘밸리와 중국의 기술 환경에 깊숙이 관여했다. 그리고 중국의 수십 개 스타트업들을 인큐베이트하고 투자했다. 그래서 실리콘밸리는 태평양 건너 중국의 실리콘밸리와 비교하면 느려터진 것처럼 보인다고 자신 있게 말할 수 있다. 중국에서 인터넷으로 성공한 사업가들은 이 지구상에서 제일 살벌한 경쟁에서 살아남아 현재의 위치에 오른 자들이다. 그 사람들은 속도가 필수적인 세상에서 살고 있다. 베끼는 것을 뭐라고 하는 사람은 없다. 그리고 경쟁자들은 새로운 시장을 차지하기 위해서 뭐든지 다 하려고 한다. 중국의 스타트업 세계에서 하루를 보내는 것은 로마의 콜로세움에 끌려 나가 죽음의 경기를 펼치는 검투사의 하루 같은 것이다. 매일 죽느냐 사느냐의 싸움을 벌여야 하는데, 상대방은 양심이란 것이 조금도 없다.

이것이 이러한 신규기업을 만들어낸 세계입니다. 이런 기업은 2010-11년 이전에는 존재하지도 않았죠. 그런데 갑자기 나타나서는 하루아침에 중국 휴대폰 시장의 40%를 점유해 버렸습니다. 이것이 현재 중국에서 형성되고 있는 세상입니다. 이제 이런 식의 베끼는 경제가 미국의 사업가들에게는 굉장히 우려스러운 일이 되어버렸죠. 중국 내부에서는 지적재산권을 지키는 장치가 없어지고, 중국 외부에서는 지적재산권을 무시하는 풍조가 형성되었기 때문입니다. 리카이푸는 계속해서 중국에서 만들어지고 있는 이러한 디지털 세계가 모든 기업을 평가하는 기준이 되어버린 사실에 대해서 이야기하고 있습니다. 저는 가끔 난징에 갑니다. 두 번째로 갔을 때 저는 지역의 기획실에 가서 엄청난 규모의 전시회를 둘러볼 기회를 가졌습니다. 그것은 난징에 실리콘밸리 문화를 정착시키는 것을 목표로 하는 전시회였습니다. 당시 중앙정부는 베이징 기업가들의 행태를 주목하고 있었습니다. 그러더니 중국의 모든 도시에 '베이징처럼 하라'는 지시를 내렸습니다. 이는 앞으로 중국이 첨단기술, 인공지능 및 기타 고부가가치 사업으로 선회한다는 것을 의미했습니다. 이것이 현재 중국에서 벌어지고 있는 일입니다.

제가 처음에 얘기했던 애플에 관한 이야기에 바로 이런 상황이 고스란히 담겨 있습니다. 이 분야에 있어서 중국의 경쟁은 단시일 내에 엄청나게 치열하고도 강력해져서 미국은 심각한 위협을 느끼고 있습니다. 이렇게 급성장한 대기업의 예로 화웨이를 들 수 있습니다. 미국의 요청으로 화웨이의 최고경영자가 캐나다에서 체포됐습니다. 이란과 거래를 했다는 이유였죠. 미국은 국가 안보를 거론하며 이 회사를 맹렬하게 비난했습니다. 여기에는 단순히 이란과 거래를 했다는 것 이외에 무언가가 있습니다. 화웨이는 엄청난 혁신을 이루고 있는 회사입니다.

데이터를 대량으로 다루는 통신시스템의 제5 세대인 5G가 이제 막 설치되려고 합니다. 화웨이는 5G 통신망 기술 개발에 있어서 훨씬 앞서고 있습니다. 다른 기업들은 기술 면에서 경쟁이 되지 않죠. 미국은 이 기술에 투자하면 안 된다고 역설하고 있습니다. 그렇게 하면 중국 정부가 모든 사람들의 통화를 엿들을 수 있다는 이유에서죠. 이런 통신망은 안전하지 않다는 것입니다. 이 통신망을 중국 정부가 이용하지 않으리라는 보장이 전혀 없다고 미국은 주장합니다. 이러한 이유로 미국은 화웨이의 5G 기술을 이용하지 못하게 금지하고 있습니다. 미국의 압력으로 일부 국가에서는 이를 따르고 있습니다. 호주와 뉴질랜드가 압력에 굴복했습니다. 미국은 계속해서 유럽을 설득하고 있지만 성공적이지는 않습니다. 사실 영국은 최근 들어서야 화웨이 기술을 부분적으로 받아들였습니다만, 나머지 국가들은 대부분 일찌감치 화웨이 기술을 받아들였습니다. 질이 우수하고 값이 싸기 때문입니다.

다시, 변화의 속도에 주목해봅시다. 2008년도에 우리는 중국이란 나라와 그 경제체제가 저임금 노동을 기반으로 하는 생산기지라고 생각했습니다. 물론 아직도 중국은 저임금을 바탕으로 하는 경제가 중요한 부분을 차지하는 나라입니다. 그러나 2008년 이후 중국은 갑자기 첨단산업 부문에 엄청난 속도로 진입했으며, 8년 만에 첨단기술 산업에서 주요한 경쟁자가 됐습니다. 세계 최고의 첨단기술 기업 10개를 뽑는다면, 그중 4개는 중국 기업입니다. 2008년에는 어림도 없는 일이었죠. 이것이 역동적인 중국의 모습입니다. 중국은 매우 빠릅니다. 정부의 지원을 받고 있으며, 엄청난 규모의 경제 혜택을 받고 있는 셈입니다. 물론 강력한 정부의 개입이 혼재되어 있지만, 고도로 분권화되어 있기도 합니다. 따라서 이러한 중국 환경에서 부상하고 있는 '검투사 자본주의'가 기업가 문화의 중심에 절대적으로 자리하게 되었습니다.

자, 이제 이 시점에서 우리는 다음과 같은 질문을 던져야 합니다. "중국의 미래가 자본주의의 미래인가?" 역사적으로 자본주의는 보통 지역적으로 불균형하게 성장했습니다. 어떤 특정한 지역이 발전해 패권을 장악했죠. 제가 1980년대에 이런 종류의 얘기를 했다면 우리는 일본이나 서독에 관해서 얘기했을 것입니다. 이들 나라가 전성기 경제를 구가하던 시절이었으니까요. 그 시절 모두가 일본이 하는 대로 따라 해야만 했습니다. 모두가 적시생산시스템just in time production system* 등에 관해서 얘기하기 시작했죠. 그러나 1990년대에 들어서자 일본은 위기를 겪고, 독일은 통일의 소용돌이에 휩싸였습니다. 그렇다면 1990년대의 강자는 누구입니까? 우리는 기본적으로 미국이라고 말합니다. 클린턴 행정부 시절 인터넷을 기반으로 하는 닷컴 붐이 일어 미국 경제가 성장했

---

* 필요한 물품은 필요한 때에 필요한 양만큼 정확하게 조달한다는 것을 기본으로 한 생산 통제 시스템으로, 일본 도요타사에 의해 개발되었다.

다고 모두들 의견의 일치를 보이고 있죠. 미국은 또다시 경제의 최강자 위치를 확보했습니다. 미국의 지식인들은 '역사의 종언'을 선언하고는 이렇게 말했습니다. "모두들 우리처럼 되어야 합니다. 왜냐하면 우리는 자본주의가 해야 하는 것과 해서는 안 되는 것에 대한 해답을 갖고 있기 때문입니다." 그러나 2001년에 경제 위기가 닥쳤고, 이는 주택시장 거품과 2007-08년의 금융위기로 이어졌습니다. 그즈음에는 이미 고도로 경쟁적이고 불안한 세계 무대에서 누가 최강자이며, 누가 누구를 따라 해야 하는지가 흥미로운 질문으로 떠올랐습니다. 지역별로 패권을 가진 나라들이 형성되었죠. 중국권, 북미권, 유럽권이 형성되었으며, 일본은 이 틈에 불안하게 끼어 있습니다.

이제 우리는 중국인들이 최강자 위치에 진입하는 환경에 있습니다. 중국인들이 실제로 최강자의 위치를 차지한다면, 우리는 다음과 같이 자문할 것입니다. "이것은 어떤 종류의 자본주의가 될 것인가?" 바로 이 지점에서 인공지능이 논점의 대상이 됩니다. 왜냐하면 중국인들이 인공지능을 미래라고 결정했기 때문입니다. 그렇다면 인공지능이란 대체 무엇일까요? 인공지능은 생산과정에서 노동을 배제하는 길을 찾는 것과 관련되어 있습니다. 따라서 그렇게 되면 '노동계에 과연 어떤 일이 벌어질까?'라는 아주 중대한 질문이 생깁니다. 중국 공산당이 얼마나 진정으로 사회주의를 신봉하는지는 바로 이 질문에 대한 대답을 들어보면 알 수 있을 것입니다.

8

자본주의의 지정학

The Geopolitics of Capitalism

이득이여, 제 주인이 되소서. 제가 당신을 경배하겠나이다.

저는 자본의 지리학과 지정학이라는 주제를 다루고 싶습니다. 저는 원래 지리학을 공부한 사람이기 때문에 자본을 분석할 때 항상 어떤 부분에는 어떻게 해서든 지리학을 끼워 넣고 싶기 때문이죠. 마르크스주의자의 입장에서 자본의 지리학 및 지정학에 접근하려면 이것을 인식하고 있는 것이 중요합니다. 즉 마르크스의《자본론》은, 자본가에게 생산이란 부富의 생산을 의미하며 이 부는 상품으로 측정되고 '나타난다'는 점입니다.

돈과 권력

하나의 저서로서의《자본론》은 상품에 관한 이론으로 시작되는 책입니다. 상품경제 및 상품의 정치 문화는 마르크스 이전부터 오랜 세월에 걸쳐 형성되어왔던 것이죠. 마르크스가 좋아했던 셰익스피어는《존왕The History of King John》의 2막 1장에서 상품경제로 변천하는 과정을 이렇게 노래하고 있습니다.

> 미친 세상이여! 미친 왕들이여! 미친 조약이여! …
> 얼굴에 아첨이 질질 흐르는 신사여, 아첨하는 상품이여.
> 상품이여, 세상을 비뚤비뚤 굴러가게 하는 편중이여.
> 세상은 원래 평평하여 기울지 않아,
> 똑바른 땅에서 곧장 나아가게 되어 있었지.
> 이런 욕심이 개재되어, 이런 악을 불러들이는 편중이 끼어들 때까지는,

상품이란 것이 이렇게 흔들어서,

세상을 정직한 길로 가지 못하게 하는구나,

일체의 방향, 목표, 도정, 의지에서 멀어지게 하는구나.

바로 이 편중이, 바로 이 상품이,

이 포주, 이 뚜쟁이, 손을 대기만 하면 모두 변하게 만드는 것 …

그런데 나는 왜 이 상품을 욕하고 있는가?

아직 이놈이 나한테 달라붙지 않아서 그런 거지.

이 아름다운 금화가 내 손바닥에 대고 인사를 할 때

내가 주먹을 쥐고 고개를 흔들 만한 힘이 있었다는 얘기가 아니라,

내 손은 아직 때가 묻지 않아서,

가난한 거지처럼 부자에게 호통을 쳤기 때문이지.

내가 거지이면 나는 호통을 치지.

돈이 많은 것 자체가 죄악이라고.

하지만 내가 부자라면 슬쩍 입장을 바꾸지.

가난한 게 바로 죄악이라고.

왕들도 상품 때문에 신의를 저버리니,

이득이여, 제 주인이 되소서, 제가 당신을 경배하겠나이다.

영국 및 서유럽에서 상인들이 자본을 형성하기 시작하는 바로 그 역사적인 순간에 셰익스피어는 이 희곡을 썼던 것입니다. 인간 생활의 모든 것이 화폐로 계산된다는 것은 매우 중요한 일이죠. 화폐화가 되기

이전에는 사람들은 주로 물물교환을 하면서 친족과 가족에 대해서 어떻게 충성할 것인지 생각하며 행동했습니다. 가족에 대한 충성과 화폐가 주는 편익에 복종하는 것 사이에 있는 이런 커다란 갈등은 셰익스피어의 희곡에 자주 등장하는 주제입니다.

이런 주제는 오늘날에도 다루어집니다. '왕좌의 게임Game of Thrones'이라는 TV 시리즈를 한번 봅시다. 요즘 세상에 나온 인기 있는 미니시리즈에서도 가족에 대한 충성과 돈의 권력을 추구하는 것 사이의 갈등을 뚜렷하게 다루고 있습니다. 이 둘 사이에는 공간의 차이가 존재합니다. 가족에 대한 충성은 영토와 관련이 있지만, 돈은 그 경계를 쉽게 넘습니다. 한쪽은 라니스터 가문, 스타크 가문, 타이렐 가문 등이 서로 대결하는 구도입니다. 사람들은 가문, 사람, 또는 가족에 충성하죠. 이러한 충성심은 금을 추구하는 것과는 다릅니다. '왕좌의 게임'에서는 아이언뱅크Iron Bank를 통해 금이 도입되죠. 가족은 특정한 장소와 시공간에 있는 것이기 때문에 지역적으로 정의됩니다. 스타크 가문은 북부, 라니스터 가문은 남부, 이런 식으로 정의된다는 거죠. 이들의 충성은 지역적 구조와 긴밀하게 관련되어 있습니다. 가문들끼리, 파벌들끼리 벌이는 전쟁은 이러한 여러 지역적 구조에 걸쳐 이루어집니다.

셰익스피어 시대에 유럽에서 벌어진 전쟁들은 여러 세력들이 온갖 합종연횡을 하며 벌이는, 일관성 없고 일회성으로 끝나는 전쟁이었습니다. 이런 전쟁은 누가 누구를 지원하는지, 왜 파벌들이 편을 바꾸는지 알기 힘들기 때문에 혼란스럽습니다. 그러다 1648년에 베스트팔렌 조약이 체결되어 전 유럽에 걸쳐 이런 혼란에 종지부를 찍고 질서가 생겼죠. 이것으로 오랫동안 지속되어 오던 종교 간의 전쟁, 민족 간의 전쟁, 가문 간의 전쟁, 만인이 만인을 상대로 하는 전쟁이 종식됐습니다. 이 조약은 기본적으로 국가, 즉 국민국가가 있어야 하며, 이 국가 내에서는 주권이 있어야 된다는 개념을 정착시켰습니다. 국가는 모두 다른 국가의 주권, 온전성, 국경을 존중해야 된다는 개념을 기본으로 하고 있죠. 이 조약이 그 후에 계속 지켜진 것은 아니지만 굉장히 중요한 조약이었습니다. 이것은 전 유럽에 걸쳐 힘의 지역적 구조를 명확하게 해주었고 안정시켜 주었습니다. 이와 함께 정치적·경제적 힘은 이렇게 형성된 고정적인 지역적 구조 내에 억제되고 제한되어야 한다는 논리가 고개를 들기 시작했죠. 1648년 이래 국민국가라는 명칭 아래 각각의 영토 내에서 일종의 권력 구도를 만들려는 시도가 계속 있었습니다. 그 덕택에 내부적으로는 그 권력을 계속 유지할 수 있었고, 외부적으로는 그 구도를 주위의 세상에 투영하게 되었던 것입니다. 이 권력의 논리는 처음에는 군사력의 존재하에 형성되었습니다. 또한 엘리트층의 우수한 교육 및 문화에 의지하게 됐습니다. 이런 것들의 배경에는 이상적인 국가를 건설한다는 노력이 있었습니다. 국민들을 통제하고 조정하는 위계 구조와 함께 국가 제도가 생겨났습니다. 이러한 제도적 구조가 자본가계급의 권력이 부상하는 것을 형성하고 그것을 길들이는 특징이 되었죠.

    마르크스는 자신의 저서에서 이러한 주권과 권력의 지역적 구조에 관해서 많이 다루지는 않았습니다. 언젠가는 그것을 다루겠다고 자주 언급했지만요. 그 결과 자본주의 국가에 대한 이론을 정립하는 문제는 오랫동안 논란거리가 됐지만 결론이 나지 않은 상태에 머물러 있습니다. 그러나 마르크스는 권력의 또 다른 원천에 집중했습니다. 즉 생산수단을 통제하는 것, 이익이 발생하는 상품 생산과 관계가 있는 능력이 그것입니다. 궁극적으로 이것은 자본의 순환과 축적을 지배하는 권력으로 변신했죠. 초기에 이러한 권력을 측정하는 수단은 돈, 즉 역사적으로 볼 때 금을 의미했습니다. 바로 이런 시각이 세상에서 벌어지는 일을 이해하는 한 가지 수단이었죠. 정치적으로 아주 난해한 문제에 부딪혔을 때 연구자들은 자주 "돈을 쫓아가라"고 조언을 합니다. 돈을 쫓아가면 막후에서 누가 진짜로 무엇을 하는지, 권력이 어디에 있는지 알게 됩니다. 이것이 자본주의에서 나타나는 권력의 형태입니다.

권력의 두 가지 논리

권력에는 두 가지 논리가 있습니다. 하나는 국가와 국가의 제도에 붙어 있는 영토적인 논리이고, 다른 하나는 자본주의 논리인데, 이것은 자본의 순환과 끊임없는 축적에서 발생하는 것으로, 주로 개인의 사적인 이해관계를 통해서 이루어집니다. 후자의 경우에는 여러분도 세계 자원의 80%를 좌지우지한다고 알려진 억만장자 8명 중의 한 사람이 되어 어마어마한 권력을 누리는 꿈을 꿀 수도 있습니다. 이런 권력은 다른 사람들, 특히 노동자와 노동계급을 지배하고 조종하는 데 사용될 수 있습니다. 하지만 영토적인 권력이 작용하는 무대에서도 이런 권력을 휘

두르기도 합니다. 억만장자 자본가가 어떻게 영토적인 국가권력과 관계를 맺는지, 또는 정반대로 국가권력이 억만장자와 어떤 식으로 관계를 맺는지에 관한 문제가 자주 제기됩니다. 권력이 막강한 자본가들과 그 일당들은 국가를 자신의 이익을 대변하는 대리인으로 만들려고 하는 경우가 많죠. 하지만 국가권력은 복잡합니다. 왜냐하면 국가는 다양한 민중들이 필요로 하는 것과 욕구에 부응해야 하는데, 억만장자들은 민중들에게 인기가 없을 수도 있기 때문이죠. 국가 내에서 권력을 가지고 있는 자들이 정당성이 있느냐 하는 것이 아주 큰 문제입니다. 또한 국가기구 내에서 돈이란 권력이 어떻게 작용하고 있는지에 관해서도 오래전부터 서로 대립되는 해석이 있습니다. 이런 질문은 권력의 두 가지 논리 사이에 어떤 관계가 있는지 이해하려고 하는 데서 생기는 것이죠. 먼저, 두 가지 논리는 서로 떼어낼 수 없다는 것을 알아야 합니다. 둘은 끊임없이 상호작용을 하고 있죠. 예컨대, 부유한 계층은 금융 분야에서 일어나고 있는 일들을 규제하려고 국제기구를 만듭니다. 하지만 그 규제는 결국 영토적인 권력의 논리를 확인해주거나 바꾸기 위한 것입니다. 그래서 국제적인 성격을 가진 자본가보다는 영토적인 엘리트에게 이익이 돌아가게 합니다.

예를 들어, IMF는 전 세계에 걸쳐 통화 거래를 규제하는 데 중요한 역할을 수행합니다. 스위스 바젤 소재 국제결제은행처럼 유사한 역할을 수행하는 기구들도 있습니다. 그리고 세계은행도 있죠. 자본축적이 어떻게 이루어지는지 감시하고 통제하는 엄청난 권력을 지닌 이런 기구들은 많이 있습니다. 또한 세계적인 힘을 미치고 있는 민간 기구도 많죠. 그중에서 가장 강력한 곳은 바로 미국에 있는, 맥킨지앤드컴퍼니McKinsey & Company란 회사입니다. 이 국제 자문, 회계 및 법률 회사는 법률 및 금융 문제뿐만 아니라, 공공 정책 분석에서 엄청난 영향력을 행사하고 있습니다. 영토적인 권력을 쥔 자들은 문제가 생기면 맥킨지 같은 거대한 회사에 자문을 구하죠.

이런 회사들은 모두 신자유주의에 바탕을 둔 행동 지침을 내려줍니다. 저는 동료들과 함께 이런 꿈을 꾸곤 합니다. 즉 맥킨지의 좌파 버전을 설립해서 좌파 정치를 펼치고 싶은 자들이 권력을 잡은 후에, 주택난이나 환경 파괴 문제에 관한 자문을 구하면 사회주의에 바탕을 둔 해답을 주는 꿈을 꾼답니다.

영토적 권력 구조와 자본의 권력 논리 사이의 관계는 주의 깊게 관찰해야 합니다. 마르크스는 자본의 권력 논리를 살필 때 자본은 항상 움직이는 가치라는 것에 주의해야 한다고 주장했습니다. 이 권력의 논리는 모두 움직임에 관한 것이어서 모든 것이 자본의 움직임에 달려 있습니다. 돈은 움직이고, 상품도 움직입니다. 생산도 움직이고, 노동, 자원을 비롯해 생산요소들도 모두 움직입니다. 자본은 돈의 형태를 띠는데, 이것은 정지해 있거나 정적인 것이 아니라 항상 움직입니다. 국가가 이 영속적인 움직임을 방지하거나 통제하거나 억제하는 것은 굉장히 어렵죠. 이런 자본의 움직임은 보다 정적이며 공간적으로 제한을 받는 국가 권력에 항상 도전합니다.

1981년에 취임한 프랑스 대통령 미테랑은 국가권력을 행사하여 사회주의 정책을 펼치기로 결정했습니다. 은행을 국유화하고 경제체제를 내수 시장에 따라 재편하려고 했죠. 이렇게 하려면 자본의 움직임을 통제하고 자본이 빠져나가는 것을 막아야 했습니다. 이러한 미테랑의 정책에 대항해서 자본은 한시라도 빨리 프랑스를 빠져나가려고 했죠. 자본은 사회주의 국가에서 놀고 싶어 하지 않았습니다. 프랑스 정부는 자본을 통제하려고 했습니다. 이것은 프랑스인들이 해외에서 신용카드를 사용하는 것을 통제하고 제한하는 것을 의미했죠. 1980년대에는 신용카드란 것이 오늘날처럼 인기가 있지는 않았습니다. 하지만 당시 프랑스에서는 신용카드를 '푸른 카드Carte Bleue'*라고 불렀는데(사실상 비자카드였지만), 이것이 굉장히 인기가 있었습니다. 사람들은 바캉스 때 이 카드를 사용했죠. 미테랑은 이 푸른 카드 사용을 통제해야 했습니다. 프랑스 민중들은 엄청나게 화를 냈죠. 수개월 이내에 미테랑은 자본이 해외로 유출되는 것을 통제할 수 없다는 것을 깨달았습니다. 미테랑의 인기는 곤두박질쳐서 거의 제로로 떨어졌죠. 사태를 되돌려야 했습니다. 그래서 미테랑은 은행의 국유화를 되돌렸죠. 그 후로는 얌전한 신자유주의 대통령이 돼버렸습니다(영국의 대처처럼). 자본의 흐름이라는 권력이 국가기구의 능력을 통제했던 것입니다. 자본의 흐름이라는 권력이 이때쯤에는 벌써 전 세계 경제계에서 일어나는 일을 통제하는 막강한 힘이

---

* 프랑스에서 가장 일반적인 카드로 신용카드 및 현금카드로 사용한다.

되어버렸습니다. 자본 흐름이 전 세계를 통틀어 영토적인 권력을 통제하는 능력을 보유하고 있다는 것이 명백해졌습니다. 신자유주의가 세계를 지배하는 동안 국가란 금융계와 자본가계급의 권력을 대리하는 에이전트로 전락했습니다. 국가 채권을 보유한 자들이 자신들의 이익에 따라 국가권력을 통제하고 있는 것이죠.

이것을 더할 나위 없이 극적으로 보여주는 예가 있습니다. 1992년도에 빌 클린턴이 미국 대통령으로 당선됐을 때의 이야기인데, 반드시 사실이라고는 할 수 없습니다만, 하여간 클린턴이 당선된 직후입니다. 이 당선자는 원대한 포부를 갖고 경제정책을 구상했죠. 그런데 클린턴의 경제 참모들, 그중에서 특히 투자은행인 골드만삭스 출신인 로버트 루빈이 클린턴을 쳐다보더니 이런 경제정책은 불가능하다고 말했습니다. 클린턴이 "왜 불가능하다는 거요?"라고 말하자 루빈은 이렇게 대답했습니다. "월스트리트가 그렇게 하도록 내버려두지 않죠." 클린턴은 이렇게 말했다고 전해집니다. "당신의 말은 이런 의미요? 내 이 원대한 경제정책과 그리고 내가 4년 후에 재선되는 것이 모두 그 빌어먹을 월스트리트의 채권 브로커들 손에 달렸다는 말이요?" 그러자 루빈은 이렇게 대답했다고 합니다. "그렇죠." 클린턴은 보편적 건강보험을 비롯해 정말로 멋진 정책을 잔뜩 공약해서 당선되었지만, 결국 해놓은 게 무엇입니까? NAFTA북미자유무역협정밖에 없습니다. 사회보장제도를 개혁했는데, 그건 규정 위반자들을 훨씬 가혹하게 처벌하는 개혁이었죠. 또 형사사법제도도 개혁했는데, 이로 인해 감옥에 가는 사람들이 엄청 늘었습니다. WTO세계무역기구를 창설하기도 했죠. 그리고 임기 말에는 투자은행을 규제하는 최후의 보루였던 글래스-스티걸법을 철폐했습니다. 다른 말로 하면, 클린턴은 골드만삭스가 오랫동안 원했던 것을 다 해줬던 것입니다. 클린턴 이래 거의 모든 미 재무부 장관은 골드만삭스 출신입니다. 이것은 국가 채권을 소지한 자들이 국가권력을 어떻게 좌지우지했는지 보여주는 극명한 지표입니다.

이런 말을 미국에서 하면 당장 음모론이라고 손가락질당합니다. 아무도 이런 말을 믿지 않죠. 하지만 그리스에 가서 그곳 사람들에게 국정을 쥐고 흔드는 것이 정부인지 채권 소지자들인지 물으면 아주 다른 대답이 돌아옵니다. 그리스인들에게 이렇게 물어보십시오. "누가 2011년 이후에 내핍생활을 강요했나요? 여기서 진짜로 권력을 쥐고 있는 게 누구인가요?" 채권 소지자들과 급진좌파연합Syriza*인 사회주의 정부라는 대답이 돌아올 것입니다. 사회주의 정부는 결정적인 순간에 금융 문제에 무릎을 꿇고는 채권 소지자들이 요구하는 조치들을 시행했죠. 지금은 유럽 전역에 걸쳐 비슷한 일들이 일어나고 있습니다. 2019년 현재, 이탈리아에서는 채권 소지자들(직접적이 아니라 유럽연합 기구를 통해)과 국가권력(별로 강력하지도 않지만)이 완전히 다른 이야기를 하고 있습니다.

그리스의 빚은 처음에는 유럽 은행에 진 것입니다. 특히 2000년 이

---

* 2015년 그리스 총선에서 압승을 거둔 당

후에 아무 제한 없이 그리스에 돈을 빌려준 독일과 프랑스 은행에 빚을 진 것이죠. 만약 그리스가 2011년에 채무불이행을 선언했다면 그 프랑스와 독일 은행들은 진짜로 곡소리가 났겠죠. 독일과 프랑스 정부가 이들 은행에 대해 구제금융을 해서 그리스의 채무불이행에 따른 자금을 보충해주어야 했을 것입니다. 그러나 유럽 강대국들은 그리스에 채무불이행 선언을 하지 말라고 엄청난 압력을 행사했습니다. 유럽연합이 그리스를 도울 것이라고 이들은 거듭 약속했죠. 그러나 이런 일은 일어나지 않았습니다. 그리스의 빚은 민간은행에서 소위 트로이카라고 부르는 유럽중앙은행, 유럽재정안정기금, IMF로 넘어갔습니다. 따라서 민간은행들이 파산하는 대신에 국제기구들이 빚을 떠안고는 변제를 독촉했습니다. 트로이카는 다음과 같은 내핍 패키지를 지시했죠. 그리스는 국가 자산을 민영화하며, 모든 공공재, 공공자산, 토지(심지어 파르테논신전까지도)를 매각할 것, 연금을 비롯한 모든 형태의 사회보장 지출을 삭감할 것, 병원과 학교를 비롯한 기타 시설을 폐쇄하고, 그리스 국민은 거의 모든 사회적인 지원 및 사회적인 서비스를 폐쇄해도 생존할 수 있는 방법을 배울 것 등입니다. 그리스는 이런 상황으로 몰렸던 것이죠. 그리스인들에게 "이 나라는 누가 통치합니까? 정부인가요, 아니면 채권 소지자들인가요?"라고 물으면 아주 분명한 대답을 들을 것입니다. 이것은 현재 전 세계적으로 어디든 일어나고 있는 현상입니다.

브레턴우즈 협정

자본의 축적은 영토를 관할하는 정부가 자본의 축적이 일어날 것에 대해서 어떻게 반응하느냐에 달려 있다는 것이 전 세계가 처한 상황입니다. 그렇다면 실제로 어떤 현상이 일어나고 있는 것일까요? 가장 최근에 미국에서 일어난 일로는 폭스콘사의 예를 들 수 있습니다. 폭스콘은 위스콘신주로 와서 공장을 열겠다고 합니다. 그런데 '주 정부로부터 굉장히 매력적인 보조 패키지를 받는다면'이라는 단서를 붙이고 있죠. 아마존도 뉴욕시에 마찬가지 말을 하고 있죠. 당신네 시에 와서 사업을 하려고 하는데, 우리가 필요로 하는 자금은 물론 일체를 지원해야 한다고 말이죠. 대기업들은 언제나 이렇게 말합니다. 우리는 어디든 갈 수 있는데, 당신들 중에서 누가 우리한테 제일 유리한 조건을 제시하는지 보겠다고요. 아마존은 사실상 캠퍼스를 새로 짓겠다고 발표하면서 지원 조건을 제시하라고 발표했습니다. 그래서 도시 정부끼리, 주 정부끼리 경쟁을 촉발시켰습니다. 뉴욕시에서 아주 좋은 조건을 제시했습니다. 하지만 뉴욕 시민들이 반대하자 아마존은 다른 곳으로 가겠다고 했죠. 결국에는 일부가 뉴욕으로 왔는데, 원래 동네가 아니라 다른 동네로 갔습니다. 폭스콘은 위스콘신주와 협상을 했죠. 주 정부는 폭스콘이 위스콘신주로 와서 공장을 지으면 보조금으로 40억 달러를 주겠다고 결정했습니다. 폭스콘은 흥미로운 경우입니다. 폭스콘은 주로 중국에서 애플의 전자제품을 생산하지만 사실은 대만 회사죠. 즉 사업은 주로 중국 본토에서 하는 대만 회사가 지금은 위스콘신에다 공장을 짓겠다는 것입니다. '단 보조금을 충분히 준다면(주로 앞으로 발생할 세금을 면제해 주는 형태의 보조금이죠)'이라는 단서를 달고 있습니다. 계산해보면 일자리가 하나 새로 만들어질 때마다 주 정부는 20만 달러를 주게 되는 셈이죠. 이렇게 합의를 해놓은 다음에 폭스콘은 안면을 바꿔 말합니다. "아, 그런데 말이죠, 우리는 사실 거기서 아무것도 생산하지 않을 겁니다. 그냥 연구 캠퍼스를 세울 거예요." 위스콘신주 정부는 이런 사태에 대해 아무것도 할 수가 없습니다. 최근에는 영토적 존재와 기업 사이의 권력관계에 있어 기업 쪽으로 추가 기우는 추세입니다.

그렇다고 해서 영토가 쓸모없게 돼버리는 것은 아닙니다. 1980년대에는 그런 결론을 내리는 연구자들이 많았죠. 국가라는 것도 쓸모없다고 말하는 사람도 있었습니다. 권력은 모두 다른 곳에 있다는 것이죠. 그러나 권력이 대기업으로 집중되고, 지리적으로 이동하는 것이 더욱 쉬워졌기 때문에 조그만 지리적 차이도 이익을 최대화하는 데 있어서 그전보다 더 중요해졌습니다. 거대 기업들은 어떤 장소에 위치해 있는 것이 다른 곳에 있는 것보다 더 좋다는 것을 잘 알고 있습니다. 세제상의 조그만 차이도 결정적인 요소가 될 수 있습니다. 이것은 결국 무엇을 의미하냐 하면, 지방정부 또는 어떤 국가 전체가 민간기업들에게 최상의 혜택을 주려고 세제를 조정하게 됐다는 것입니다(아일랜드가 이 방면에서 아주 탁월한 능력을 보여줬죠). 따라서 해외투자를 유치하기 위해서 도시끼리, 지역 정부끼리, 그리고 국가끼리 치열한 경쟁을 벌이게 됐습니다. 오늘날 국가권력의 주요 목표는 바로 이 해외투자를 유치하는 것입니다. 그 결과 국가권력이 민간 자본에 굴종하게 된 것이죠. 그래서 권력을 쥐고 있는 것은 꼭 채권 소지자들이 아니더라도 거대한 독점기업들입니다.

1950년대와 1960년대의 선진 자본주의 국가의 형편은 이렇지 않았습니다. 당시의 국가는 훨씬 더 사회민주적이었으며 자본에 비해서 훨씬 강력한 힘을 갖고 있었기 때문이죠. 국가의 임무 중 하나는 국민의 복지를 보장하는 것이었습니다. 그게 항상 제대로 이루어진 것은 아니죠. 문제가 많았습니다(예를 들면 국가가 국민을 아이들 대하듯 보살피는 가부장적인 태도가 있죠). 또한 1960년대와 1970년대에는 자본을 강력하게 통제했기 때문에 지금처럼 자유롭게 돈이 움직이지 못했습니다. 제가 처음으로 영국에서 유럽 대륙으로 갔을 때가 생각납니다. 저는 은행에 가서 여행자수표를 신청했습니다. 저는 여행자수표로 겨우 40파운드밖에 받지 못했습니다. 그리고 은행에서는 여권에 그 금액에 해당하는 도장을 찍었죠. 그다음 해에야 비로소 40파운드를 더 여행자수표로 받을 수 있었습니다. 이런 일은 현재는 상상도 할 수 없는 것이죠. 영국에서는 누구나 이런 자본 통제 체제에서 생활하고 있었습니다. 이런 자본 통제는 1944년에 체결된 브레턴우즈 협정에 의거한 것이었죠. 이 협정은 국제금융 체제에 관한 것이었습니다. 브레턴우즈 협정은 1960년대 말에 깨지기 시작해서 1970년대에는 파기됐습니다. 그 이후에는 세계 경제체제 내에서 돈의 형태를 띤 자본이 훨씬 더 자유롭게 돌아다니기 시작했습니다.

금융화된 자본주의

이렇게 되니 우리는 이제 자본의 지리적 이동에 관한 문제를 살펴보지 않을 수 없습니다. 자본은 이동하는 과정에서 세 가지 기본적인 형태를 띠게 됩니다. 첫 번째는 돈이란 형태죠. 두 번째는 상품이란 형태이고, 세 번째는 생산 활동입니다. 자본의 이 세 가지 형태 중에서 제일 쉽게 이동할 수 있는 것은 무엇일까요? 돈의 형태를 띤 자본이 제일 쉽게 이동한다는 것이 밝혀졌습니다. 저는 돈을 나비에 비유하고 싶습니다. 이 나비는 전 세계를 돌아다니다 맛있는 꿀을 가진 꽃을 발견하면 그곳에 얼른 앉죠. 그러다 꿀을 다 빨면 날개를 펄럭거리면서 다른 곳으로 날아갑니다. 상품은 애벌레 형태의 자본입니다. 상당히 천천히 기어 다니기 때문에 이동하는 것이 쉽지 않죠. 돈이 다이아몬드라면 상품은 철근이라고 할 수 있습니다. 자본의 세 번째 형태인 생산은 가장 굼뜹니다. 특정한 역사적 시기에 어떤 형태의 자본이 그 시대를 지배했느냐 하는 것은 극히 중요한 문제라고 봅니다. 그리고 그 자본이 어느 정도 유동적일 필요가 있었느냐에 따라 그 해답이 주어진다고 하겠습니다.

조반니 아리기Giovanni Arrighi, 1937-2009는 이 문제에 관해서 흥미 있는 주장을 했죠. 생산 형태의 자본은 팽창하는 것이 아주 어려워지고, 상품 형태의 자본은 그 움직임이 아주 둔해지는 때가 온다고 아리기는 주장했습니다. 이런 일이 일어나면 보다 움직이기 쉬운 금융 시스템을 만들려는 압력이 거세집니다. 아리기는 역사적으로 이런 주기적인 변화를 추적했습니다. 베니스시와 제노바시는 둘 다 상품 중개업과 생산업에 더해 금융업에 종사하는 시기에 도래했습니다. 금융업에 종사하게 되면서 이 두 도시는 돈을 굴리는 데 있어서 보다 지리적으로 움직이기 쉽고 유연성이 생겼죠. 이 금융화는 권력과 자본이 이탈리아의 도시국가에서 북쪽으로 이동하여 네덜란드로 가게 되는 데 중요한 역할을 했습니다. 이렇게 해서 세계적인 무역 시스템에 있어 두 번째 주도권이 형성되었습니다. 상인자본과 금융자본은 네덜란드로 몰렸기 때문에, 네덜란드와 벨기에 도시인 암스테르담, 앤트워프, 위트레흐트, 브뤼주 등 강력한 상인 도시들에 자본이 축적되면서 이들이 강력한 중심 도시가 됐습니다.

그러나 이 시스템도 한계에 도달해 다시 한번 금융화 단계를 겪게 됐습니다. 17세기 말에서 18세기에 걸쳐 바다 건너 영국으로 자본이 집중되면서 자본의 중앙집권이 이루어지게 된 것입니다. 이 자본이 산업혁명을 낳게 되어 다른 종류의 주도권이 형성됐습니다. 국내에서는 산업화가 이루어지고 해외에서는 제국이 식민지를 지배하는 시스템이 정착되었죠. 궁극적으로는 영국에서 미국으로 자본이 이동하면서 1945년 이후로는 미국이 타의 추종을 불허하는 주도권을 행사하는 중심지가 됐습니다. 아리기는 1980년대에 미국도 역시 생산능력 면에서 한계에 도달하는 징후가 보이기 시작했다고 주장했습니다. 이 시기에는 모든 것이 금융화되는 강력한 움직임이 있었습니다. 이 금융이 정말로 어디로 향하고 있냐는 것이 현재 커다란 숙제로 남아 있습니다. 금융이란 것은 생산능력이 있고, 그것을 마음대로 착취할 수 있는 곳이면 어디든 가는 법입니다. 현재 그런 곳은 중국일 것입니다. 그렇다면 중국이 전 지구적으로 새로운 주도권을 쥐는 곳이 될 것이냐는 문제는 여전히 논란의 여지가 있습니다. 주도권이 움직일 때마다 그 규모가 극적으로 변했습니다. 주도권은 이탈리아의 도시국가들에서 유럽 북해 연안의 벨기에, 네덜란드, 룩셈부르크로 구성된 저지대 지역으로 옮겨갔으며, 여기에서 영국으로, 궁극적으로는 미국으로 갔죠. 이런 식으로 규모가 변하면서 미국을 밀어내고 주도권이 옮겨간다면 그것이 의미하는 것은 거의 상상을 불허합니다. 아리기는 아마도 아시아가 주도권을 복합적으로 쥐는 지역으로 부상하지 않을까 생각했습니다. 인구 면에서는 중국, 인도, 인도네시아가 합치면 그럴 수 있는 자격을 갖춘 셈이지만, 이들 국가가 서로 힘을 합친다고 생각하기는 쉽지 않습니다. 그런다고 하더라도 이것이 생산, 소비, 사회적 복지, 그리고 환경에 어떤 영향을 미칠지도 난제입니다.

    이것은 금융화된 자본주의가 처한 현실을 나타내고 있습니다. 이런 자본주의는 어느 꽃에 앉아야 자본이 제일 많이 증식되는지 고민하면서 끊임없이 움직이죠. 이것이 우리가 처한 현실입니다. 다시 한번 말씀드리지만, 우리 시대의 자본주의 구조와 경제·정치권력을 다시금 영토화시키고 있는 것은 돈의 형태를 띤 자본입니다.

    이 장章의 초반부에서 저는 여러 형태를 띠고 있는 자본의 지리적 유동성 및 국가기구와 정부를 통해서 조성된 권력의 영토적 논리가 상품 생산과 금융업을 하는 기업자본의 분자화된 지리적 유동성과 어떻게 대비되는지 집중적으로 살펴봤습니다. 이제 저는 이 모든 문제를 전혀 다른 시각에서 볼 것입니다. 제가 아주 좋아하는 아이디어(또는 이론이라고도 할 수 있죠)이며, 제가 '공간적 해결spatial fix'이라고 이름 붙인 이론적 틀을 가지고 말입니다.

    자본이란 성장하는 것이며, 성장하면 팽창합니다. 따라서 자본의 지리학이란 자본이 한 공간 내에서, 또 그 공간을 넘어 끊임없이 팽창하는 것에 관한 학문이죠. 특정한 영토 내에서의 자본의 팽창은 궁극적으로는 자원, 인구, 사회기반시설 등에 의해서 제한을 받습니다. 그 영토 내에서 특정 시점이 되면 자본의 팽창은 한계에 도달하죠. 따라서 지상의 특정 장소에 잉여자본이 계속 쌓이게 되는데, 이때 잉여노동력도 함께 쌓이는 경우가 많습니다. 이러한 잉여자본은 이익을 낼 수 있는 배출구를 필요로 하죠. 이 자본들이 어디로 갈 수 있을까요? 한 가지 해답은 식민지를 만드는 것입니다. 또 다른 답은 자본을 수출하는 것입니다(이때 노동도 함께 수출하는 경우가 있습니다). 자본주의가 아직 발달하지 않은 곳을 찾아 자본을 보내는 것이죠. 이것이 제가 말하는, 자본의 과잉 축적으로 발생하는 문제를 해결하는 '공간적 해결'입니다. 그런데 자본의 과잉 축적은 이익을 추구하는 과정에서 필연적으로 발생하는 부산물입니다.

    마르크스는 이 공간적인 해결이 어떻게 작동되는지에 관해서 흥미로운 말을 했습니다. 잉여자본이 생긴 지역에서 다른 곳에 돈을 빌려줍니다. 그러면 그곳에서는 이 돈을 잉여자본이 생긴 나라에서 생산한 상품을 사는 데 사용합니다. 돈이 도착한 국가에서는 이렇게 구매한 상품을 민중들의 필요와 욕구를 충족시키기 위해 사용할 수도 있고, 사회기반시설을 건설하고 해당 국가의 자본주의를 더욱 개발하기 위한 준비 작업을 하는 데 사용할 수도 있습니다.

예를 들면, 영국은 대략 1850년 이후부터 잉여자본 문제가 심각해졌습니다. 내수 시장은 이미 포화상태가 되어 영국 내에서는 더 이상 이익을 낼 수 있는 기회가 사라졌죠. 그러자 영국은 자본을 수출하기 시작했습니다. 그러나 자본을 수출할 수 있는 방법에는 몇 가지 서로 다른 모델이 있었습니다. 한 가지 모델은 이런 것입니다. 영국은 아르헨티나가 철도를 건설하는 데 돈을 빌려줍니다. 하지만 철도에 관련된 설비나 도구는 모두 영국에서 와야 합니다. 그래서 영국이 아르헨티나에 빌려준 자본 때문에 영국의 철강 및 철도 설비 생산의 잉여분은 완전히 해소됩니다. 하지만 동시에 아르헨티나는 대초원 지대인 팜파스를 가로지르는 철도를 건설하여 밀을 항구로 최대한 저렴하게 운송하게 됩니다. 그런 다음 이 저렴한 밀을 영국에 팝니다. 영국으로 건너간 저렴한 밀 때문에 빵값이 싸지고 따라서 사업가들은 임금을 깎을 수 있어서 이익을 더 올립니다. 이런 식으로 한 지역의 잉여자본은 다른 지역의 자본주의 시스템의 팽창을 유도하고, 동시에 원래 국가의 기본적인 소비재의 원가를 낮추어 그 국가의 이익을 증가시킵니다.

19세기에는 잉여자본이 보이는 중심지가 드물었습니다. 주로 영국과 서유럽 일부에 있었죠. 잉여자본 중 많은 부분이 미국으로 흘러갔습니다. 잉여자본 때문에 일어날 수 있는 일은 두 가지가 있습니다. 국가

권력이 이것을 통제하거나 시장 시스템을 통해서 유동적으로 흘러갈 수 있는 것이죠. 19세기 영국과 기타 지역과의 관계가 이 문제에 관해서 시사하는 바가 큽니다. 영국은 시장을 확장할 필요가 있었죠. 인도를 대영제국에 흡수한 영국은 인도 마을 단위의 수공업 직조 산업을 완전히 뭉개버리고는 영국 직조 공장에서 생산되는 제품을 수입하여 대체해버렸습니다. 인도는 선택의 여지 없이 영국 제품을 사지 않을 수 없는 전속 시장으로 재편됐습니다. 하지만 인도는 어떻게 해서든 수입된 직물에 대한 가격을 지불해야만 했습니다. 어떻게 그렇게 할 수 있었을까요? 영국 직물에 대한 가격을 지불하기 위해서 인도는 무언가를 수출해야만 했습니다. 차, 황마 등이었죠. 그러나 그것만으로는 부족했습니다. 그러자 영국은 아편을 재배해서 중국으로 보내라고 인도에 '설득'했습니다. 영국은 해군을 이용한 무력으로 중국의 아편 시장을 열었습니다. (이것이 소위 '아편전쟁'입니다.) 중국은 아편에 대한 대가로 은을 인도로 보냈고, 인도는 이 은을 직물에 대한 대가로 영국으로 보냈죠. 로자 룩셈부르크Rosa Luxemburg, 1871-1919는 대영제국주의에 관한 저서인 《자본의 축적The Accumulation of Capital》에서 이에 관해 개괄했습니다. 이 경우에는 영국 직물업의 생산능력 잉여 문제에 관한 공간적 해결로 인해 인도 의류산업이 파괴되고, 인도 시장이 영국 제품에 대한 전속 시장으로 전락하며, 아편 교역처럼 별개의 제품이 생산되고 교역되는 현상이 생겼습니다. 그 결과 직물에 대가를 지불하기 위한 은이 대량으로 유입되었죠.

    그러나 이 공간적 해결에는 다른 것이 필요했습니다. 이 '다른 것'

때문에 적절한 물리적 사회기반시설이 요구됐던 것입니다. 마르크스는 또다시 이 문제에 관해서 인도에 관한 흥미로운 이야기를 했습니다. 인도 시장이 통합되어 보다 쉽게 외국의 지배하에 놓일 수 있었던 것은 교통과 통신에 투자를 했기 때문입니다. 영국은 인도에 철도를 부설했습니다. 오늘날 인도에 가보면 뭄바이 한가운데에 정교한 빅토리아식 철도역이 있는 것을 볼 수 있죠. 영국이 식민지를 지배하느라 건설한 것입니다. 그래서 또다시 잉여 생산능력을 외국에다 수출하여 그곳에 사회기반시설을 건설하게 되면 그곳은 그것에 대한 대가를 지불할 수단이 있어야 했습니다. 외국자본은 사회기반시설을 짓는 데 돈을 빌려줄 수 있죠. 사람들이 그 시설을 이용하면 외국자본에 수익을 가져다줄 수 있으니까요. 그리고 만약 그 사회기반시설이 인도의 생산성을 개선하거나 인도가 생산을 해서 시장을 통해 팔 수 있는 능력을 향상한다면 모든 사람이 혜택을 받을 수 있게 됩니다. 여기서 우리는 공간적 해결의 한 형태를 볼 수 있습니다. 인도를 원자재 공급 창구로, 돈을 뽑아내 부자가 될 수 있는 기회의 땅으로, 그리고 시장으로 이용할 수 있다고 생각한 것이 잉여자본을 자꾸 만들어내는 영국인들의 근본적인 사고방식이었죠.

자본수출을 통한 공간적 해결에는 또 다른 형태가 있는데, 이것은 미국이 잘 보여주고 있습니다. 영국의 잉여자본이 미국에 왔습니다. 미국이 원주민을 말살한 결과로 개발할 수 있는 광활한 영토가 생겼기 때문이죠. 그러나 미국에서는 단순히 시장만을 만들기 위해 이 자본이 쓰인 것은 아니었습니다. 일부는 그런 용도로 사용되기는 했지만, 미국에 기반을 두고 있는 사업가들이 자본축적을 할 수 있는 또 다른 중심지를 구축하는 용도로 사용되었던 것입니다. 주민들의 소비 욕구를 충족시키는 것보다는 생산 활동에 투자되었습니다. 영국 자본은 시장을 만드는 데 사용됐을 뿐만 아니라 미국 내에다 자본을 축적할 수 있는 새로운 중심지를 만드는 데 사용됐던 것입니다. 이러한 활동이 미국에서 시작되자 기계류 및 생산 증가에 필요한 기타 수단에 대한 수요가 미국, 영국 및 유럽에서 늘기 시작했죠. 그러자 전 세계 시장에 수요가 증폭됐습니다. 이것은 다시 미국 시장에 대한 영국의 생산이 팽창되는 현상으로 발전되었죠. 그러나 이런 과정을 통해서 자본주의의 상품 생산이란 측면에서 영토적인 경쟁 구도가 만들어졌습니다. 미국은 어떤 단계에 들어서면서 자체적인 자본축적의 국면으로 접어들었으며, 이것은 영국 및 유럽의 생산과 경쟁하는 양상을 띠게 되었던 것입니다. 미국은 영국과 경쟁하게 되었으며, 궁극적으로는 경쟁을 통해 전 세계적 자본주의의 주도권을 잡아 영국을 물리쳤습니다. 따라서 어떤 의미에서는 영국이 스스로 자멸에 결정적인 역할을 한 셈입니다. 이것이 또한 공간적 해결의 한 형태입니다.

하지만 공간적 해결은 공간적으로 이동할 뿐만 아니라 시간적으로 장기간에 걸쳐 이동하기 때문에 위기를 형성하는 문제에 있어서 아주 중요한 역할을 수행합니다. 미국의 철도 부설에 투자한 경우를 봅시다. 이런 투자는 장기적인 것이죠. 6개월 이내에 수익을 기대할 수는 없습니다.

수익이 생긴다 하더라도 장기간에 걸쳐 미국의 생산성이 높아져야 수익이 발생하죠. 그러나 그 기간은 10년, 15년, 20년이 될 것입니다. 그런데 장기 투자는 어떤 종류의 신용 시스템이 있어야 장기적인 시간의 수평선 위에서 금력을 동원할 수 있습니다. 이것은 마르크스가 말한 '의제자본 fictitious capital(아직 존재하지 않는 어떤 것에 대해 돈을 요구할 수 있는 것으로, 양도가 가능하고 시장에 내다 팔 수 있음)'을 뜻하며, 결국은 새로운 사회기반시설을 건설하기 위해서 사용하게 됩니다. 그러면 사회기반시설은 자본의 축적과 그것이 순환되는 동력을 위한 또 다른 기반이 됩니다. 이러한 시스템에는 흥미로운 역사가 있죠. 이런 종류의 공간적 해결은 1945년 이래 세계경제 시스템에서 가속도를 내며 증가했는데, 1970년경 특히 심해졌습니다. 미국을 위시한 일부 지역의 잉여자본은 다른 개방된 공간에서 또 다른 생산 시스템을 만들기 위해 투입됐습니다. 이 또 다른 생산 시스템이란 기본적으로는 새로운 시장을 만드는 것이 아니었습니다.

19세기 영국에 대해 저는 당시 영국의 산업계가 미국에 비해 인도에서는 별로 이익을 내지 못했다고 주장했습니다(논란의 여지가 있는 문제입니다). 왜냐하면 인도를 지배하고 있던 영국의 식민 당국은 인도에서 수동적인 소비시장을 만들기 위해서 자본주의의 동력(사업가의 '동물적인 감각 및 행동')을 억눌렀기 때문입니다. 영국은 인도에서 경쟁국의 자본가들이 생산 시스템을 개발하지 못하게 했습니다. 이들은 인도를 하나의 시장으로 자신들의 주머니에 계속 넣고 싶어 했던 것이죠. 그러나 이것이 자본의 동력을 억제했고 궁극적으로는 시장의 성장과 지속적인 팽창을 저해했습니다. 인도에서 취한 영국의 정책이 사업가들의 이익을 장기적으로 더욱 축소하는 결과를 가져왔던 거죠. 반면 미국에서는 영국이 자본의 동력을 제어할 수 없었으며, 결국 이를 제어하지 않았습니다. 이리하여 공간적 해결은 미국 시장의 개발과 더불어 계속 팽창하였으며, 동시에 미국은 궁극적으로 지정학적 주도권을 잡는 경쟁에서 영국을 제치는 길로 나아가게 됐습니다.

1945년 이후 세계경제에 절박한 문제가 닥쳤습니다. 1930년대의 대공황으로 돌아가는 것 아니냐는 두려움이 엄습했던 것입니다. 전과 다르게 이번에는 전쟁을 수행하느라 생산 설비가 엄청나게 늘어났고, 전쟁터에서 돌아온 제대군인들이 또한 엄청났던 것이죠. 그런데 미국의 정책 입안자들은 중요한 것을 이해했습니다. 미국은 식민지 해방을 통해 이익을 볼 수 있다는 사실을 깨달은 거죠. 영국, 프랑스, 네덜란드 등에서 식민지를 빼내야 한다는 것입니다. 제국주의 세력에 잡혀 있는 전속 시장을 해방해야 한다는 것이죠. 미국은 다른 나라들처럼 전속 시장이 많지 않았습니다. 따라서 자국의 이익을 위해서 다른 나라들에게 그 시장들을 해방하라고 권고하기도 하고 명령하기도 했죠. 미국은 영국이나 프랑스처럼 쉽사리 그 시장들을 식민지로 만들 수 있으리라고 생각했습니다. 다만 전 세계적인 자유무역 체제를 통해서 그렇게 하겠다는 것이었죠.

마셜 플랜과 대한민국

'식민지를 해방하여 전 세계를 다른 식의 개발 구조에 개방하면 미국의 잉여자본을 흡수하는 데 도움이 될 것이다', 이것이 마셜 플랜Marshall Plan의 핵심입니다. 그러나 마셜 플랜은 유럽을 단순히 미국에서 나오는 잉여상품을 쏟아붓는 편리한 싱크대로 삼자는 것만은 아니었죠. 전 세계 시장을 극적으로 팽창시키기 위해서 자본과 자본축적의 근거지를 전 세계적으로 재구축하자는 것이었습니다. 미국의 잉여자본이 일본과 유럽으로 흘러 들어가자 일본과 유럽의 경제는 활기를 띠고 부활되었습니다. 1945년부터 1970년경까지 전 세계 경제는 눈부시게 성장했는데, 이것은 거의 대부분 일본과 유럽에 자본 성장과 축적의 중심지를 만들었기 때문에 가능했던 것이죠. 1980년대가 되자 이들 지역은 이미 세계 무대에서 미국을 앞서기 시작했습니다. 미국은 갑자기 자신이 길러낸 경쟁자를 상대해야 되는 처지에 놓여버렸다는 사실을 깨달았죠. 제가 만약 이 강의를 1980년대에 했다면 일본과 서독을 전 세계 자본주의의 주도권을 쥔 나라라고 말했을 것입니다. 이들은 정말로 앞서가는 나라였습니다. 미국은 이를 장려했습니다. 왜냐하면 소련과의 냉전 체제, 또한 중국이라는 존재가 공산주의의 차세대 주자로 떠오르려고 하는 시점에서 일본과 서독의 발전을 장려하는 것이 미국에 이익이 된다고 생각했기 때문이죠. 그러나 미국은 서독과 일본의 폭발적인 성장에 대처해야 하는 문제에 직면했습니다. 미국의 해법은 세계적으로 통용되는 자유무역에 대한 규칙을 만들어, 경쟁 속에서 모두 이익을 보는 체제를 만드는 것이었습니다. 개방된 시장에서 세계화와 자유무역을 추진하는 것을 해법으로 보았던 것입니다. 미국은 또한 자신들이 이렇게 규칙을 만들어 게임을 하면 자신들이 이길 것이라고 확신했습니다. 미국 자본에 유리하도록 규칙을 만들었기 때문이죠.

이것이 바로 신자유주의 자유무역의 규칙이자 질서였습니다. 관세장벽을 체계적으로 낮추고, 전 세계적인 금융 시스템을 만들어 자본과 상품이 한 지역에서 다른 지역으로 쉽게 이동하는 것을 촉진한 것이죠. 교통, 통신 등의 분야에서 신기술이 발명되자 도움이 많이 되었습니다. 이 시스템 안으로 많은 것이 흡수되었죠. 그러나 그 결과 자본이 축적되는 곳이 여러 개 생겼습니다. 예를 들면, 일본은 1960년대에 엄청나게 개발되어, 1970년대 말이 되자 어마어마한 잉여자본이 축적되었습니다. 일본이 그 자본으로 무엇을 했겠습니까? 일본인들은 자본수출을 통해서 공간적인 해결을 할 수 있는 가능성을 타진했습니다. 또한 미국의 소비시장을 '식민지화'하기 시작했죠. 다음에는 미국 경제에 대한 일본의 '침략'이 뒤를 따랐습니다. 일본인들은 록펠러센터를 사들였습니다. 할리우드에도 진출해 컬럼비아영화사를 샀습니다. 잉여자본이 거꾸로 미국으로 흘러 들어갔던 것이죠. 그러나 일본의 잉여자본은 미국 외의 지역에서도 팽창해서, 라틴아메리카 같은 신흥 시장에서는 일본인들이 마치 작은 제국주의자 행세까지 하게 됐죠. 곧이어 나머지 아시아 국가들도 유사한 과정을 겪었습니다. 한국은 처음에는 자유시장 경제가 아닌 군사독재 치하에서 개발이 시작됐습니다. 그러나 미국은 단순한 지정학적 이유에서 한국의 개발을 장려했죠. 바로 공산주의의 견제라는 이유에서입니다. 소련과 중국이 위협을 가했죠. 공산주의의 팽창을 저지하기 위해서 미국은 친자본주의적인 한국이 번성해야 할 필요가 있었던 것입니다. 미국은 한국의 경제개발을 지원했으며, 기술이전을 촉진했고, 미국 시장에 쉽게 접근할 수 있도록 조치를 취했습니다. 그러나 1970년대 말이 되자 믿을 수 없을 정도로 생산적인 시스템을 갖춘 한국은 잉여자본을 만들어냈습니다. 그것으로 무엇을 하겠습니까? 공간적인 해결을 하려고 했죠. 한국은 미국에 자동차 생산 공장을 설립하고 미국 전자제품 회사들을 인수했습니다. 한편 미국 시장을 식민화하고, 다른 신흥 시장에다 생산 체제를 갖추었습니다. 1970년대 말에 잉여자본이 한국에서 쏟아져 나와 돌아다녔습니다. 갑자기 중앙아메리카와 아프리카에 한국인들이 운영하는 하청기업들이 생겨났습니다. 한국인들의 노동력 착취와 인권 탄압은 무자비했습니다.

순식간에 똑같은 일이 대만에서도 일어났습니다. 미국은 대만을 지원했죠. 대만이 공산주의 체제인 중국에 흡수되는 것을 막고 미국의 그늘에 계속 상주시키려면 경제적으로 개발되어 번영을 누리도록 할 필요가 있었기 때문입니다. 그래서 대만의 산업이 아주 중요해지기 시작했습니다. 1982년쯤에 잉여자본 문제가 나타나더니 갑자기 대만에서 자본이 줄지어 수출되기 시작했습니다. 그 자본이 어디로 갔겠습니까? 물론 전 세계로 흘러갔지만 이제 막 자본주의적 개발에 눈을 뜬 중국으로 엄청나게 많이 흘러갔습니다. 현재 세계 최대 재벌에 속하는 폭스콘이 중국으로 진입하기 시작한 때가 바로 이 시점입니다. 일본과 마찬가지로 한국의 생산업체들도 중국으로 갔습니다. 하지만 대만은 대규모로 진출했죠. 그래서 이들 나라는 모두 중국으로 생산 기반을 옮겼습니다. 따라서 중국의 개발은 대만, 일본, 한국, 그리고 물론 1978년 이후에는 홍콩의 자본에 많이 의존했습니다. 홍콩은 굉장히 흥미로운 사례입니다. 중국이 개방되기 이전에 홍콩의 직물 및 의류 산업은 이미 영국의 직물 산업과의 경쟁에서 이겨 영국에 패배를 안겼습니다. 영국의 직물 산업은 이미 탈산업화의 과정을 겪고 있었죠. 맨체스터의 직물 및 의류는 홍콩의 직물 제품과 경쟁이 되지 않았습니다. 홍콩의 자본은 팽창하고 싶어 했지만, 홍콩 내에서는 노동력, 자원, 시장이 모두 부족했습니다. 그때 중국이 개방된 것입니다. 선전의 문이 열렸습니다. 홍콩 자본은 어마어마한 저가 노동력을 이용하려고 중국으로 몰려들었죠. 1970, 80년대의 중국 산업화는 홍콩, 대만, 한국 및 일본으로부터 들어온 자본이 일구어낸 것입니다.

    그 결과 중국에는 믿을 수 없을 정도로 생산적인 경제체제가 자리잡게 되었죠. 그러면 그런 경제체제는 무슨 일을 하게 될까요? 바로 경쟁자들을 물리치기 시작했습니다. 일본에는 무슨 일이 일어났을까요? 일본 경제는 1990년경부터 침체기에 들어섰습니다. 대만 기업인 폭스콘이 중국에서 백오십만 명을 고용하고 있어도 대만 자체는 고전을 면치 못하고 있습니다. 하지만 폭스콘은 라틴아메리카 및 아프리카에 생산 설비를 갖추고 있고 지금은 미국 위스콘신주에 들어가려고 합니다. 바로 공간적인 해결이 작동하고 있는 거죠. 자본이란 끊임없이 한곳에서 다른 곳으로 움직입니다.

일대일로(一帶一路)

이제는 중국의 차례가 됐습니다. 잉여자본을 처리해야 하는 문제 말이죠. 이것이 우연의 일치인지 아닌지 확실치는 않습니다만, 2008년에 중국의 모든 것이 방향을 바꾼 것 같습니다. 2008년은 전 세계의 자본주의가 엄청난 위기를 맞은 해입니다. 미국에 있는 중국의 주요 소비시장은 붕괴했고, 미국으로의 수출은 극적으로 추락했습니다. 그러나 2008년에는 사상 처음으로 중국 자본의 해외 수출액이 해외 자본의 중국에 대한 직접 투자액을 앞질렀습니다. 그 이후로는 자본의 수출액은 자본의 수입액을 훨씬 앞서갔습니다. 중국은 적극적인 자본의 순수출국가가 됐죠. 수출액의 대부분은 생산에 대한 직접적인 투자가 아니라 신용대출의 형태를 띠고 있었습니다. 중국은 잉여생산(예를 들면 철강)을 흡수하기 위해 동아프리카에 신용대출을 공급하고 있었습니다. 2000년도에 중국의 자본수출은 본질적으로 제로였습니다. 그러나 2015년이 되자 이미 중국의 잉여자본은 전 세계에 퍼졌습니다. 전 세계가 중국의 잉여자본을 해결하기 위한 공간적 해결의 대상이 되었죠. 중국인들은 일대일로一帶一路라는 정책을 통해 이를 조율하고 집행했습니다. 이것은 지정학적인 팽창 기획으로, 중국의 잉여자본을 이용해 유라시아 대륙의 교통망과 통신망을 구축하는 것을 뜻하는데, 여기에서 그치는 것이 아니라 아프리카와 라틴아메리카로 뻗어나갑니다. 이런 종류의 지정학적인 전략은 그 역사가 길죠.

해퍼드 매킨더Halford Mackinder, 1861-1947는 옥스퍼드대의 지리학 교수였습니다. 저는 그 대학에서 해퍼드 매킨더 지리학 교수직을 얻어 7년 동안(1987-93년) 재직한 바 있죠. 해퍼드 매킨더는 반동적인 우파 제국주의자로 20세기 전반부에 저술 활동을 했습니다. 또한 지정학 사상가로 '중부 유럽의 심장부를 차지하는 자가 유라시아 대륙이라는 세계의 섬을 차지하게 되며, 세계의 섬을 차지하는 자가 전 세계를 차지한다.'라는 이론을 펼쳤죠. 중국인들은 적어도 10세기 동안 자신들의 지정학적인 위치와 힘에 대해서 생각하고 있었습니다. 중국인들도 매킨더의 저술을 읽었습니다. 미국도 자신들만의 독특한 지정학적 이론과 역사를 가지고 있죠. 그러나 미국에 영감을 주는 뮤즈는 앨프리드 세이어 머핸Alfred Thayer Mahan, 1840-1914이었습니다. 1890년대에 역사적으로 해양의 힘이 갖는 역할에 관한 저서를 집필한 인물이죠. 매킨더는 육지의 힘을, 머핸은 해양의 힘을 강조했던 것입니다. 해퍼드 매킨더는 1920년대에 가장 영향력이 컸지만 제2차 세계대전까지 저술 활동을 펼쳤습니다. 1920년대와 1930년대에 독일에는 '지정학geopolitik' 학파들이 우후죽순처럼 솟아났습니다. 이 사람들은 국가란 유기체와 비슷해서, 석유 같은 자원에 적절하게 접근하여 자유롭게 사용할 수 있도록 자신만의 생활권*을 명확히 해야 한다고 했습니다. 독일의 지정학자 하우스호퍼Karl Haushofer, 1869-1946와 관련이 있는, 이 '레벤스라움Lebensraum'** 이론은 나치의 세계

---

*   이들이 말하는 생활권이란 국가의 힘이 미치는 영역, 영토를 의미한다.
**   독일어로 원래 '주민들의 생활권'을 의미했으나 나치는 '독일 민족이 살 수 있는 공간'으로 넓게 해석해 정치적으로 국민들을 선동했다.

지배에 대한 이데올로기를 형성하는 데 절대적인 영향을 미쳤습니다. 나치가 1930년대에 루마니아의 유전을 포함해 동유럽으로 팽창한 것은 독일 국가의 생활권을 획득하고 세계의 섬을 장악하려는 욕구에 부응한 것이었습니다. 매킨더가 정의한 것처럼 중부 유럽의 심장부를 장악하는 데 초점을 맞춰 세계를 지배하려 했습니다. 심장부를 장악하는 것은 세계 지배를 향한 길을 여는 것이었습니다. 따라서 나치는 체코슬로바키아에 이어 폴란드를 침공했던 것이죠.

중국의 일대일로 프로젝트를 통해 중앙아시아에 중국의 지정학적 영향력이 팽창하고 있는 것을 우리는 현재 목격하고 있습니다. 중국의 잉여자본 문제를 치료하기 위한 공간적 해결이 지정학적 프로젝트로 전환되고 있는 거죠. 중앙아시아는 사회기반시설 투자를 통해 중국의 영향권으로 흡수되는 중입니다. 미국은 해양의 힘을 통해 전 세계적으로 영향력을 조직화하고 있습니다. 따라서 남중국해에서는 중국과 미국 간에 심각한 갈등이 초래되고 있죠. 하지만 중국은 중앙아시아에서 육상의 힘도 강조하고 있습니다. 미국이 지정학적 영향력을 좀처럼 발휘하지 못하고 있는 지역에서 말입니다. 흥미롭지 않습니까? 중국은 중앙아시아에서 일어나고 있는 일들에 대해 거의 완벽한 통제력을 구사하고 있지만, 미국은 중국의 영향력에 대항할 수 있는 위치에 있지 않습니다. 하지만 중국의 일대일로는 이것보다 훨씬 그 범위가 넓습니다. 일대일로는 아프리카에서 굉장히 폭넓은 역할을 수행하고 있습니다. 2008년 이래 수년 만에 아프리카는 사회기반시설(동아프리카를 관통하는 철도 부설 등)을 건설하느라 중국에 빚을 많이 지고 있죠. 자본주의가 아프리카로 팽창하고 있는 것이 뚜렷하게 보입니다(예를 들면 에티오피아 및 수단에서). 아프리카에 대한(그리고 라틴아메리카에도) 중국의 투자는 대부분 직접적인 투자가 아니라(잠비아의 광산 자원에 대한 직접적인 투자가 있기는 하지만) 신용대출의 형태를 띠고 있습니다. 중국은 자신의 잉여생산물(철강, 수송 장비, 시멘트)을 사라고 돈을 빌려주는 전형적인 전술을 쓰고 있는 것입니다. 19세기에 영국이 자국의 이익을 위해 아르헨티나에서 개발을 지속했던 것과 똑같은 방법입니다.

하지만 여기에는 지정학적인 요소도 있습니다. 저는 매킨더의 말이 옳다고 생각하지 않지만, 중국인들은 그의 말에 일리가 있다고, 즉 중앙아시아를 통제하는 것은 그 자체가 극히 중요한 지정학적 프로젝트라고 생각하는 듯합니다. 중국 서부의 위구르족을 무자비하게 대하는 것도 이런 면에서 설명할 수 있겠습니다. 중국인들이 그런 식으로 생각한다면, 그들은 잉여생산물인 시멘트와 철강을 이용하여 중앙아시아를 지나 궁극적으로는 유럽까지 철도를 부설할 것입니다. 그 첫 번째 열차는 중국에서 런던까지 갈 것입니다. 바다로는 6주 이상 걸릴 것이 2-3주면 가게 되는 거죠. 중국인들은 중앙아시아를 통해 고속철도망을 부설하면 중국에서 유럽까지 가는 시간을 극적으로 줄일 수 있다고 생각합니다. 그래서 이것을 건설하고 있는 겁니다. 서구의 금융 전문가들은 이것을 경제적으로 투자 낭비라는 논평을 자주 내놓습니다. 이익이 나오지 않는다는 거죠. 단기적으로는 이익이 나오지 않을 수도 있습니다. 그러나 장기적으로 이것은 지정학적으로 전 세계를 재편하는 길이 될 것입니다. 중국의 프로젝트는 경제적이라기보다는 지정학적이라는 것이 거의 확실합니다. 그래서 오랫동안 미국과 전혀 갈등을 빚지 않았던 중국이 현재 남중국해에서 미국과 대립하고 있는 것은 우연히 일어난 사건이 아닙니다. 중국에게는 육지도 있습니다. 아무도 중국과 대립하려고 하지 않는 중앙아시아가 있는 거죠. 러시아는 중국의 프로젝트에 시비를 걸지 않습니다. 사실 중국과 러시아의 동맹관계는 해를 거듭할수록 더욱 굳건해지고 있습니다. 미국은 중앙아시아에서 이 정도로 무엇을 할 여력이 전혀 없습니다. 이것은 흥미로운 일입니다. 저는 중국에 있는 동안 러시아에 대해 부정적인 말은 전혀 하지 말라는 충고를 여러 번 받았습니다. 중앙아시아를 비롯해 여타 지역에서 러시아와 이익을 공유하는 동맹관계가 있기 때문이죠. 두 나라 다, 미국이 베네수엘라의 마두로 정부를 직접적인 쿠데타, 제재 또는 국내 소요를 발생시켜 전복시키려는 몇 번에 걸친 시도에 맞서서 베네수엘라를 지지하고 있습니다. 지금은 세계를 지정학적으로 나누는 경계선이 흐릿하지만, 머지않아 활발한 경쟁관계가 형성될 것입니다. 하지만 이것 또한 주시해보시기 바랍니다. 일대일로 프로젝트도 잉여자본 및 잉여 생산시설을 처리하기 위해 공간적인 해결을 찾는 문제를 어떻게 맞닥뜨리게 될 것인지를.

자본은 3% 복리성장이라는 영원한 굴레에 빠져 있습니다. 이는 곧 복리성장률이 자본 및 자본축적의 세계 지리적 재편을 통해 성취되고 있다는 의미입니다. 공간적 해결이 미국에서 일본으로, 일본에서 중국으로, 중국에서 중앙아시아 및 아프리카로 흘러가는 모습이 우리 눈앞에 펼쳐지고 있습니다. 자본의 복리성장 논리가 지정학적으로 구현되고 있는 것이죠. 우리는 이를 지리적으로 매우 주의 깊게 살펴봐야 합니다. 이런 종류의 일이 지난 세기에 세계대전을 두 번이나 일으켰습니다. 지정학적인 경쟁관계가 두 번 다 개입되었습니다. 세계대전 같은 게 발생할 수밖에 없다는 말을 하려는 것이 아닙니다. 저는 다만 지정학적인 경쟁관계 및 그 이론의 역할을 매우 주의 깊게 분석해야 한다고 말하는 것입니다. 지금 전 세계에서 일어나고 있는 각종 긴장관계, 특히 중동 지역의 긴장관계 등을 무시했다가는 무슨 일이 생길지 모릅니다. 1930년대에 그랬던 것처럼 과축적 자본을 공간적으로 해결하려다 지정학적인 경쟁관계 속에 빠진다면? 바로 그때가 한 걸음 뒤로 물러서 세계대전의 소용돌이에 빠져들지 않도록 주의에 주의를 기울여야 하는 때입니다. 그래서 공간적 해결의 지정학은 진지하게 연구해야 하는 분야입니다.

9

성장 증후군

The Growth Syndrome

경제학자나 언론의 보고서에 담긴 계급적 편향성에 주의하십시오!

제가 처음으로 마르크스의 《자본론》을 강의한 것은 1970년이었습니다. 그 후 오랫동안 매년 《자본론》을 강의했죠. 최근 몇 년 쉬다가 올해(2019년) 다시 《자본론》의 1권을 잡았습니다. 마르크스의 저서를 다시 펴면 항상 흥미로운 사실들이 새로 발견됩니다. 1970년의 사정은 2019년과는 엄청나게 다르죠. 예를 들어, 기계와 현대 산업에 관한 긴 장을 저는 다시 생각하게 됐습니다. 마르크스는 자본이란 자신의 속성에 맞는 기술을 개발하려 한다고 주장했죠. 공장 시스템은 봉건적 기술과는 근본적으로 달랐습니다. 봉건적 기술이란 기능직 노동자와 원시적 형태의 조직을 기반으로 하는 것입니다. 이것은 1650년부터 산업혁명이 시작된 18세기 말까지 지속된 '제조 시대'의 특징입니다.

노동의 분권화

제가 1970년에 이것들을 강의할 때는 제조 시대란 단순히 역사적으로 존재했던 시기라고 인식하고 넘어갔죠. 정말로 중요한 내용은 다음에 나오는 공장 시스템이라고 생각했습니다. 마르크스는 공장 시스템이 어떻게 수립됐고, 어떻게 퍼졌으며, 어떤 사회적 결과를 초래했는지, 정말로 멋지게(상당히 길기는 했지만) 설명했습니다. 공장 시스템이란 그냥 단순히 기계가 하나 있는 것이 아니었죠. 기계들의 시스템이며, 기계가 기계를 생산해내는 시스템이며, 노동자들을 어떻게 이용하고 배치하며 착취하는지에 관해서 엄청난 것을 시사하는 시스템이었습니다. 증기 엔진 같은 종합적인 기술이 여러 다른 종류의 분야에 적용될 수 있었죠.

마르크스는 공장 조사관들의 보고서에서 발췌한 자료들을 인용했는데, 이것은 노동이 산업화 형태로 변천하는 혁명적인 과정에서 고통스럽게 겪은 피비린내 나는 경험을 생생하게 증언해주고 있습니다.

그러나 저는 요즘 들어 갑자기 이런 생각이 들었습니다. 현재 미국의 젊은이들은 공장에 대해서 많이 알지는 못할 것이다, 노동조합 소속 공장 노동자는 고사하고 실제로 공장에서 근무하는 노동자도 알지 못할 것이다. 1970년대에 미국 가정은 대부분 공장 노동자와 접촉하고 있었으며, 공장 노동자의 세계에 대해서 알고 있었겠지만 말입니다.

미국에서는 공장 시스템이란 것이 거의 사라졌습니다. 그렇다면 공장 시스템 대신 무엇이 들어섰을까요? 이번에 제가 정말로 흥미를 느꼈던 것은 마르크스가 제조 시대에 관해 말했던 것 중에서 많은 부분이 작금의 현실과 공명된다는 데 있었습니다. 노동의 불안정성 같은 게 그렇죠. 경제 규모의 끊임없는 변화와 노동의 분업 같은 것도 그렇고요. 기능을 손에 쥐고 있는 사람들이 그 기능을 독점해 노동시장에서 특권적인 위치를 차지하려 하는 부분도 그렇습니다. 자본가들은 기능을 독점하려는 자들과 싸웠죠. 노동자들을 무산계급화하려고 끊임없이 노력했습니다. 이를 통해 독점화된 기능에 결부된 특권이 사라지도록 했습니다. 18세기에 특권을 가질 수 있었던 것이 특정한 도구 덕분이었다면, 지금 시대에는 컴퓨터 알고리즘에 대한 이해와 활용 그리고 IT 기술입니다.

이것은 좀 이상합니다. 왜냐하면 마르크스는 어떤 때는 인간 진화에 관한 목적론에 깊이 빠지기 때문이죠. 인간의 미래는 공산주의로 이미 결정돼 있는데, 역사는 이를 향해 무자비하게 앞으로 나아간다는 것입니다. 적어도 자본주의 내에서는 공장 노동이 궁극적으로 다른 모든 것을 대체한다고 마르크스는 시사하는 것 같습니다.

그런데 시간이 거꾸로 가는 듯해서 상당히 이상한 감정이 듭니다. 저는 항상 마르크스의 저서를 목적론적으로 읽는 것을 경계했습니다. 마르크스의 저서에 목적론적인 말이 툭툭 튀어나오지만, 저는 마르크스가 목적론에 그렇게 깊이 몰입하지는 않았다고 느낍니다. 마르크스의 시대에도 공장 시스템이 아닌 다른 공정의 노동이 분명히 존재했고, 공장 노동이 최고조로 개발됐을 때에도 다른 공정의 노동이 존재했습니다. 공장 노동이 다른 여타의 노동을 모두 몰아낼 것이란 예언은 틀린 것이 분명합니다. 예를 들어, 1980년대의 일본 자동차 산업을 살펴봅시다. 대기업들은 자동차를 조립하는 일정 단계에서는 분명히 공장 시스템을 사용했죠. 이번에는 자동차 산업에 온갖 부품을 공급하는 곳을 들여다보죠. 대부분 작은 작업실에서 숙련 기능공들이 부품을 만들어내고 있는 것을 볼 수 있습니다. 마르크스가 말한 제조 시대가 떠오르죠.

공장 시스템이 궁극적으로 다른 형태의 노동을 모두 몰아내리란 마르크스의 말은 그렇게 들어맞는 것은 아니란 생각을 저는 항상 하고 있었습니다. 제2제정 치하 파리의 노동 현실을 연구해보니 제 생각이 맞다는 것을 알 수 있었죠. 당시 장인들이 운영하던 작은 작업실을 모두 대형 공장들이 인수해서 통합하지는 않았습니다(물론 그렇게 된 곳도 있었지만요). 장인들이 운영하던 작업실은 대부분 더욱더 분업화되고 전문화됐습니다. 예를 들어봅시다. 1850년경의 파리에는 조화造花 산업이 상당히 활성화돼 있었습니다. 그런데 1855년이 되자 이 산업이 분화됐습니다. 1850년에 장미 조화를 만드는 작업실과 데이지꽃을 만드는 작업실이 따로 있었다면, 1860년대에 들어서면서 꽃잎만 만드는 작업실, 꽃대만 만드는 작업실이 생겼습니다. 또 다른 곳에서는 나뭇잎만 만들었고요. 그리고 또 어떤 곳에서는 이것들을 모두 조합해서 조화를 만들었습니다. 제2제정 시대의 파리에서는 공장 시스템으로 진화한 것이 아니라, 작은 장인들 작업실 사이에서 더욱더 노동의 분업이 이루어지고 있었죠. 공장 시스템에서처럼 노동의 중앙화가 이루어진 것이 아니라, 더 분권화되고 있었습니다.

제가 내린 결론은 이렇습니다. 산업 형태는 끊임없이 변하며, 자본은 항상 여러 종류의 노동 형태 및 여러 형태의 노동조직 중에서 선택을 한다는 사실입니다. 자본은 자신이 행하고 있는 특정한 착취 스타일에 제일 적합하고 제일 고분고분한 형태를 취합니다. 신자유주의 시기에 노동의 분권화가 이루어지고 있는 이유 중의 하나는 공장 노동자들이 상당히 조직화되고 노조화되었기 때문입니다. 자본가들이 이것을 피할 수 있는 방법 중의 하나가 분권화된 노동 행태를 취하는 것이죠. 이런 노동자들은 쉽게 조직화될 수 없기 때문입니다.

제가 《자본론》의 제조 및 공장 시스템에 관한 이 두 장章을 강의할 때면 이것들이 모두 제 머리를 스쳐 지나가곤 합니다. 저는 자본가들이 어떻게 하나의 착취 구조에서 다른 구조로 넘어가는지 생각합니다. 18세기에 기능의 독점화를 통해 노동자들이 매우 강력한 힘을 갖고 있었을 때 자본가들은 이 힘을 무너뜨리려고 했습니다. 자본가들은 공장 시스템을 도입하여 노동의 가치를 떨어뜨렸으며, 노동자들이 갖고 있던 기능을 쓸모없는 것으로 만들어버렸습니다. 그러나 1970년도가 되자 정반대의 문제가 등장했습니다. 대규모 공장에 고용된 노동자들은 조직화가 잘 되었으며, 자본가들에 대항해서 엄청난 힘을 행사하고 있었죠. 자본가들은 이 노동자들에게서 힘을 빼앗을 수 있는 최선의 방법을 동원했습니다. 바로 노동의 분권화를 추진하여 자본가들에게 대항할 수 없게 만들어버린 것입니다. 이런 이유 때문에 산업 활동이 그렇게 분산되고 분권화되어버린 것입니다. 그리고 전에는 위계질서가 강했던 노동조직이 수평적이며 네트워크화한 것도 바로 그런 이유에서입니다. 자본가들은 대부분 이런 식으로 노동 형태를 변경시켰는데, 좌파들의 조직화도 바로 이런 형태를 띠었다는 것이 매우 흥미롭습니다. 좌파 조직은 더욱 분권화되고 수평적으로 변하고 있습니다. 자본가들처럼 위계질서를 부정하고 있으며, 포드 자동차 공장에서 행하던 식의 노동 형태 및 공장 시스템에 부응하여 발생했던 정치적인 형태에 대해서도 반대하고 있습니다.

이 모든 문제들을 돌이켜 보면 아주 흥미로운 생각이 듭니다. 마르크스의 《자본론》을 비판적으로 읽으면(마땅히 비판적으로 읽어야 합니다) 지금 여기에서 무슨 일이 일어나고 있는지, 그 이유는 무엇인지 아이디어가 떠오릅니다. 질문이 떠오르면, 그 질문은 지금 당장 하는 것이 중요합니다. 대답은 서로 다를지라도 말이죠. 이 문제를 설명하기 위해서 사소해 보일지도 모르겠지만 제가 마르크스의 저서를 읽으면서 생각난 예를 하나 들어보겠습니다.

변화율 대 총량

경제학자, 정책 입안자, 정치인 및 경제지 기자들 모두 경제의 건강과 건전성을 평가하는 주요한 측정치로 성장률을 자주 거론합니다. 경제정책의 주요 목표는 성장률을 증가시키는 것이라고 흔히 말하죠. 하지만 성장에는 아주 중요한 측면이 또 하나 있습니다. 그런데 그 중요성을 대부분 무시하죠. 그것은 바로 성장의 총량입니다. 절대적인 총량이 얼마나 되며, 우리는 생산된 그 총량으로 무엇을 할 것인가, 이것이 중요하다는 의미입니다.

일전에 저는 제가 제일 좋아하는 경제지 《파이낸셜 타임스》를 읽고 있었습니다. 거기에는 양적완화가 불평등을 조장했는지에 관한 잉글랜드은행의 보고서를 요약한 기사가 있었습니다. 그 기사에는 평균적으로 영국의 최하위 소득 10%가 2006-08년부터 2012-14년까지 약 3천 파운드를 더 번 데 비해서 최상위 10%는 32만 5천 파운드를 더 벌었다는 내용이 나옵니다. 이 수치를 보면 양적완화가 가난한 사람보다는 부자에게 더욱 많은 혜택을 주었다는 것을 금방 알 수 있습니다. 이는 널리 알려진 의견입니다. 당시 영국 수상이었던 테리사 메이도 이 의견에

동의했습니다. 그러나 잉글랜드은행의 보고서는 그런 게 아니라고 말합니다. 최하위 10%가 받았던 3천 파운드는 비율로 따지면, 상위 10%가 받았던 32만 5천 파운드보다 더 많다는 것입니다. 비율상 양적완화가 부자보다 가난한 자에게 혜택을 더 많이 줬다는 거죠. 해당 보고서의 저자들은 사람들이 경제 정보를 정확하게 읽을 줄 모르는 게 문제라고 결론지었습니다. 절대적인 수치가 아니라 변화율에 집중해야 한다는 것이죠.

여기서 제가 말씀드리고자 하는 것은, 제일 가난한 사람들이 6년에 걸쳐 받은 3천 파운드는 1주일에 10파운드가 안 되는 돈이라는 점입니다. 이 정도의 돈으로는 누구라도 정치경제적 입지가 나아지지 않습니다. 정말로 푼돈에 불과합니다. 그 돈으로는 인생에 별로 도움이 안 되죠. 반면에 상위 10%에게 돌아간 32만 5천 파운드는 인생에 꽤 도움이 됩니다. 이미 쌓아놓은 돈이 상당해서 그 정도의 돈은 무시할지도 모르겠지만, 부의 총량에 그 정도의 돈이 더해진다는 것은 자신들의 권력을 유지하기 위한 정치경제적 힘을 그만큼 더 행사할 수 있다는 것을 의미합니다. 최상위 10%에게 있어서 부의 증가 비율이 낮을지는 모르겠지만, 절대적인 총량의 변화는 어마어마한 것입니다.

총량이 많을 때는 변화율이 작더라도 굉장한 양이 변합니다. 이렇게 물어보겠습니다. 백 달러에 대한 10% 이익을 받으시겠습니까, 아니면 천만 달러에 대한 5% 이익을 받으시겠습니까? 두말할 필요도 없이 5% 이익의 총량이 훨씬 큽니다. 엄청난 불평등은 바로 이 때문에 발생하는 것입니다. 6년 동안 최하위 10%는 일주일에 겨우 커피 세 잔을 더 마실 수 있었던 데 반해 상위 10%는 맨해튼에다 원룸아파트를 한 채 살 수 있었습니다. 데이터를 정확하게 읽어야 한다는 그 보고서 저자들의 말이 맞긴 합니다. 하지만 우리는 정확하면서도 비판적으로 읽어야 합니다. 그 보고서는 총량보다 변화율이 더 중요하다고 강조하면서, 부의 증가 비율은 부자들이 가난한 사람보다 작았다고 강변했습니다. 따라서 그 정도의 변화는 받아들일 수 있는 것이라고 했죠. 보고서의 저자들은 도저히 받아들일 수 없는 불평등의 증가를 이런 식으로 교묘하게 위장하고 있었습니다.

이 문제는 어떤 맥락에서는 치명적인 중요성을 띠게 됩니다. 예를 들어봅시다. 지구온난화 문제를 얘기할 때 탄소 배출량의 증가율을 조정하는 것은 분명 중요합니다. 여러 가지 정치적인 문제가 걸려 있죠. 그러나 이미 대기 중에 존재하는 온실가스(이산화탄소, 메탄 등)의 총량도 분명 중요한 정치적 현안입니다. 제가 보기에, 우리가 즉각적으로 심각하게 다루어야 하는 문제는 바로 온실가스의 총량입니다. 증가율에 초점을 맞추는 것은 도움이 되지 않습니다. 지금은 온실가스의 총량이 훨씬 더 중요한 상황이죠. 이처럼 비율보다 총량이 훨씬 중요해지는 상황들이 있는 것입니다.

사실, 이미 존재하는 총량 및 그것이 미치는 영향을 대중매체에서 다루는 경우는 거의 없습니다. 이것은 심각한 문제죠. 그런데 흥미롭게도 마르크스주의자들 사이에도 비율만 중요시하고 총량은 무시하는 경향이 있습니다. 이런 경향은《자본론》3권에 있는 이익률의 하락에 관한 유명한 토론에서 비롯된 것입니다. 이익률의 하락에 관한 이론은 위기 형성에 관한 마르크스주의식 사고의 틀을 만들었습니다. 이익률이 하락하는 경향은 자본주의 역학 내에 뿌리박고 있다는 것입니다. 개개 자본가들의 회사가 마르크스가 말한 상대적 잉여가치를 위해 서로 경쟁하는 과정을 통해 노동력을 줄일 수 있는 혁신을 이루기 때문에 이익률이 하락한다는 것이죠. 우월한 기술을 가진 회사는 사회적 평균 원가보다 싼 가격으로 만들어 사회적 평균 가격으로 팔 수 있습니다. 이렇게 하면 초과이윤이 발생합니다. 이런 초과이윤을 서로 얻으려고 경쟁하기 때문에 기술적인 혁신이 이루어집니다. 내가 우월한 기술을 가지게 되면 나는 초과이윤을 얻게 되고, 내 경쟁자들도 우월한 기술을 개발해서 내가 가진 기술을 꺾습니다. 자본이 가진 동력의 일부분은 바로 이런 기술적 우위를 차지하려는 경쟁에서 만들어집니다. 그러나 기술적인 우위에 대한 경쟁 때문에 노동력은 절약되며, 따라서 노동의 생산성은 높아지고, 노동의 생산성이 높아지면 생산된 가치는 물론 감소합니다. 상대적 잉여가치를 차지하려고 경쟁하는 것은 감소된 가치와 잉여가치가 꼬리를 물고 이어지는 결과를 초래하며, 그 결과 이익률이 하락하는 경향을 띠게 됩니다.

이런 주장은 《자본론》 3권에 설명되어 있습니다. 그런데 우리가 읽는 《자본론》은 대부분 엥겔스가 편집한 것입니다. 엥겔스가 해놓은 일이 엄청나다는 것을 인정하는 것도 중요하지만, 엥겔스가 마르크스의 의도와는 다른 방식으로 원고를 정리했을 수도 있습니다. 마르크스는 하락하는 이익률에 관한 문제를 장章 하나에 길게 이어서 썼습니다. 먼저 하락하는 이익률에 관한 논점을 전반적으로 펼쳤죠. 마르크스는 이에 만족한 것 같습니다. 고전적인 정치경제학자들을 괴롭히던 문제를 해결한 것이죠. 그러나 마르크스는 이렇게 말하는 것 같습니다. "자, 이건 출발점에 불과한 거야. 이것에서 우리는 보다 전반적인 문제들을 볼 수 있는 거지." 이렇게 한 장에 걸쳐 이어지는 마르크스의 글을 엥겔스는 세 장으로 나눴습니다. 첫 장은 '하락하는 이익률'이고, 두 번째 장은 '상쇄시키는 힘'이며, 세 번째는 '법칙의 모순점들'입니다. 마치 법칙이 중심이며 다른 것들은 모두 이 법칙을 실제로 적용할 때 발생하는 변형 정도로 취급한 것이죠. 결국 이것을 읽는 독자들은 법칙이 근본적인 것이며 나머지는 부차적이란 생각을 갖게 됩니다.

그러나 마르크스가 남긴 원고를 읽어보면 다른 이야기를 하는 것 같습니다. 그런데 그 '다른 이야기'가 아주 재미있습니다. '상쇄시키는 힘'이 아니라 계속 증가하는 이익의 총량을 하락하는 이익률과의 합작품으로 보고 있습니다. 마르크스는 이렇게 표현합니다.

> 전반적인 이익률이 엄청나게 하락하고 있지만, 자본에 의해 고용된 노동자들의 숫자, 즉 자본에 의해 움직이고 있는 노동의 절대적인 총량, 따라서 흡수된 잉여노동의 절대적인 총량, 따라서 그 노동이 생산해내는 절대적인 잉여가치, 따라서 그것이 생산해내는 이익의 절대적인 총량, 그 총량은 계속해서 증가하게 되는 것이다.

비록 이익률은 계속해서 하락하지만. 이것이 자본주의 생산양식의 기초가 될 수 있을 뿐만 아니라, 기초가 되어야만 한다.

이것은 상쇄시키는 힘과는 전혀 다릅니다. 마르크스는 이렇게 말합니다. "똑같은 법칙 때문에 사회적 자본이 차지하는 이익의 절대적 총량이 증가하며, 동시에 이익률이 하락한다."

이 때문에 마르크스에게 문제가 생겼습니다. "우리는 어떻게 이 양날의 검 같은 법칙을 제시해야 하는가?" 우리는 이익률이 하락하는 동시에 이익의 절대적 총량이 증가하는 '양날의 검 같은 법칙'에 직면해 있습니다. 마르크스는 이렇게 말합니다. "어떤 이유들로 잉여가치가 절대적으로 하락한다. 같은 이유로 잉여노동 및 잉여가치의 총량이 증가하고 그로 인해 사회적 자본이 만들어내고 차지하는 이익을 증가시킨다. 이를 어떻게 설명할 것인가? 이렇게 명백한 모순에는 어떤 조건들이 수반되는가?" 마르크스가 제시하는 근본적인 문제는 바로 이런 것들입니다.

우리는 중요한 모순을 안고 있습니다. 이익률은 하락하고 있지만, 이익의 총량은 증가하고 있을지 모릅니다. 이는 우리에게 자본주의식 생산의 본질에 관해 매우 중요한 것을 시사하고 있습니다. 최근 《파이낸셜 타임스》지에 2018년 하반기 6개월 동안 중국의 성장률 하락에 관한 논평이 게재됐습니다. 성장률이 하락하자 금융시장이 동요했습니다. 전 세계적으로 심각한 문제가 발생할 것이란 예측이 있었기 때문이죠.

중국이 불황을 겪게 되면 전 세계가 불황을 겪고 공황이 닥칠지도 모릅니다. 하지만 중국인들은 별로 걱정을 하지 않는 것 같았습니다. 왜 걱정하지 않느냐고 묻자 이런 대답이 돌아왔습니다. 중국인들은 주로 노동력을 흡수하는 데 관심이 있다는 것입니다. 중국인들은 1년에 천만 개 정도의 도시형 일자리를 만들 필요가 있었습니다. 이것은 미국의 약 3백만 개에 비해서는 굉장히 많은 숫자죠. 하지만 중국인들은 성장률이 12% 이상이었던 1990년대에 비해서, 성장률이 훨씬 낮았던 2018년에 천만 개의 일자리를 쉽게 만들 수 있었습니다. 1990년대에는 천만 개의 일자리를 만드는 것은 불가능하지는 않았지만 힘들었습니다. 그러나 성장률이 6%였던 2018년에는 쉬웠습니다. 왜냐하면 저변이 엄청나게 넓어졌기 때문에 성장률이 낮아도 필요한 일자리를 만들 수 있었던 것입니다. 그래서 중국인들은 성장률이 낮아도 전혀 걱정하지 않았죠. 새로운 도시형 일자리를 천만 개 만든다는 정책적 목표를 달성하기 위해 무리하게 성장을 촉진할 필요가 없었던 것입니다.

경제 규모가 크면 클수록 성장률이 낮아야 일자리나 수요를 새로 더 창출할 수 있습니다. 그러나 정책 입안자들은 이렇게 생각하거나 말하지 않습니다. 트럼프는 정권을 쥐자 이렇게 말했습니다. "우리는 성장률 4%를 이루어야 합니다." "우리는 곧 성장률 4%를 이룩할 것입니다." 라고 허풍을 치기도 했죠. 성장률이 그런 정도로 성장하지는 않았습니다. 트럼프가 대통령에 있을 때 경제성장률은 낮았지만, 문제는 그것이 정말로 중요하냐는 것입니다. 우리 사회에서 사람들이 요구하고 필요로 하는 것은 아주 낮은 성장률로도 충분히 공급할 수 있는 것이 많습니다. 성장률이 높으면 다른 종류의 문제가 발생합니다. 예를 들어봅시다. 자동차 산업의 생산성이 두 배로 높아져 자동차 생산이 두 배가 됐다면, 거리에는 자동차가 두 배로 늘어날 것이고, 연료를 두 배로 소비할 것이고, 교통 체증도 두 배로 늘 것입니다. 이런 현상이 전 세계에서 일어난다면 지구온난화와 여러 부수적 문제는 어떻게 되는 걸까요? 다른 말로 하자면 우리는 총량의 문제를 아주 심각하게 생각해봐야 합니다. 총량에 대해, 노동력을 흡수하는 중국인의 경우처럼 긍정적으로 받아들일 수도 있고, 자동차의 총량이 지구온난화에 미치는 영향처럼 부정적으로 받아들일 수도 있습니다. 자동차 산업의 성장률이 낮더라도 그 규모가 굉장히 크다면 도로에는 어마어마한 새 자동차들이 굴러다닐 것입니다. 그 자동차들은 탄소 배출량을 증가시킬 것이며 이미 존재하는 온실가스의 총량에다 이 가스들이 더해져 지구온난화는 더욱 심각해질 것입니다.

저는 이렇게 결론짓겠습니다. 변화율과 총량 사이의 관계는 심각하게 생각해봐야 한다고 말입니다. 보고서를 비롯한 각종 문헌에서 이 문제는 너무나 자주 무시되고 있습니다. 언급되더라도 그 문제가 갖고 있는 중요성이 너무나 자주 하찮게 취급되고 있습니다. 변화율을 중요하게 취급하면서, 총량은 그냥 부수적인 문제로 뭉개버리죠. 잉글랜드은행의 보고서처럼 총량의 문제가 제기되더라도 변화율을 강조하여 상류층에 대한 면죄부로 사용합니다. 세계적인 문제에 대한 경제학자나 언론의 보고서에 담긴 계급적 편향성에 주의하십시오! 잉글랜드은행의 보고서는 최하위 10%에게 3천 파운드로 1주일에 커피 3잔을 더 마시게 된 것에 축배를 들라고 유도합니다. 32만 5천 파운드로 원룸아파트 한 채를 살 수 있는 것보다 훨씬 가치가 오른 일이라 현혹하면서 말이죠.

10

소비자 선택권이 박탈당하다

The Erosion of Consumer Choices

죽은 고래의 뱃속이 비닐봉지로……

마르크스를 읽을 때면 빅토리아 시대의 예스러운 투로 표현된 아이디어를 작금의 현실과 비교하고, 지금 여기 우리가 살고 있는 현실을 마르크스의 이론에 대입해서 바라보는 재미가 아주 큽니다. 《자본론》 1권의 기계에 대한 장에서 무게 있게 다룬 주제들 중 하나는 공장 시스템이 노동자들의 자율성을 빼앗아간다는 것입니다. 자본주의 이전의 숙련공들은 자신들이 사용하는 도구를 완전히 자신의 수중에서 관리하고 제어했습니다. 이런 숙련공들은 어느 정도 힘을 갖고 있었죠. 왜냐하면 숙련공이 생산에 기여하는 몫은 자신의 도구를 사용하는 기능에서 나왔기 때문입니다. 이것은 노동이 자본에 주는 일종의 '선물'이었습니다. 반면에 이것은 독이 든 성배이기도 했습니다. 자본가들은 노동자들이 자율권을 가지고 있다는 것을 받아들여야만 했죠. 기능을 가지고 있었던 사람들은 노동자들이었으니까요. 노동자들이 '도구를 놔버리면' 자본가들은 힘을 잃었습니다. 또한 노동자들은 자신이 원하는 방식으로 일할 수 없으면 그 일을 하지 않았습니다.

모던 타임스

하지만 기계가 도입되자 그 기능은 기계 속으로 들어가 버렸습니다. 작업의 속도를 자율적으로 결정하던 시대가 끝난 것입니다. 우리는 이제 찰리 채플린의 '모던 타임스 Modern Times'의 시대에 접어들었습니다. 이 영화에서 노동자는 마르크스의 표현대로 기계의 부속품이 됐습니다. 노동자는 기계가 시키는 일을 외부 힘에 의해 설정된 속도로 해야만 했습니다.

    노동자들의 자율권이 박탈된 과정에 대한 기록은 자본의 역사에 상세하게 기술되어 있습니다. 따라서 저는 소비자의 자율권이 박탈된 과정에 대해서 생각해보기로 했습니다. 소비자의 선택권이라는 측면에서 우리는 얼마나 자율권을 누리고 있을까요? 우리 모두는 실제로 어느 정도나 소비재를 생산해내는 기계의 부속품이 된 것일까요? 사실 여러분은 마르크스가 기계에 대해서 서술한 장章을 현대의 소비지상주의에 대한 장으로 다시 쓸 수도 있을 것입니다. 일전에 뉴욕에 새로 개발된 허드슨야드Hudson Yards라는 지역을 처음 돌아다닐 때 이 생각이 제 머리를 강타했습니다. 이 지역은 미국에서, 아니 전 세계에서 가장 큰 부동산 개발 프로젝트라고 요란스럽게 광고를 한 지역이죠. 그런데 세계에서 가장 큰 개발 프로젝트라고는 하지만, 사실 중국에 비하면 발끝에도 못 미칩니다. 하여간 허드슨야드에 들어서면 쇼핑몰이 있다는 게 놀랍습니다. 저는 그 쇼핑몰을 보자마자 이렇게 생각했습니다. "왜 뉴욕에 쇼핑몰이 또 필요하지?" 그 쇼핑몰은 아름답게 장식되어 있습니다. 그런데 그 넓은 몰을 걸어 다니다 쉬려고 앉을 자리를 찾으면 헛수고에 그칩니다. 커피숍이나 식당 등에 들어가야만 엉덩이를 붙일 수 있죠. 참으로 황량한 환경입니다. 그 쇼핑몰은 그 자체가 아름답다거나 건축학적으로 아름다운 건물이라고 말할 수도 있죠. 그러나 동시에 텅 빈 건물이라고 말할 수도 있습니다. 사람들이 없어서 텅 비었다는 것이 아니라 아무런 의미가 없어서 텅 비었다는 것이죠. 그래서 저는 이런 생각을 하지 않을 수 없었습니다. "어떻게 허드슨야드 같은 이런 흉물이 세워진 거지?"

허드슨야드가 사실상 완공된 이후로 전혀 긍정적이지 않은 평이 쏟아졌습니다. 흥미로운 현상이죠. 제도권의 미술 비평가 및 건축가들은 매우 비판적이었습니다. 엄청난 돈과 유리, 대리석 등 막대한 자원이 전혀 가고 싶지 않은 공간을 만드는 데 사용됐습니다. 저뿐만 아니라 이렇게 느끼는 사람들이 많을 것입니다. 그러자 이런 얘기들이 돌았습니다. "자, 이 공간에 녹색을 더 채워야겠어. 정원을 더 만들어야겠어. 사용자들이 더욱 이용하기 편리하게 만들어야겠어." 그래서 셰드the Shed란 공간을 개장했습니다. 볼거리가 있는 공간으로 만든 곳이었죠. 그런데 이 공간의 목적은 뻔해 보였습니다. 될 수 있는 대로 사람들을 많이 끌어들여 구경거리를 보여준 다음 이 사람들을 쇼핑몰로 보내어 뭘 먹든지, 사든지 하게 하려는 속셈인 거죠. 오로지 사람들의 필요와 욕구를 조종하려는 것밖에는 없었습니다. 자본의 이미지를 그대로 투영하여 무언가를 지은 것일 뿐이죠.

마르크스가 공장 시스템에 대해서 말한 것도 바로 이것입니다. 노동자들의 짐을 가볍게 해주려고 공장 시스템이 도입된 것이 아니라고 마르크스는 말했죠. 사실, 기계에 대한 장을 마르크스는 이렇게 시작했습니다. 왜 노동자의 짐을 덜어주어야 하는 기계들이 노동 작업을 더 위압적인 것으로 만들었는지 존 스튜어트 밀이 이해하지 못한 이유에 관해 논평하며 그 장을 시작했던 것이죠. 우리는 허드슨야드에 관해서도 똑같이 말할 수 있습니다. 자본가들이 무언가를 만들었습니다. 그냥 슥 지나치면서 보면 사람들의 생활의 질을 높이려고 만드는 것 같습니다. 그러나 자세히 보면 현대 자본의 본질적인 속성이 무엇인지 상징적으로 나타내는 것, 그 이상도 이하도 아닙니다. 그것은 우리 일상생활에 상징적으로 개입하는 것이지, 진짜로 개입하는 것이 아닙니다. 그곳에 가서 살려는 사람들도 있을 것입니다. 그러나 주택 가격을 물어보면 기절합니다. 물론 아주 고급주택이죠. 상위 10% 중에서도 상위 1%에 해당하는 사람들만 그곳에서 살 수 있습니다. 이제 이런 의문이 듭니다. "이런 곳을 짓느라 들어간 자원을 모두 뉴욕에 절대적으로 필요한 것, 즉 웬만한 사람이면 누구나 구입할 수 있는 주택을 짓는 데 투입했더라면 어땠을까? 그랬다면 우리는 지금 어떤 도시에서 살고 있을까?" 한 걸음 더 나아가 이렇게 생각해봅시다. 이런 어마어마한 자원과 노력을 방향을 틀어 소비자가 선택할 수 있도록 하는 데 사용했다면 어땠을까? 서로 다른 생활방식, 서로 다른 존재 중에서 선택할 수 있도록.

만약 이곳을 사람들이 장악해 '사람의 숨결과 문화가 넘실대는' 공간으로 만든다면 어떨까요? 상상하는 것만으로도 흥미롭습니다. 이곳을 워싱턴스퀘어처럼 뭔가 활기찬 일이 벌어지는 곳으로 만든다면 말입니다. 워싱턴스퀘어는 해만 뜨면 음악인들이 모여들고, 온갖 사람들이 스케이트보드를 타고, 구석구석에는 체스를 두는 사람들이 웅성거리는 곳입니다. 온갖 삶이 펼쳐지는 곳이죠. 허드슨야드에도 이런 일이 벌어진다면 얼마나 흥미진진할까요? 사람들의 의지만 있으면 가능한 일입니다. 건축물은 보잘것없어도 상관없습니다. 파리의 퐁피두센터를 예로 들어봅시다. 이 아트센터는 훌륭한 건축물이지만 앞뜰은 보기 흉합니다. 세상에서 이보다 더 소름 끼치고 지루한 건축의 파편이 있을까 싶을 정도죠. 그러나 어쩐 일인지 사람들이 그리로 몰려들면서 그곳을 아주 생동감 넘치는 살아 있는 장소로 만들어버렸습니다. 그러나 이는 공공장소에서 일정 정도의 자유를 용인하는 당국의 태도에 달려 있는 일입니다. 다양한 사람들이 다양한 활동을 할 수 있도록 자유롭게 그 공간을 사용할 수 있게 해줘야 가능한 일이죠. 이러면 공간이 실제로 더욱 흥미롭고 살 만한 곳이 됩니다. 허드슨야드에도 누군가가 와서 그곳을 다양한 문화와 활기로 넘쳐나는, 지금과는 전혀 다른 곳으로 확 바꿔주면 좋겠습니다. 그러나 현재 그런 공간을 관리하면서 돈을 버는 자들은 안전과 질서를 내세우며, 틀을 벗어난 흥미진진한 활동들을 금지하는 경우가 빈번합니다. 그런 활동들이 공간에 활기를 불어넣는데 말이죠.

영혼 없는 삶

이런 생각을 하다 보면 저는 자본의 지배를 받으며 사는 일상생활의 본질과 삶의 질에 관해서 전부 다시 고찰해보지 않을 수 없습니다. 마르크스는 자유 시간이야말로 그 사회가 살 만한 사회인지 아닌지 구별할 수 있는 기준이라고 말했습니다. 마르크스는 우리가 지향해야 할 것은 '자유의 영역'이라고 말했습니다. 그 자유의 영역은 필요의 영역이 충족되어야만 시작된다고 했죠. 따라서 건강한 사회란 필요의 영역이 보장되어야 합니다. 먹을 것, 입을 것, 살 곳이 충분히 보장되어야 하며, 일자리가 충분히 있어야 하며, 필요한 사람에게는 적절한 생활을 누릴 수 있는 사회적 장치가 보장되어야 합니다. 그런 다음에는 자유로운 시간이 필요합니다. 사람들은 자신이 원하는 공간에서 자신이 원하는 것을 해야 합니다. 달리 표현하자면, 사람들은 자신의 시간을 사용하는 데 자율권을 가져야 된다는 말이죠. 그러나 자본이 우리의 일상생활에 침투하면서 그런 자율권을 가질 수 있는 가능성은 꾸준히 줄어들었습니다. 자본은 우리가 시간을 사용할 수 있는 자율권을 빼앗고 있으며, 대부분의 민중이 필요의 영역을 벗어날 수 없게 만들고 있습니다. 사실상 민중은 대부분 생필품을 구하느라 허덕이고 있으며, 이는 자신을 표현할 수 있는 능력과 시간이 굉장히 제한되어 있다는 것을 의미합니다. 도시란 그 안에 살고 있는 사회적 집단이 사회적 자율권을 갖고 있어서 자신이 원하는 것을 자신이 원하는 방법으로 할 수 있을 때 살기 좋은 도시가 됩니다. 우리는 현재 자율적이고 자유로운 형태의 생활을 누릴 수 있는 기술과 능력이 침해되고 제거되는 현상을 계속 목격하고 있습니다.

    이것이 현대를 살아가는 사람들의 슬픈 단면입니다. 갈수록 시간을 빼앗기고, 소비자 선택권이 침탈당합니다. 인터넷을 예로 들어봅시다. 인터넷에는 매우 흥미로운 얘기가 숨어 있습니다. 처음에는 군사용으로 개발된 인터넷은 창조적인 예술가들의 P2P(개인 대 개인 파일 공유 기술 및 행위)로 전용되어 창의적인 개인들이 파트너십을 이루거나 대화를 하는 장으로 활용되었으며, 이를 통해 온갖 종류의 혁신이 이루어졌죠. 당시에는 인터넷이 진정한 사회적 발전, 사회적 소통, 사회적 생산, 경우에 따라서는 사회적 혁명의 도구로 인식되었습니다. 그러나 수년이 지나자 이 과정이 독점화되더니 점점 비즈니스 모델로 관리되었습니다. 그러고는 자본주의 비즈니스 모델이 이 분야를 접수하여 페이스북, 구글, 아마존의 시대를 맞이하게 되었죠. 이런 것들이 우리의 본질적이고 일상적인 생활방식을 독점하고 있으며, 온갖 종류의 소비지상주의를 유도하고 있습니다. 영혼이 없는 삶처럼 느껴집니다. 허드슨야드에서 드는 느낌이 바로 이와 같습니다. 뉴욕 퀸스 지구에 둥지를 틀려다 주민들의 반대로 실패한 아마존이 허드슨야드에 엄청난 땅을 사들이고 있는 것은 우연이 아닙니다. 아마존과 허드슨야드는 서로 궁합이 잘 맞지만 우리가 그 궁합에서 얻을 것은 아무것도 없습니다. 멀리서 보면 언덕 위에서 번쩍거리는 휘황찬란한 낙원 같기도 하고, 마법의 나라 오즈 같기도 합니다. 하지만 가까이 가보면 벌어지는 일이 별로 없습니다. 그 안에서 빙빙 도는 사람들에게 감정으로 전해지는 것이 별로 없습니다. 그 공간이 전혀 다른 공간으로 바뀔 수 없다고 말하는 것은 아닙니다. 자본은 단순히 자율성이라곤 없는 소비지상주의를 부추길 뿐이지만 민중들은 사회적인 공간을 접수하고 그 공간에 멋과 맛을 부여하여 도시를 도시답게 만들 수 있습니다.

고래와 비닐봉지

　마르크스는 소비자와 관련된 문제에 관해서는 지면을 많이 할애하지 않았습니다. 하지만 소비 문제는 앞에서 말한 문제와 연관되어 있습니다. 자본의 총량이 기하급수적으로 늘어나면 그 급증하는 총량에 대한 시장은 어디에 있는가? 그 늘어나는 총량을 어떻게 소비를 통해서 흡수할 것인가? 이런 문제에 대해서 앞에서 말씀드렸습니다. 우리가 상품의 총량을 증가시키면 늘어난 상품을 소비할 수 있는 인구가 더 많아져야 하는 것은 분명합니다. 하지만 이 인구가 상품을 살 수 있는 돈을 가지고 있어야 합니다. 이런 것들은 모두 다음을 의미합니다. 즉 우리는 이익률이 하락하는 경향에 대해서뿐만 아니라 증가하는 상품의 총량에 대한 이익을 보장해줘야 하는 사회를 구성해야 한다는 의미입니다. 그런데 이제는 그 증가하는 상품의 총량이 더욱더 문제가 되고 있습니다. 중국에서 2년 동안 소비한 시멘트의 양이 미국이 100년 동안 소비한 시멘트의 양보다 45%가 더 많았다는 예를 자주 인용하는데요. 2007–08년에 중국의 수출산업이 불황을 겪자 이것을 타개하기 위해 거대한 도시화 사업을 추진했는데, 이 과정에서 시멘트의 생산과 소비의 총량이 엄청나게 증가했습니다. 시멘트의 생산과 소비가 보여줬던 것처럼 생산된 총량이 계속해서 증가하면 우리는 앞으로 심각한 환경문제 및 소비자 문제에 봉착할 것입니다.

　계속 증가하는 상품의 총량은 우리가 당면한 지구온난화와 여러 환경문제에 결정적인 역할을 합니다. 상품의 총량이 증가한다는 것은 쓰레기의 총량이 증가한다는 것과 연관되어 있습니다. 비닐봉지와 기타 플라스틱 제품의 사용을 금지해야 한다는 여론이 폭발적으로 터져 나오고 있습니다. 이런 쓰레기들이 대양에 떠돌아다녀서 죽은 고래의 뱃속이 비닐봉지로 가득 차는 현상이 벌어지고 있기 때문입니다. 플라스틱의 생산과 소비, 쓰레기의 총량이 증가하고 있는 현실은 눈여겨봐야 합니다. 전 세계적으로 기본 자원에 대한 수요도 폭증하고 있습니다. 구리, 리튬, 철광석의 채굴량은 주로 중국의 눈부신 도시화에 힘입어 껑충 뛰어올랐습니다. 이익률의 하락이라는 상황하에서도 유통되는 상품의 총량은 아직도 복리 이자율로 증가하고 있습니다. 낭비적인 도시화(허드슨야드 같은)로 인한 광물 채굴의 총량이 증가하는 것은 자본의 재생산과 자본축적의 유지에 필요한 것일 뿐입니다. 정작 사람들이 생활을 유지하는 데는 얼마의 광물이 필요할까요? 또 그런 생활은 어떤 유형의 생활이 될까요? 저는 전에 이런 말을 한 적이 많습니다. '우리는 어떤 도시를 건설하고자 하는가?'에 대한 논의를 많이 하지만, 진짜 우리가 던져야 하는 질문은 '우리는 어떤 사람이 되고자 하는가?'라고 말이죠. 이 질문에 대한 답은, 우리가 추구하는 도시가 어떤 도시인지를 정의해보면 바로 알 수 있습니다. 저는 허드슨야드에서 살고 싶어 하지 않는 사람이 되고 싶습니다. 상상하기 힘든 일입니다만, 허드슨야드가 다양한 사람들의 숨결과 문화가 넘실대는 곳으로 변모하지 않는다면 말이죠. 노숙자, 펑크록 그룹, 페미니스트 공동체 등이 그곳의 고층 건물에 터를 잡고 생활한다는 것은 상상하기 어려운 현실입니다. 이러한 공동체들이 한데 어우러져 사회적 환경을 보다 다채롭고 재미있게 만들 텐데 말이죠.

전반적인 생산 총량의 증가, 특히 대량소비주의는 자본이 인간 생활에 미친 영향을 논할 때 긍정적으로 평가받는 대표적인 일로 손꼽힙니다(물론 숨 가쁘게 몰아치는 경쟁적인 소비사회에서 살아가는 데 따르는 불평불만이 터져 나오지 않은 것은 아니지만요). 그러나 저는 소비지상주의를 전혀 다른 시각에서 접근해야 한다고 생각합니다. 끊임없는 자본의 축적과 궤를 같이하는, 현대 소비지상주의의 끝없이 계속되는 복리성장 증후군에 대해 비판적으로 평가하고 대처해야 합니다. 예를 들어, 지구의 내장을 헤집어 채취하고 있는 자원들의 양을 줄이고 관리하는 문제에 대해 우리는 좀 더 창의적으로 생각해봐야 합니다. 이런 자원은 현대의 보상적 소비지상주의를 먹여 살리기 위해 채취되는 것이며, 이런 보상적 소비지상주의는 끊임없는 자본축적에 아주 중요한 역할을 합니다. 우리가 직면한 커다란 사회정치적 과제가 바로 이런 부분입니다. 이제 많은 이들이 기후 문제를 얘기할 때 지적하듯, 일단 어떤 일이 한계점에 해당하는 총량에 도달하면 제어하기가 매우 어렵습니다(불가능한 일은 아닐지언정). 그러나 이때 진짜 핵심은 탄소 배출 속도(비율)를 제어하려 해봤자 이제는 점점 의미가 없어진다는 사실입니다. 왜냐하면 이미 탄소 배출 총량이 막대한 피해를 초래할 정도로 어마어마해졌기 때문입니다.

이 모든 문제에 있어서 총량 대 변화율의 문제는 극히 중요합니다. 그러나 이러한 문제는 따로 떼어내어 다룰 수 없습니다. 끊임없이 팽창하는 자본은 민중 대다수에게 특정한 생활양식을 강요합니다. 하지만 팽창은 생활양식의 변화도 수반하는 법입니다. 그런데 생활양식이 바뀌는 속도는 가속도가 붙는 법이죠. 이것들이 자본의 끊임없는 축적에 따르는 소비지상주의 원칙과 노동과정에 붙어 있는 생활양식의 변화입니다. 즉각적인 만족을 위한 개인적인 동기화와 욕망은 신자유주의적 자본주의의 핵심 원칙들을 지지해주고 확인해주는 전반적인 관계 형성의 일부분입니다.

예를 들어, 생산능률을 촉진하는 것은 자본주의 생산양식에 없어서는 안 되는 것이죠. 이것은 생산량과 경쟁력에서 내가 남보다 앞으로 더 나아갈 수 있는 방법 중 하나입니다. 내가 남보다 빨리 움직이면 이기는 것이죠. 따라서 뭐든지 빨리빨리 하는 것을 중요히 여기게 되고, 결과적으로 우리는 모든 면에서 훨씬 속도가 빠른 생활을 하게 됩니다. 더 빨리 소비해야 하고, 더 빨리 적응해야 하고, 더 빨리 일해야 합니다. 천천히 편안하게 무엇을 소비하는 것은 이루어질 수 없는 집착 같은 것으로 전락했습니다. 사람들은 현지의 슬로푸드로 돌아가면 대안적인 사회가 건설될 수 있다고 생각합니다. 저도 슬로푸드에 대한 아이디어를 좋아합니다만, 사람들이 대부분 그렇게 생활할 수는 없을 것이라는 생각도 듭니다. 따라서 그런 방법은 혁명적인 소비자 운동이 될 수 없습니다. 그러나 슬로푸드는 적어도 사회의 속도, 필요와 욕구가 변화하는 속도의 문제를 제기하기는 하죠. 이런 사회에서는 즉각적인 만족을 요구하는 문제가 개입되어 있으며, 소비의 대상이 실질적인 것이 아니라 볼거리로 대체되죠. 볼거리의 장점은 금방 끝난다는 점입니다. 허드슨야드를 정당화하기 위해서 셰드를 비롯한 여러 장소에서 볼거리를 기획할지도 모릅니다. 아니면 박물관을 유치하여 그곳 환경에 정당성을 부여하려고 할지도 모르죠. 자본을 분석하려면, 변화율, 총량, 속도 및 전체적인 연관성에 관해서 생각해봐야 합니다. 변화율, 총량, 속도는 소비지상주의에도 영향을 미치며, 그 결과 특정한 생활양식이 나타납니다. 그것은 표면적인 만족과 즉각적인 희열을 주지만 결국 대다수의 사람들을 소외시키며 이질감을 느끼게 합니다. 이리하여 일상생활에 불만을 가지게 되고 그 불만이 곪아 터지게 되는 것입니다.

11

원시적이며 근원적인 자본축적

Primitive or Original Accumulation

제국주의는 자본주의에 꼭 필요한 특성

《자본론》의 8부는 마르크스가 원시적이며 근원적인 자본축적이라고 칭한 내용을 다루고 있습니다. 자본이 어떻게 형성됐으며, 어떻게 지금과 같은 권력을 가지게 됐는지를 다뤘죠. 제가 《자본론》을 읽을 때 참 좋아하는 것들이 있는데, 그중의 하나는 마르크스가 다루는 주제에 따라 문체를 달리한다는 점입니다. 매우 서정적인 문장들이 있는가 하면, 어떤 문장들은 이론적으로 치밀하고, 또 어떤 문장들은 역사적인 사실을 기술합니다. 반면 어떤 글들은 'A는 B이다' 정도로 먼지처럼 건조하게 기술하죠. 원시적인 자본축적에 관한 8부의 마지막 부분은 짧고, 날카로우며, 거친 문장들로 이루어진 장章들로 구성되어 있습니다. 자본이 어떤 과정을 거쳐 현재의 모습을 갖추게 됐는지, 잔혹한 폭력으로 얼룩진 자본의 역사를 보여주기 위해서 그러한 문체를 사용한 것 같습니다.

자본의 원죄

마르크스가 자본의 기원에 대해서 말하는 이야기는 당시 주류를 이루고 있었던 유산계급의 견해와 설명에 반하는 것이었습니다. 당시의 정치경제학자들은 자본축적의 출발을 미담으로 그려냈습니다. 즉 '세상에는 주의 깊고 사려 깊으며, 절제할 줄 알고 책임감이 있는 사람들이 있는데, 이 사람들은 미래의 보다 나은 삶을 위해 현재의 욕구와 만족을 뒤로 미룰 줄 아는 사람들이었다. 반면 방종하고 낭비를 즐기며 방탕한 생활을 즐기는 사람들도 있었다. 현재의 욕구를 뒤로한 채 미래를 위해 저축으로 자본을 축적한 고결한 이들은 사업가가 되었다. 반면 낭비를 일삼으며 방탕하게 생활한 사람들은 하루 벌어 겨우 하루 먹고사는 신세가 되었다. 따라서 이들은 검약한 자본가들에게 노동력을 팔 수밖에 없었고, 책임감 있는 자본가들은 이 노동력을 유익하게 사용하였다.' 또 다른 이야기가 있습니다. 현재 우리가 잘 알고 있는 이야기이지만, 마르크스 시대에도 이런 이야기가 돌았다고 합니다. 즉 자본이란 기독교 신자들의 덕성 때문에 생겼다는 설입니다. 이것을 나중에 막스 베버가 《프로테스탄트의 윤리와 자본주의 정신》이란 거창한 책에다 써먹었죠. 붕괴하는 봉건주의를 구한 것이 바로 윤리적인 프로테스탄티즘과 퀘이커교도*의 금욕이었다는 설입니다. 자본주의가 성장한 뿌리에는 퀘이커교도의 덕성, 현재의 고통을 인내하고 미래의 만족을 추구하는 성향, 돈을 주의 깊게 관리하는 덕성, 사업가적 기질, 가족에 대한 헌신 등이 있었으며, 이 모든 것을 사유재산제도가 떠받쳤다는 것이죠. 이런 베버의 설을 접하기도 전에 마르크스는 기독교의 본질, 마틴 루터, 퀘이커교도의 관용 등에 관해서 수없이 거론했습니다. 이런 이야기들을 일일이 다 설명한 다음에 모두 다 부정했죠. 자본이 그런 식으로 축적된 것은 아니라고 했습니다. 마르크스는 자본이 축적된 역사란 '피와 불의 문자들'로 기록된 것이라고 말합니다. 그것은 폭력적이며 잔인한 과정의 역사였습니다. 지난 권력 구조와 권력관계의 찬탈, 강도질, 도둑질,

---

*   퀘이커교는 17세기에 생긴 기독교 교파로 창시자인 조지 폭스의 "하나님 앞에서 벌벌 떤다"라는 말에서 '퀘이커'라는 이름이 유래했다.

폭력, 사기, 국가권력 남용 등 상상할 수 있는 모든 범죄 수단을 다 동원하여 이루어진 것입니다.

마르크스가 하고 싶은 이야기는 바로 이것이었습니다. 마르크스가 다소 과장한 것일 수는 있지만, 과거를 돌이켜보면 마르크스가 말했던 것들 중 마르크스 이후에도 그대로 행해진 것이 많다는 것을 알 수 있습니다. 마르크스는 자본의 축적을 종교적인 덕성으로 설명하는 것은 순전히 위선이라고 일축했습니다. 종교적인 인간들이 진짜로 한 짓을 알고 싶으면, 기독교의 교구가 어떻게 조직됐으며, 빈민원과 고아원에서 사람들을 어떻게 취급했는지 알아보면 됩니다. 이 종교적인 인간들이 감옥을 세웠으며, 자신들의 마음에 들지 않는 사람들을 투옥하고 유폐하는 정치체제를 만들었습니다(현재까지도 지속되고 있죠). 기독교는 실업과 가난의 문제를, 부랑자들을 탄압하고 인권을 유린하여 해결하려고 했습니다.

하지만 마르크스가 하고 싶었던 주된 이야기는 '폭력적인 수단'을 통해 자본축적이 시작되었다는 점입니다. 토지로 대표되는 생산수단에 민중들의 접근을 차단하려고 사용한 폭력적인 수단, 그리고 막 탄생한 자본가들에게 자신의 노동력을 상품으로 파는 것 외에 다른 생존 수단을 박탈당한 민중들에게 가한 폭력적인 수단을 말하고자 했죠. 마르크스는 이렇게 폭력적인 방법으로 남의 재산을 도용하고 사회질서를 재편성한 것이 자본이 가진 원죄라고 보았습니다. 마르크스가 이 원죄의 개념을 조목조목 설명한 것은 아주 흥미롭습니다. 왜냐하면 데리다Jacques

Derrida, 1930-2004 같은 사상가들은 어떠한 사회질서든 그것이 존재하게 되면 그 질서가 처음 형성되었을 당시의 폭력적인 흔적을 지니게 되며 그것은 지울 수가 없다고 말했기 때문이죠. 그 원죄에 해당하는 폭력은 끊임없이 그 사회질서를 따라다니며 자꾸자꾸 돌아와서는 또 따라다닙니다. 마르크스가 말한, 자본이 처음 형성되던 시기 행한 원죄, 즉 도용, 축출, 퇴출 등 폭력적인 행위들이 얼마나 되풀이됐는지 돌아볼 시간입니다. 오늘날 우리 주위에도 이런 종류의 행위들이 수없이 자행되고 있습니다. 부유하고 권력이 있는 자들은 힘없는 자들과 소수집단을 뜯어먹으려고 도둑질을 일삼지만, 사기와 거짓말 등으로 사람을 현혹하며 이를 덮어버립니다. 원시적인 자본축적에 사용된 폭력이 현재 어떻게 우리를 덮치고 있는지 곰곰이 생각해야 할 시점입니다.

마르크스는 뚜렷하게 다른 여러 가지 방법으로 봉건 질서가 침식당했다고 주장합니다. 부분적으로는 상인자본주의에 의해 침식당했습니다. 상인자본주의는 싸게 사서 비싸게 팔거나, 상인들의 무력 및 금권에 대항할 수 없는 힘없는 취약계층의 생산물을 직접적으로 도용하는 행태를 기반으로 합니다. 봉건 질서는 또한 고리대금으로 침식당했습니다. 고리대금업자들은 토지를 수탈하는 데 수완을 발휘했습니다. 결국 고리대금업자와 상인 자본가들은 봉건 제후의 권력을 침식했습니다. 이들이 극소수의 수중에 금권 자본이 축적되고 집중화되는 길을 열었던 것이죠. 이 자본을 이용하여 대중이 제어할 수 있는 생산적인 자산을 박탈하려고 했던 것입니다. 마르크스가 말하는 원시적인 자본축적은 결국, 노동시장에 자신의 노동력을 파는 방법 외에는 존재할 수도, 생계를 유지할 수도 없는 노동계급이 형성되었다는 사실에 관한 이야기입니다.

마르크스가 다양한 역사적 단계를 이야기하면서 우리에게 밝히고 싶었던 비밀은 바로 이것이었습니다. 이런 과정의 첫 번째 단계는 물론 토지에서 일어났죠. 토지를 도용하고 공유지에 울타리를 쳐서 토지를 사유화했습니다. 교회의 토지를 약탈해서 점점 한군데로 모았습니다. 국가나 왕의 소유지를 빼앗고 사유화했죠. 이런 사유화 과정을 통해서 토지를 가진 자본가계급이 형성됐는데, 이들은 주로 토지에서 노동자를 쫓아내어 거리로 몰아내는 일을 했습니다. 이것은 결국 공유지에 접근할 수 있는 권리에 기반을 둔 사회질서가 붕괴됐다는 것을 의미한다고 마르크스는 주장했습니다. 그런데 여기서 굉장히 중요한 점은 공유지에 울타리를 쳐서 접근을 막았던 행위가 합법적인 과정이었다는 사실입니다. 마르크스는 이러한 불법적 토지 몰수가 결국에는 합법적인 행위로 변하는 과정을 강조했습니다. 자본에 의해 조종당한 국가는 대중의 재산을 도용하고, 토지에 대한 접근을 사유화하는 법률을 제정했던 것이죠. 산업자본가들은 이와는 다른 길을 걸어 일어섰습니다. 이들은 부동산과 임금 노동력의 존재를 자신들의 기반으로 삼았지만, 자금력을 무기로 더욱 돈을 벌기 시작했습니다. 이것이 자본이 탄생한 근원적인 순간이죠.

이는 마르크스가 《자본론》에서 말하는 놀라운 이야기입니다. 마르크스는 다양한 방법으로 이에 대해 말합니다. 여기서 한 가지 충격적인 사실은 자본주의 시스템이 엄청난 위선을 기초로 세워졌다는 점입니다. 그 위선은 다음과 같은 사실에 그 뿌리를 두고 있습니다. 자유주의 정치이론은 개인이 자신의 노동과 토지를 혼합하고, 자신의 노동 생산물에 대해 누구도 도전할 수 없는 권리를 내세울 때 사유재산제도가 발생한다고 보는 입장입니다. 그러나 자본에 의해 고용된 노동자들은 자신의 노동 생산물에 대한 권리가 없습니다. 그 생산물은 자본의 소유입니다. 또한 노동자들은 노동과정을 제어할 수 있는 권리도 없습니다. 노동과정은 자본이 설계하기 때문이죠. 존 로크John Locke, 1632-1704가 말했던 자유권 이론theory of liberal rights은 완전히 본말이 전도된 것으로 밝혀졌습니다. 17세기와 18세기 사회가 임금노동에 기초를 둔 자본주의 사회질서로 나아가면서 일어난 일이 그 증거입니다.

제국주의와 자본주의

마르크스가 말한 원시적 자본축적의 과정이 어느 정도나 현재 우리 곁에서 벌어지고 있을까요? 마르크스는 자본의 과거가 불법적인 폭력으로 얼룩졌다고 치부해버리는 듯할 때도 있습니다. 그러나 일단 자본이 자리를 잡아 공식적으로 제도화되면 과거의 불법적인 행위들은 모두 지워지죠. 그리고 좋은 게 좋은 거라는 사회의 암묵적 합의하에 폭력적인 침탈 행위들은 없어집니다. 법이라는 근사한 이름으로 그 자리를 대신하는 사회가 되는 것이죠. 《자본론》의 1부를 보면 평화적이고 합법적인 시장의 원리가 작동하는 것처럼 보입니다. 시장의 교환법칙은 잘 정립되었고, 이익률의 균등화도 잘 정립되었고, 사유재산의 권리도 잘 정립된 것같이 보입니다. 자유시장 체제는 이상향에 온 것처럼 완벽하게 작동되고 있는 것이죠. 《자본론》의 처음 몇 장에서 마르크스는 애덤 스미스와 리카르도의 고전적 정치경제학에서 말하는 이상적인 비전을 그대로 취합니다. 마르크스는 이 사람들의 이상적인 비전을 그대로 받아들이고는, 자유시장의 교환, 사유재산권에 바탕을 둔 법률제도 등의 기초 위에서 자본이 어떻게 작동하는지 보자는 것이죠. 그러니까 옛날 옛적에 폭력적인 사태로 자본이 성립되었지만 그 후에 자본이 제대로 자리를 잡자 법률제도가 정립되고 모든 것이 자본축적 원리에 따라 제대로 돌아가는지 보자는 것입니다. 그러나 마르크스는 이 체제가 애덤 스미스가 말한 것처럼 모두가 이익을 보는 방향으로 작동되지 않는다는 것을 보여주고 있습니다. 가난한 노동자들에게 이익이 되는 것이 아니라 부유한 자본가들에게 특권을 주는 방향으로 작동된다는 것이죠. 이것은 합법적인 과정으로 이루어집니다. 따라서 과거처럼 침탈, 축출 등 폭력적인 행위는 이제 필요가 없어졌습니다.

하지만 오늘날 사회가 조직되고 있는 방식을 살펴보면, 폭력적인 침탈 행위가 대량으로 벌어지고 있으며 노동 고용 측면에서 폭력과 강압 행위가 대량으로 자행되고 있습니다. 우리는 실제로 사회에서 일어나고 있는 일상적인 폭력에 둘러싸여 있죠. 마치 자본의 원죄가 영속적으로 우리를 괴롭히는 것 같습니다. 자본의 비합법적인 행태에 어떻게 대처할 것인지가 지금 우리 시대에서 아주 중요한 문제가 되고 있습니다. 유감스럽게도 이상향을 꿈꾸던 고전적 정치경제학자들의 이론이 맞아 들어가는 세상이 아닙니다. 자본주의라는 것이 평화적이고 합법적이고 비강압적인 체제라고 인식되는 세상이 아닙니다. 과거에 자행됐던 폭력적인 침탈 체제가 단순히 계속되는 세상이 아니라 부활하는 세상을 우리는 맞닥뜨리고 있습니다. 우리는 동등한 교환의 법칙이 아니라 침탈과 강탈을 자행하는 폭력에 기반을 둔 자본과 함께 살고 있는 것입니다.

원시적 자본축적의 기술과 행태가 자본주의의 긴 역사를 통틀어 실제로 어느 정도나 계속되었는지에 관해서는 논란의 여지가 있습니다. 이러한 원시적 자본축적의 행태가 지속되지 않으면서도 실제로 안정화되는 사회는 상상할 수 없다고 주장한 사상가가 두어 명 있습니다. 특히 해나 아렌트와 로자 룩셈부르크가 이렇게 말했죠. 로자 룩셈부르크는 실제로 심혈을 기울여, 마르크스가 말한 자본주의 생산의 영속성에 관한 설명은 무엇인가를 놓치고 있다고 주장했습니다. 로자 룩셈부르크의 견해에 따르면, 자본축적에 필요한 체제의 팽창은 자본주의의 역학 내에 존재하는 원시적 자본축적의 영속된 행태에 달려 있었습니다. 자본이 영속될 수 있는 유일한 방법은 자본주의 역학의 외부에 존재하는, 자본축적이 먹고 사는 식량이 되는 장소를 갖는 것밖에는 없습니다. 이 외부라는 것은 식민지 지배와 제국주의적 행태를 통해서 주어졌습니다. 자본의 팽창은 자본주의 사회의 주변에서 일어나고 있던 원시적 축적에 달려 있었습니다. 이것이 자본주의의 영원한 특징이라고 로자 룩셈부르크는 주장했습니다. 제국주의는 자본주의에 꼭 필요한 특성이며, 주변에서 일어나는 원시적 축적은 자본주의의 생존에 필요하다고 로자 룩셈부르크는 말했죠. 주변이 모두 흡수되고 이제는 더 이상 나아갈 데가 없어진다는 것은 자본주의가 사라지는 징조입니다. 그러나 로자 룩셈부르크는 또 이렇게 주장합니다. 자본주의의 역학을 부드럽게 법률처럼 작동하는 체제로 이해하는 것과 주로 주변에서 이루어지는 거칠고 소용돌이치는 원시적 자본축적 사이에는 엄청난 차이가 있다는 것입니다. 주변 지역을 자본주의 체제로 흡수하는 것은 언제나 폭력적인 도용과 침탈, 그리고 제국주의자들의 개입을 기반으로 행해졌습니다.

이 명제는 자세히 들여다봐야 할 흥미로운 주제입니다. 룩셈부르크가 말한 것들이 실제로 행해질 것이라고 암시하는 듯한 구절들이 마르크스의 저서에도 있습니다. 예를 들면, 마르크스도 자본주의 체제가 팽창하려면 시장의 팽창뿐만 아니라 원자재에 대한 접근도 팽창되어야 한다는 것을 인정했죠. 영국이 인도에서 한 짓이 바로 이것입니다. 인도는 영국의 랭커셔 면직업의 팽창을 위한 커다란 시장이 되었습니다. 그렇게 되려면 인도에서 자생하던 직물 산업을 붕괴시켜야 했습니다. 영국의 무력은 이런 짓을 하려고 존재하는 것이었습니다. 인도의 자생 직물 산업을 철저하게 부수어, 인도인들이 랭커셔 면직물을 사서 입을 수밖에 없는 환경을 만들기 위해서 영국의 군대가 필요했다는 의미죠. 인도에서 자생하던 직물 산업의 역량이 파괴되면서 인도 시장이 열렸습니다. 그러나 인도는 영국에서 밀물처럼 밀려 들어오는 면직물을 살 수 있는 돈이 필요했습니다. 그러자 인도의 원자재 가공 산업이 조직되어 그 돈을 충당하려고 했죠. 목화, 마, 황마 등이 수출 상품이 되었습니다. 그러나 룩셈부르크가 지적한 대로, 그것만으로는 영국의 면직물에 대한 대가를 전부 치를 수 없자 다른 방법을 찾았습니다. 여기서 다시 우리가 말했던 원시적 자본축적의 폭력이 등장하죠. 영국은 인도에 아편을 대량으로 재배하라고 강요하고, 그런 다음 아편전쟁을 통해 그 아편을 중국인에게 강요합니다. 중국인들이 아편을 원했던 것이 아닙니다. 영국이 강요해서 어쩔 수 없었던 것이죠. 상하이가 개항되면서 아편이 대량으로 들어와 팔리는 통로가 됐습니다. 중국은 아편 대금을 은으로 지불했는데, 중국에는 당시 은이 풍부했죠. 중국의 은은 인도로 흘러 들어간 다음 다시 영국으로 건너갔습니다.

로자 룩셈부르크

룩셈부르크가 말한 것은 다음과 같습니다. 제국주의는 주변에서 원시적 자본축적이 계속되는 체제인데, 주변이 자본주의 역학에 모두 흡수될 때까지 이 체제는 계속될 것입니다. 모두 흡수되면 자본은 더 이상 적절한 시장을 찾지 못하게 됩니다. 따라서 이 이야기는 제국주의란 것은 주변에서 원시적 자본축적이 영속적으로 일어나는 상태를 말하는 것입니다. 오늘날에도 마르크스가 말한 원시적 자본축적이 주변에서 일어나고 있는 것을 목격하곤 합니다. 1980년경부터 중국의 농민들이 전 세계적 자본주의의 생산을 위해 동원된 것은 마르크스가 17세기, 18세기의 현상으로 설명했던 원시적 자본축적의 전형적인 예입니다. 비슷한 예로 인도 농민에 대한 강탈과 임금노동 구조가 점점 더 강화된 것을 들수 있죠. 또한 전 세계적으로 농민들의 조직이 파괴되고 있다는 것은 마르크스가 당시에 설파했던 원시적 자본축적이 계속해서 자본주의 사회의 특징이 되고 있다는 것을 말해주는 것입니다. 그러나 다시 말하지만, 마르크스의 원시적 자본축적 이론은 시장이나 원자재 문제를 다루기 위한 것이 아니라, 전 세계적인 임금노동 집단의 형성을 다루기 위한 이론입니다. 전 세계적인 임금노동 집단이 1980년경 이래 약 10억 명이 증가했다는 것은 중요한 현상입니다. 고전적 의미에서의 원시적 축적은 아직도 우리 곁에 남아 있는 것입니다.

전 세계가 내부적으로 자본주의 체제 내에서 조직되었으며, 이제 원시적 자본축적이 일어날 수 있는 외부의 공간이 전혀 없다면, 무슨 일이 일어날 것인가? 이러한 룩셈부르크의 질문은 깊이 생각해보아야 합니다. 이 경우에 우리는 원시적 자본축적과 유사하지만 다른 형태가 필요하다고 봅니다. 이 다른 형태는 자본주의가 안정화되는 것을 허용할 것입니다. 이 문제에 대해서는 다음 장에서 다루겠습니다.

12

강탈에 의한 자본축적

Accumulation by Dispossession

자본주의가 처음 저지른 원죄가 부메랑이 되어 돌아오는 순간입니다.

언젠가 저는 친구인 조반니 아리기Giovanni Arrighi, 1937-2009*와 함께 세미나를 지도한 적이 있었습니다. 조반니는 전 세계에 걸쳐 자본축적이 왜 심하게 변동하는지 늘 이해하려고 했죠. 우리는 현재의 자본주의 체제에서 발견되는 자본축적의 무수한 과정을 전반적으로 검토하고 있었습니다. 그 과정에서 제가 이런 말을 한 적이 있었죠. "이보게, 우리는 말이야, 마르크스가 《자본론》 1권에서 말한 '산 노동living labor'을 착취해서 축적한 자본에 대해서만 다루고 있는 게 아닐세. 단순하고 명백한 강탈에 의해서 자본축적이 이루어지는 과정도 고려해야 한단 말이야." 조반니는 이 말을 듣자 이런 반응을 보였습니다. "자네 말은, 우리가 강탈에 의한 자본축적에 대해서 생각해봐야 한다는 뜻인가?" 그래서 제가 대답했죠. "맞아, 그 점을 들여다봐야 해." 그 말 이후 저는 생산과정에서 산 노동을 착취해서 자본을 축적하는 현상과 더불어 강탈에 의한 축적이 이루어지는 현상에 대해서 글을 자주 썼습니다.

젠트리피케이션

제가 말하는 강탈에 의한 축적은 원시적인 축적을 의미하는 것이 아닙니다. 원시적인 축적이란 민중들을 토지에서 내쫓고 공유지를 폐쇄한 다음, 민중들을 임금노동자로 만드는 것이죠. 저는 그런 축적을 말하

---

*   이탈리아의 경제학자이자 사회학자, 세계체계론자로, 1998년부터 존스홉킨스대의 사회학 교수로 근무했다. 대표작으로 《장기 20세기: 화폐, 권력, 우리 시대의 기원》이 있다.

는 것이 아니라, 특정 자본가 계층이 이미 축적된 재산을 탈취하거나 훔치는 방식으로 자본을 축적해가는 것을 말합니다. 이런 부류의 자본가들은 생산 부문에 대한 투자에는 관심이 없습니다. 이러한 강탈은 여러 가지 방식으로 진행됩니다. 저는 현재의 자본주의는 생산과정에서 산 노동을 착취하여 자본을 축적하는 방식과 달리, 강탈에 의한 축적에 점점 더 심하게 그리고 더 빠른 속도로 의지하고 있다고 생각합니다. 무슨 말일까요? 예를 들어보겠습니다. 《자본론》에서 마르크스는 자본의 집중화 속도가 빨라지는 현상에 대해서 검토하고 있죠. 이 과정에서 자본가들은 시장에서 쫓겨난 소규모 제조업자들의 자산을 훔치고 그것을 통합합니다. 인수와 합병은 요즘 거대한 산업 형태를 띠고 있죠. 거대 자본은 소위 송사리들을 인수해 집어삼키고는, 단순히 그 자본을 인수해 자신의 권력과 덩치를 키웁니다. 자본의 집중화에는 '법칙'이 있습니다. 거대한 자본을 가진 회사는 작은 회사를 인수하여 준독점적인 상황을 만듭니다. 그러고는 그 거대 기업이 다른 회사들을 모두 지배하여 독점가격을 매기는 것이죠.

예를 들어, 구글 같은 회사들이 어떻게 대기업이 되었는지 잘 아실 겁니다. 구글이 얼마나 많은 중소기업들을 인수해서 현재의 위치까지 팽창했습니까? 실리콘밸리는 이렇게 돌아갑니다. 사업가가 작은 앱을 개발해서 작은 개인회사를 차립니다. 그러면 언젠가는 대자본을 가진 기업이 그 회사를 사들이죠. 그 회사는 거대한 재벌의 부속물이 되어버리는 것입니다. 기업들은 노동자들을 고용해서 자본을 축적하는 것이 아니라 다른 회사의 자산을 인수하고 그것을 수탈하여 자본을 축적

합니다. 마르크스는 신용 시스템이 자본의 집중화를 이루는 주요 수단이 돼가고 있다는 것을 알아차렸습니다. 기업담보차입매수는 요즘은 흔한 일이 됐습니다. 기업담보차입매수 및 인수를 촉진하는 온갖 전략들이 난무합니다. 경제의 어떤 부문에서 유동성의 흐름이 차단되면 기업들은 부채를 상환하는 것이 불가능하지는 않을지라도 어려워집니다. 그러면 사업은 상당히 잘 되지만 파산에 빠질 수밖에 없죠. 은행과 금융업체들은 이런 사업체를 사들이는데, 유동성이 회복되면 어마어마한 이익을 봅니다. 1997-98년에 동아시아 및 동남아시아에서 일어났던 금융위기가 바로 이것입니다.

미국의 주택 위기 때도 이와 비슷한 일이 일어났습니다. 자신이 사는 집이 압류되어 자산가치를 포기할 수밖에 없는 사람들이 많이 생겼습니다. 나중에 밝혀졌지만 그 과정이 불법적이었던 경우도 있었죠. 주택 소유자들 중 담보 대출금을 내지 못해 싼 가격으로 집을 팔 수밖에 없는 이들이 무척 많았습니다. 그러자 블랙스톤 같은 사모펀드 회사가 단계적으로 그 압류된 주택을 헐값에 사들였습니다. 블랙스톤은 단숨에, 전 세계 제일은 아닐지라도, 미국에서 제일 큰 임대회사가 되었습니다. 이 회사는 현재 수많은 주택을 임대해서 엄청난 이익을 내고 있죠. 주택시장이 회복되자(회복세는 지역에 따라 달라서, 샌프란시스코나 뉴욕은 상당히 빨리 회복됐지만 다른 곳은 그렇지 못했습니다) 이 주택들을 팔아 막대한 이익을 내기도 했습니다. 이렇게 생산은 전혀 하지 않으면서 자본을 축적하는 분야가 경제의 상당 부분을 차지합니다. 자산가치를 교환하면서 생기는 이익을 챙기는 것이죠. 그러나 이 경우 자산가치의 교환이란 것은 어느 시점에 시장의 메커니즘에 의해 그 가치가 평가절하되는 상황을 수반합니다. 그 자산은 결국에는 가치가 재평가되는데, 이 재평가된 가치 때문에 이익을 보는 것은 바로 사모펀드 회사죠.

이런 자본의 축적은 생산과는 전혀 관계가 없습니다. 이 과정을 아주 세심히 살펴보면, 우리 사회의 부富란 것이 대부분 이런 방식으로 탈취되어 교환되고 있다는 사실을 알 수 있습니다. 자본의 축적이 자산가치를 계속 올리는 재평가 과정을 통해서 이루어진다는 것을 의미합니다. 자본의 축적은 이제 생산에 얽매여 있지 않습니다. 자산가치를 조작해서 교환하는 것에 기대고 있죠. 비슷한 과정이 다른 방식으로 일어나는 것도 볼 수 있습니다. 예컨대, 도시의 어떤 지역의 질이 좋아지면 이른바 젠트리피케이션이 일어납니다. 저소득층은 그 지역에서 축출되는 것이죠. 어떻게 그런 일이 일어날까요? 그 수단 중의 일부는 합법적인 것이지만 어떤 것은 수상한 면이 있고 또 어떤 것은 완전히 불법입니다. 물론 집주인들은 기가 막힌 방법으로 건물에서 세입자들을 쫓아냅니다. 1970년대에는 건물에 불을 질러 보험료를 타내고선 고급 지역으로 재개발하는 터전을 닦기도 했습니다. 어느 날 밤 뉴욕의 한 라디오방송에서 나왔던 유명한 멘트가 바로 '브롱스가 불타고 있다the Bronx is burning'*

---

* 1977년 브롱스의 양키스타디움에서 치러진 미국프로야구 월드시리즈 경기 중 해설자가 브롱스 곳곳에서 연기가 치솟는 걸 보고 한 멘트. 1970-80년 사이에는 브롱스의 건물들 다수가 건물주에 의해 불에 타거나 버려지는 사태가 빈번하게 발생했다.

였죠. 이렇게 사람들을 쫓아내는 방법들은 전 세계 자본주의 체제의 도시 지역에 널리 퍼졌습니다. 쫓겨난 사람들은 보통 멀리 도시 변두리로 나가서 살게 되죠.

온갖 종류의 자본축적

이것은 다소 마르크스가 말한 원시적인 축적처럼 보이기도 하지만, 임금노동을 만들어내려고 이런 일을 벌이는 것이 아니라는 점에서 다릅니다. 자본이 들어올 공간을 만들어내려고 이런 일이 벌어지는 것입니다. 도시의 특정 지역을 젠트리피케이션을 통해 도시화하고 이를 이용해 자본을 축적하는 전략인 것이죠. 이것이 바로 강탈에 의한 자본축적입니다. 사람들은 자신의 권리, 즉 적절한 지역에서 살 권리를 강탈당합니다. 일하러 가려면 시간이 오래 걸리는 변두리 지역으로 쫓겨나는 것입니다. 그래서 또다시 퇴출과 축출 현상이 일어나는 것을 볼 수 있습니다. 토지에서도 이와 유사한 현상이 벌어집니다. 이를 '토지 수탈'이라고 부릅니다. 아프리카와 라틴아메리카 전역에서 벌어지고 있는 현상이죠. 자본은 항상 투자하면 이익이 나올 만한 곳을 찾아다닙니다. "자, 이것 봐, 미래는 토지를 장악하고 토지의 자산을 장악하는 데 달려 있는 거야. 토지에서 나오는 원자재와 광물 그리고 토지의 생산성을 장악하는 데 달려 있다는 의미지." 거대 자본을 가진 자들은 더 독점화 작업에 나서고, 부는 직접 생산하는 자들이 아니라 토지를 소유한 자들의 품에 집중화되는 법이죠.

강탈에 의한 자본축적이 또 다른 방식으로 일어나고 있습니다. 미국에서 취직한 사람들은 흔히 건강보험과 연금을 고용계약에 포함합니다. 이러한 권리들은 극히 중요합니다만, 이 역시 현대사회에서 위협받고 있는 권리입니다. 자본주의가 발달한 곳에서는 특히 그렇죠. 그런데 중국에서도 이런 문제들이 제기되고 있습니다. 연금에 대한 권리는 미래 소득에 대한 권리이죠. 자신이 연금기금에 기여한 액수를 바탕으로 보장된 금액을 미래에 받는 것입니다. 그러나 건강보험기금이나 연금기금을 운영해서 미래에 계속 보험료나 연금을 지불할 수 없다는 것을 깨달은 기업이 많습니다. 그래서 대기업들이 그 의무를 털어버리려고 합니다. 주요 항공사들이 이 분야에서 두각을 나타내고 있죠. 유나이티드항공이 파산을 선포합니다. 아메리카항공도 파산을 선포합니다. 파산을 선포했다고 해서 비행기 운항을 중단하는 것이 아닙니다. 파산법 제11장에 따른 파산 보호를 신청해서는, 판사의 지도 아래 자신의 전반적인 의무조항에 대해서 재협상에 들어갑니다. 이 사람들이 말하는 것은 뻔합니다. "우리는 과거의 의무조항을 없애야만 운항을 재개할 수 있습니다." 판사의 대응도 뻔합니다. "그게 무슨 의미죠?" 대답은 이렇습니다. "연금과 건강보험에 관한 회사의 의무조항을 없애야 하죠." 이렇게 해서 회사는 의무조항 두 개를 없애버리고 직원들은 연금을 받을 권리를 빼앗깁니다. 연금이 없어지는 거죠. 미국의 연금보험기금에서는 이렇게 말합니다. "유나이티드항공이나 아메리카항공이 연금 시스템을 포기한다면 국가가 대신 연금을 지급하겠습니다." 그러나 국가는 보통 사람들이 예상하는 가치대로 지급하지 않습니다. 아메리카항공에서 근무하는 사람이 연금으로 1년에 8만 달러를 받을 것으로 기대하고 있었다면, 국가는 4만 달러밖에 주지 않습니다. 그것으로는 생활하기 아주 어려운 사람들이 많습니다. 요즘은 이렇게 연금 생활자들의 돈을 빼앗아 자본을 축적하는 일이 아주 중요한 자본축적의 방식이 되고 있습니다. 그리스에서는 이런 일을 당한 사람이 많습니다. 그리스에서 3년 전에 은퇴한 제 동료는 지난달에야 겨우 첫 연금을 받았습니다. 국가가 관리하는 기금이 제대로 투자하고 관리하지 않아서 3년 동안 연금을 한 푼도 받지 못했던 것입니다. 전 세계적으로 연금에 관한 문제가 크게 대두되고 있습니다. 대자본가들은 과거에 약속했던 연금을 받을 직원들의 권리를 박탈하여 자본을 축적하고 있는 것입니다.

강탈의 기술들

현재 우리 주위에는 이런 온갖 종류의 자본축적들이 횡행하고 있습니다. 마르크스가 자본의 기원에 관한 글을 쓸 때 있었던 것들과는 다르죠. 이것들은 원시적인 자본축적 같은 게 아닙니다. 자본주의 체제하에 이미 형성되어 분배되었던 가치를 대중으로부터 빼앗아 재분배하는 것입니다. 부가 몰리는 기업 및 최상위 10%의 거대한 자산을 더욱 늘리는 방향으로 이루어집니다. 우리는 강탈에 의한 자본축적에 대해서 심각하게 생각해야 합니다. 현재 자본이 재생산되는 주요 메커니즘이 바로 이것이기 때문입니다. 물론 강탈에 의한 자본축적은 인류 역사에 항상 있었으며 항상 심각했죠. 사라진 적이 없습니다. 마르크스가 17세기, 18세기의 원시적인 형태의 자본축적에 관해서 글을 쓴 이래 강탈에 의한 자본축적의 요소는 이미 있었으며, 당시부터 지금까지 계속되어왔죠. 그러나 특히 1970년대부터는 고용 및 생산을 통한 노동 착취로 가치를 생산하는 대신 강탈에 의해 자본을 축적하는 방식으로 점점 더 이동하고 있습니다. 이런 현상 때문에 현재 우리가 처해 있는 자본주의 사회의 본질에 대해서 흥미로운 질문을 던지게 됩니다. 강탈에 의한 자본축적에 대항하는 투쟁을 어느 정도까지 해야 될까요? 물론 현재 반젠트리피케이션 운동이 광범위하게 일어나고 있죠. 그래서 자신들이 입지가 좋은 장소에서 밀려나거나 쫓겨나는 것을 막으려고 합니다. 연금이나 건강보험을 잃어버리는 것에 대항하려고 하죠. 토지 수탈을 막으려는 투쟁도 벌어집니다. 마르크스는 17세기, 18세기에 부유층이 국가권력을 동원해 민중들의 토지를 강탈한 사실에 대해 얘기했는데, 현대의 토지 수탈은 이것과 궤적을 같이합니다. 우리는 현대에 여러 형태의 강탈이 팽창하고 다변화되는 것을 목격하고 있습니다. 예를 들어봅시다. 미국에서 최근에 개혁된 조세 법률들을 살펴보면, 조세 조정을 통해 부와 권력이 재분배되고 있으며, 과거 존재하던 권리가 강탈당하고 있음을 알 수 있습니다. 가치는 더욱더 기업과 부유한 계층으로 흐르면서 나머지 민중들을 모두 희생시킵니다. 따라서 현재의 조세 법률은 강탈에 의한 자본축적의 도구입니다.

    강탈의 기술에는 여러 가지가 있습니다. 현 상황에서 강탈에 의한 여러 자본축적 방법, 또 이러한 강탈이 일어나는 여러 메커니즘에 관해서 철저히 조사해놓는 것이 중요할 것입니다. 지금은 자본주의가 처음 생길 때 저질렀던 원죄가 부메랑이 되어 돌아오는 순간입니다. 원시적 자본축적은 폭력, 거짓말, 사기, 속임수 등에 의해서 자행됐습니다. 그런데 2007-08년 미국 주택시장에서 일어났던 일들을 살펴보면, 대부분 민중들을 불법적으로 강탈해서 벌어진 것들입니다. 폭력과 사기와 음모론과 피해자를 가해자로 모는 거짓말이 난무했습니다. 이런 수단들은 현재 자본가계급과 이들과 동행하는 정치권력자들이 흔히 사용하는 방법으로 정착되었죠. 강탈에 의한 자본축적은 우리의 현 경제체제가 굴러가는 데 필수적인 요소가 되었습니다. 물론 이에 대한 저항도 만만치 않죠. 하여간 우리 경제에는 엄청난 지각변동이 일어나고 있어서 경제성장의 결실이, 노동과정을 조직화해서 잉여가치를 착취하고 절취하는 보다 고전적인 수단을 통해 흡수되는 것이 아니라, 강탈에 의한 자본축적으로 빨려 들어가고 있습니다.

원시적인 축적과 강탈에 의한 축적의 공통점은 최근에 거대한 파도처럼 국가 및 공공의 재산이 민영화되는 물결이 일었다는 데 있습니다. 마거릿 대처는 정권을 잡자마자 공영주택을 끌어모을 수 있는 대로 다 끌어모아서 민영화 작업에 착수했을 뿐만 아니라, 상수도, 교통 등 공공재와 국영기업까지 모두 민영화로 돌렸습니다. 거의 모든 공공자산은 헐값으로 팔려나갔으며 민간기업들은 이때를 자신의 배를 불리는 기회로 삼았습니다. 이렇게 공공자산을 탈취하는 속도는 굉장히 빨라졌죠. 그리스 정부는 위기가 닥치자 금융 지원을 받기 위해 국유 자산을 모조리 민영화해야 했습니다. 빚에 허덕이는 국가 재정을 안정화하기 위해서는 파르테논신전까지도 팔아서 민영화해야 한다는 제안도 나왔습니다.

상인자본이 다시 권력의 중심으로(산업 생산자본에 비해 상대적으로) 등장하고 있습니다. 상인자본은 부를 도용하는 뚜렷한 메커니즘으로 무장하고 있죠. 구글 같은 회사는 새로운 차량을 생산하는 과정에서 디자인을 일부 담당하고 있습니다만 구글이 하는 일은 대부분 시장 메커니즘을 통해서 도용하는 것입니다. 거대한 상인자본은 이런 일을 저지르는 것입니다. 애플도 생산 단계 시점에서 생산 가용 시설을 조직화하는 게 아니라 시장에서 도용하는 상인자본주의의 행태를 통해 엄청난 존재로 부상했습니다. 산업자본주의는 어떤 면에서는 점점 더 상인자본주의 및 지주형 자본주의에 굴종하고 있죠. 지주형 자본주의 및 상인자본주의가 돌아가는 메커니즘은 생산 역량을 조직하고 생산할 때 산 노동을 착취하는 행태가 아니라 더욱더 도용하고 강탈해서 축적하는 행태를 띠고 있습니다. 이것이 바로 우리의 자본주의 사회가 나아가고 있는 모습입니다. 이것은 고전적인 좌파 조직의 기술로 길들일 수 없는 사회입니다. 이것은 전혀 다른 정치적 기구 및 프로젝트로 길들여야 하고, 현재 이루어지고 있는 것과는 다른 정치적 항의 형태를 동원해서 힘을 불어넣어 길들여야만 합니다.

13

생산과 실현

Production and Realization

* 코로나바이러스로 도시가 봉쇄되기 전에 이 강의를 했습니다.

정말로 관심을 가져야 하는 것은 지구온난화와 온실가스 배출입니다.

반자본주의 투쟁은 생산 시점에서도, 시장에서 현금화가 실현되는 시점에서도, 노동력의 사회적 재생산뿐만 아니라 전반적인 생활양식의 사회적 재생산까지 포함하는 사회적 재생산의 문제에서도 존재합니다. 저는 여기서 생산과 실현의 문제를 주제로 삼고 싶습니다. 마르크스 이론에서 이 문제를 생각할 때는 보통 공장을 착취가 벌어지는 장소로 취급합니다. 공장은 자본이 설립하고 조직하며 지배하는 곳으로, 노동력이 집단화되는 곳이죠. 여기서 잉여가치와 함께 가치가 생산·재생산됩니다. 이제까지 사람들은 주로 이런 공장 시스템을 토대로 사고했습니다. 그러나 공장이 사라지면 어떻게 되는 것일까요?

패스트푸드업 노동자

미국이나 유럽처럼 자본주의가 발달한 나라는 탈산업화 과정을 겪었기 때문에 공장의 중요성이 작아지고 있습니다. 그래서 우리는 현재 다음과 같은 흥미로운 문제에 직면하게 됩니다. 노동자계급은 어디에 있는가? 도대체 누가 노동자계급에 속하는가? 이 문제에 대해 살펴보기에 앞서 틀에서 벗어난 제안을 하나 하겠습니다. 우리 한번 '계급'이란 용어를 빼고 그냥 '노동하는 사람들'이라고 말해봅시다. 제가 이런 제안을 하는 이유는, '노동자계급'이란 용어에는 노동이 벌어지는 일정한 상황이 내포되어 있지만, '노동하는 사람들'이라고 하면 이 문제의 폭을 넓혀서, 누가 노동자계급인지, 노동자계급은 무엇을 하게 되는지, 현 시점에서 노동자계급의 힘은 무엇인지, 이런 문제에 관해 전혀 다른 아이디어를 낼 수 있을 것 같기 때문입니다.

    1970년대 이후의 탈산업화 때문에 육체노동 일자리는 대부분 사라졌습니다. 제가 제일 잘 아는 미국과 영국의 예를 들어보겠습니다. 두 나라의 경우 모두 기술 변화로 일자리가 많이 없어졌습니다. 지난 30년 내지 40년에 걸쳐 없어진 일자리의 약 60%는 기술 변화 때문이었죠. 그 나머지는 주로 오프쇼링off-shoring, 즉 임금이 싼 중국, 멕시코 등지로 저임금 일자리를 보내버린 것 때문입니다. 그런데 기술이 변화하면서 대규모 노동력이 겨우 한 줌밖에 안 되는 수준으로 줄어든 경우가 많습니다. 예를 들어, 제가 1969년도에 볼티모어에 갔을 때는 3만 명이 넘는 직원을 고용하고 있는 제철소가 있었습니다. 1990년대에 그 제철소의 강철 생산량은 똑같았지만, 직원은 5천여 명에 불과했죠. 2000년대에 들어서면 제철소는 아예 문을 닫거나, 누가 인수해서 다시 문을 열었다고 해도 직원은 천 명밖에 되지 않았습니다. 철강 노조는 제가 1969년도에 처음 알았을 당시 볼티모어에서 굉장히 막강한 기구였지만 지금은 주로 은퇴자 및 연금 생활자를 상대하고 있습니다. 이제 철강 노조는 볼티모어 시에서 정치적으로 거의 존재감이 없는 기구입니다.

    따라서 노동자계급은 사라졌다고 말하기 쉽습니다. 그러나 다시 잘 생각해보면 사라진 것이 아닐지도 모릅니다. 이제는 전과 같은 것을 만들어내지 않을 뿐이며, 전과 같은 일을 하지 않을 뿐입니다. 예를 들어봅시다. 우리는 자동차를 조립하거나 철강을 만드는 것은 당연히 노동자계급이 하는 일이라고 말하지만, 햄버거 만드는 것을 노동자계급의 일이라고는 하지 않습니다. 그러나 고용 자료를 들여다보면 맥도날드, KFC, 버거킹 같은 업종에서 고용이 엄청나게 증가하고 있음을 알 수 있습니다. 이 노동자들은 자동차 조립공들처럼 가치를 생산하고 있는 것입니다. 이들은 강철이나 자동차가 아니라 조리 식품을 생산하고 있는 것이죠. 우리에게는 이러한 '새로운' 노동자계급이 있습니다. 최근에 패스트푸드업 노동자들은 조직을 만들어 적극적으로 행동하기 시작했습니다. 패스트푸드업 노동의 성격상 조직 자체가 힘들긴 하지만 말이죠.

이런 새로운 형태의 노동이 널리 퍼지고 증가하자 마르크스가 말한 대로 '즉자적卽自的 계급class-in-itself'*이 형성됐습니다. 이 계급은 현재 '대자적對自的 계급class-for-itself'**이 되고 있는 중입니다. 맥도날드를 상대로 최저시급 15달러를 요구하기 시작했으며 생활임금으로 그 이상을 요구하는 분위기가 일면서 대자적 계급이 형성되고 있는 것이죠. 패스트푸드 생산업계는 크게 동요하고 있습니다. 뿐만 아니라 우리는 소규모 식당의 소유주와 직원들도 모두 같은 방식으로 봐야 합니다. 뉴욕을 다른 산업형 도시에서 생산된 가치를 먹고사는 기생 도시로 생각하는 경우가 많았습니다. 하지만 사실 뉴욕은 엄청난 가치가 생산되는 도시입니다. 식당 직원 같은 형태의 고용을 생각해보면 이 숫자는 엄청나게 증가했으며, 따라서 가치의 생산도 엄청나게 증가했다는 것을 알 수 있

---

*   동일한 경제적 조건을 가진 개인들의 단순한 집합
** 즉자적 계급의 개인들이 계급의식을 갖게 되면서 형성한 정치적 공동체

습니다. 이런 종류의 산업은 고도로 노동집약적이라서 결국은 인공지능에게 일자리를 빼앗길 수도 있죠. 하지만 지금 이 순간에는 굉장히 중요한 의미를 갖는 고용의 중심지라고 할 수 있습니다. 40년 전에는 자동차와 철강 산업이 사람들을 대규모로 고용했기 때문에 제너럴모터스, 포드 등이 중요했지만, 지금은 KFC, 맥도날드 등의 체인점들이 노동자를 제일 많이 고용합니다. 새로운 노동자계급은 이런 곳에서 만날 수 있죠. 하지만 이런 곳의 일자리는 임시직인 경우가 많아서 사람들은 잠시 일하다 떠납니다. 따라서 노동자들을 조직화하기가 힘들죠. 하지만 지금은 SNS를 이용해서 조직화할 수 있는 가능성이 보이고 있으며, 따라서 이 분야에서 정치적 가능성을 엿볼 수 있습니다.

공항 노동자

얼마 전 또 다른 가능성을 엿볼 수 있는 일을 겪었습니다. 저는 댈러스를 이륙하는 비행기 안에서 창밖을 내다보고 있었죠. 비행장의 노동자들이 보였습니다. 갑자기 공항에서 일하는 수많은 사람들에 관해 생각하게 되었습니다. 마르크스의 이론에 따르면 운송업은 가치를 생산합니다. 그래서 운송업에 종사하는 사람, 즉 사람과 상품을 세계의 이곳에서 저곳으로 옮기는 사람은 누구나 사실상 생산적인 노동계급의 일원입니다. 그러나 공항에 어떤 노동이 벌어지는지 한번 살펴봅시다. 비행기를 밀어서 꺼내는 사람들이 있습니다. 비행기에 짐을 싣고 내리는 사람들도 있죠. 우리를 비행기에 태우고 내리는 일을 전담하는 사람들도 있습니다. 비행기를 운행하고 청소하는 사람들도 있죠.

공항의 노동 구조를 살펴봅시다. 노동자들은 보수를 많이 받지는 않지만, 아주 독특한 그들만의 힘을 갖고 있습니다. 그런데 갑자기 떠오른 생각이 또 하나 있었습니다(이후로는 어떤 공항에 가더라도 이 생각을 하게 되었죠). 미국 공항이 제대로 돌아가게 일하는 사람들이 도대체 누구인지 자세히 살펴보면 유색인종이 상당히 많다는 것을 알 수 있습니다. 그중에서도 아프리카계 미국인, 즉 흑인들이 많죠. 라틴계도 있고 동유럽이나 러시아에서 최근에 이민 온 백인들도 있습니다. 무엇보다 여성들이 많습니다. 그런데 공항에서 일하는 노동자 집단을 조사하면 현재 노동자계급의 구성단위에 대해서 아주 흥미로운 추론을 할 수 있을 것 같다는 생각이 퍼뜩 떠올랐습니다. 이 계급의 다수는 여성, 흑인, 그 외 유색인종, 이민자(특히 라틴계) 등의 임금노동자입니다. 다양한 인종, 성별, 계급의 정체성은 뚜렷하게 간직하면서도 이들의 상호 이해관계는 하나의 선상에서 융화되어 있습니다.

이 사람들은 임금을 얼마나 받고 있으며, 어떤 사회보장 조건에서 살고 있을까요? 이들은 노조도 없는 데다 보수도 형편없습니다. 그래서 저는 이런 상상을 해봅니다. 공항 노동자들이 모두 어느 날 갑자기 일을 하지 않기로 결정하여 공항이 폐쇄된다고 가정해봅시다. 미국의 여섯 개 도시, 즉 로스앤젤레스, 시카고, 애틀랜타, 뉴욕, 마이애미, 댈러스-포트워스의 공항이 한꺼번에 노동자들의 요구가 관철될 때까지 폐쇄된다면 곧장 전국의 기능이 마비될 것입니다. 트럼프는 2019년 1월에 한

달 동안 연방정부를 폐쇄하는 것이 좋겠다고 결정했습니다. 그러던 어느 날(아마 수요일이었던 것 같습니다) 미국의 공항 세 곳의 기능이 정지됐습니다. 미 연방항공청 소속 관제사들이 수개월 동안 월급을 받지 못해 생계를 유지할 수 없었고 결국 상당수가 출근하지 않았습니다. 그러자 뉴욕 라과디아공항과 다른 두 공항에서 출발하는 비행편이 다수 취소되었습니다. 흥미롭게도, 1982년 레이건도 공항의 항공관제사들을 때려잡는 것으로 노조 탄압의 신호탄을 삼았습니다. 트럼프를 비롯한 행정부 관료들은 순간, 이런 상태가 계속되면 사나흘 안에 미국 공항 대부분이 폐쇄될 것으로 내다봤을 겁니다. 미국에서 공항이 폐쇄된다는 것은 자본의 흐름이 막힌다는 것을 의미합니다. 따라서 공항 노동자들은 엄청난 정치적 권력을 지닐 수 있는 것입니다. 공항 노동자들이 조직화된다는 것은 미국 노동운동의 핵심을 이루는 흑인, 라틴계 및 여성 노동자들이 조직화된다는 것을 의미할 뿐만 아니라, 이들의 요구가 충족될 때까지 이 조직이 자본주의 경제체제에 심각한 타격을 안겨줄 수 있다는 것을 의미합니다. 그렇다면 여기서 이런 질문이 따라옵니다. 이러한 연대 조직이 무엇을 요구할 것인가? 당연히 임금 인상을 요구해야겠죠. 사람다운 삶, 사람답게 살 수 있는 환경 속에서 삶을 영위해갈 수 있도록 말입니다. 공항 노동자들이 모두 연대하는 노동운동은 노동자계급의 정치적 힘을 구체적으로 정립할 수 있는 커다란 기회를 만들어주리라 생각합니다.

    이와 유사한 상황 몇 가지를 한번 생각해보겠습니다. 9·11 직후 사람들은 비행기를 타지 않았죠. 약 사흘 동안 모든 것이 조용했습니다. 그러자 당시 뉴욕 시장이었던 루돌프 줄리아니와 부시 대통령까지 TV에 나와 말했습니다. "제발 나와서 다시 쇼핑을 해주세요, 제발 나와서 다시 비행기를 타세요." 미국이 다시 움직이지 않으면 심각한 자본손실이 초래된다는 것을 이 사람들은 깨달았던 것입니다. 9·11 직후에는 폐쇄 조치를 취할 수밖에 없었지만 곧바로 다시 일하고 움직여야 된다는 절박한 요구가 생길 수밖에 없었습니다.

또, 아이슬란드의 화산 폭발로 대기 중 화산재가 너무 많아 대서양 횡단 비행편이 열흘 동안 중단된 적이 있었습니다. 당시 뉴욕에서 런던을 가려면, 리우데자네이루로 내려가서 마드리드로 날아갔다가 다시 런던으로 올라가는 수밖에 없었습니다. 저는 진짜 화산 폭발이 아니라, 공항 노동자들이 화산처럼 폭발하는 것을 상상해봤습니다. 그러나 그런 일이 일어나려면 공항 노동자들이 두 가지를 깨달아야 합니다. 첫째, 자신들에게는 공통의 이해관계가 많으며, 따라서 분명하게 주장해 쟁취하고자 하는 공통된 요구를 갖고 있다는 것을 인식해야 합니다. 둘째, 자신들에게는 이런 요구를 관철시키고자 하는 공통점 외에도, 공항을 폐쇄할 수 있는 엄청난 힘을 구축해왔다는 공통점이 있다는 것도 깨달아야 합니다. 과거에 이런 위협을 가하고 실제 행동에 나서기도 했던 사람들은 광부나 자동차 업계 노동자들이었습니다. 하지만 이제는 그럴 수 있는 힘이 다른 곳으로 이동했습니다. 그리고 그 힘은 예전처럼 강력하죠.

지구온난화

노동력의 구성단위가 변했습니다. 패스트푸드업 노동자뿐만 아니라 식당 노동자들을 모두 포함할 수 있는 조직이 있다면 좋을 것입니다 (패스트푸드업 노동자부터 시작하는 것이 좋기는 합니다). 현재 노동자계급의 선두에 있는 것은 자동차 산업 노동자가 아닙니다. 광부도 아닙니다. 영국의 전통적인 노동자계급을 정치적으로 대변하던 것은 탄광 노조였습니다. (어쨌거나 광부를 증오했던) 마거릿 대처는 탄광 노조를 철저하게 파괴했지만, 근본적으로 영국 탄광업은 폐쇄되었고, 전통적인 노동자계급의 정치도 그렇게 사라져갔습니다.

이러한 역사적 배경 속에서—'생산 활동 시점'에서 투쟁을 전개할 수 있는 힘을 갖고 있는—완전히 새로운 노동력의 구성단위에 대해서 우리는 생각할 준비를 해야 합니다. 그런데 생산 시점에서 투쟁한다는 것은 우리가 현재 살아가고 있는 생활양식과 동떨어진 것이 아닙니다. 따라서 '실현 시점'에서 벌어질 일도 똑같이 중요합니다. 공항 노동자들의 경우를 봅시다. 비행기를 타는 사람들은 점점 더 많아지고 있으며, 공항 산업은 굉장히 빠른 속도로 팽창하고 있습니다. 물론 미국만큼은 아니지만, 예를 들면, 중국에서도 사방에 공항을 짓고 있으며 비행기를 이용하는 사람들이 늘고 있어서, 아시아에서 비행편 횟수가 매우 증가하고 있습니다. 이런 현상 역시 어떤 특정한 생활양식이 개발되어야 일어날 수 있죠. 이 경우에는 돈만 있으면 어디든 비행기를 타고 날아갈 수 있다는 생활양식이 작용해야 하는 것입니다. 단체로 비행기를 타고 숙소를 이용하는 관광산업은 세계경제에서 가장 빠르게 성장하는 분야에 속합니다. 이것도 역시 생활양식입니다. 이러한 생활양식은 그것이 미치는 영향을 생각해야 합니다. 그중에서 우리가 정말로 관심을 가져야 하는 것은 지구온난화와 온실가스 배출입니다. 미국 본토를 한 번 가로질러 비행할 때의 가스 배출량은 1년 동안 차량 수천 대를 운행하는 것과 같습니다. 비행기가 온실가스 배출의 주범이죠. 자, 이런데도 우리는 항공교통에 의지하는 이런 생활양식을 계속 누리고 싶을까요? 여기서 우리는 문제의 핵심을 볼 수 있습니다. 비행기 여행이 증가하면 이 새로운 생활양식을 더욱 편리하게 만드는 노동자계급이 만들어집니다. 한편 비행기 여행의 증가는 그 자체가 마르크스가 말한 생산과 실현 사이의 모순된 통합에 갇히게 됩니다. 실현의 문제는 생활양식의 문제 및 새로운 필요와 욕구의 생산과 아주 밀접하게 관련되어 있습니다. 항공산업에서 새로운 필요와 욕구란 세계의 한곳에서 다른 곳으로 가고자 하는 여행에 대한 필요와 욕구를 뜻합니다. 이러한 것들은 서로 연결되어 있는 문제들입니다. 그러나 여기서도 우리는 실현의 세계에서 일어나고 있는 것, 새로운 필요·욕구의 출현 및 생활양식, 그리고 생산 시점에서 일어나고 있는 것 사이의 관계를 통찰해봐야 합니다. 생산 시점에서 어떻게 조직화할 것인가 하는 문제는 실현화 시점에서 일어나고 있는 특정 양상을 어떻게 다룰 것인가 하는 문제와 연결되어 있습니다. 현 경제체제는 바다와 모래사장, 태양, 섹스로 대변되는 낭만적 환상을 실현하는 데 혈안이 되어 구축되고 있습니다. 이 얼마나 놀랄 일입니까?

비슷한 문제가 사회적 재생산 분야에서도 일어나고 있습니다. 제가 1940년대 영국에서 자랄 때는 밥을 집에서 해 먹었습니다. 예외가 있다면, 금요일에 피시앤드칩스를 사 가지고 오는 것 정도죠(제가 가지고 간 신문지에 싸줬습니다). 그 외의 음식은 모두 집에서 했습니다. 지금은 전 세계의 많은 지역에서 조리된 음식이 상품화되어 시장에서 팔리는 시대가 됐습니다. 음식을 집에서 하지 않아도 되는 시대가 됐죠. 선택은 각 가정에서 하면 됩니다. 그럽허브Grubhub 같은 음식 배달 사이트를 통해 지역 식당에서 음식을 시켜 먹을 수 있습니다. 이런 형태의 영업은 급속하게 퍼지고 있습니다. 제가 지난번 중국에 갔을 때 음식을 배달하는 자전거가 엄청나게 많은 것을 보고 놀랐습니다. 중국에서 음식 배달이라니! 이런 식으로 조리 식품이 상품화되어 시장에 나왔습니다. 이것은 좋은 일일 수도 있고 나쁜 일일 수도 있어서 그 장단점에 대해 토론할 수도 있습니다. 그러나 이와 관련하여 제일 중요한 문제는 우리가 현재 말하고 있는 생활양식입니다. 버거킹이나 맥도날드 등 패스트푸드 산업에 더해 이러한 대규모 외식산업이 생겨나고 성장했다는 것은 미국인의 일상생활에 엄청난 영향을 끼쳤다는 것을 의미합니다. 이것들을 모두 종합해서 큰 그림을 그리려고 하면, 생활양식의 질, 이러한 생활양식에서 일어나는 특정한 형태의 공급, 그 원인 등이 사회적 재생산 과정을 급격하게 재정립하고 있다는 것을 인정해야만 합니다. 과거에 가정에서 요리를 담당한 사람은 대부분 여성이었습니다. 현재는 집에서 음식을 만들지 않습니다. 이제 집에서 음식을 만들지 않아도 된다? 이는 사실상 부엌에 갇혀서 온갖 일을 감내해야만 했던 여성 차별에 일대 타격을 안겼습니다. 사람들이 패스트푸드나 배달 음식을 먹으면서 부엌일이 대폭 줄었고, 여성이 부엌 노동으로부터 해방되자 공항 등의 노동력에 흡수되는 여성들이 많아졌습니다. 그렇다고 해서 집안일이 사라졌다거나 가사에서 성차별이 없어졌다는 것은 아닙니다. 하지만 실현의 정치 및 노동의 분업과 관련된 사회적 재생산의 통합은 지난 세대를 거쳐 혁명적으로 변화됐습니다.

이 모든 양상에 대해 '무엇을 해야 할 것인가?'라는 정치적 질문을 할 때 우리는 사실 이렇게 자문해야 합니다. '이런 새로운 생활양식의 등장에 대해 우리는 구체적으로 무엇을 해야 할 것인가?' 패스트푸드, 공항, 택배 분야 등에서 강력한 노동조직이 등장할 수 있다면, 그 새로운 노동력이 정치적 목적을 위해 어떻게 힘을 집결할 수 있는지 그 방법을 고민해야 합니다. 자본축적과 자본구조에 함몰된 사회질서에서 벗어나, 훨씬 더 사회적이고 협동적이며 급속한 자본축적에 휘말리지 않는 사회로의 전환을 그려봐야 합니다. 그러나 어떻게 그런 사회를 이룰지, 바로 그것이 문제입니다.

14

탄소 배출과 기후변화

Carbon Dioxide Emissions and Climate Change

당신들은 100년 동안 온실가스를 배출해 지금의 자리에 왔으면서
왜 우리는 그러면 안 됩니까?

살다 보면 자신이 알고 있던 것을 모조리 바꾸고 자신의 신념을 송두리째 뒤엎게 되는 순간이 있습니다. 저의 경우에는 누군가의 이론을 접하면서 이따금 그런 순간을 경험합니다. 마르크스가 말하고자 하는 것이 무엇인지를 깊이 들여다보면서 그런 순간을 자주 경험했죠. 하지만 어떤 때는 단순한 정보 하나로 그런 순간을 맞이하기도 합니다. 저는 4개월 전에 어떤 정보를 접하고는 너무 충격을 받아 문자 그대로 머리가 띵해졌으며, 제가 여태껏 견지했던 신념이나 입장에 대해서 깊이 생각하게 됐습니다. 미 국립해양대기청에서 발표한 그래프에 담긴 정보였습니다.

이산화탄소 농도 400ppm

그 그래프는 지난 80만 년에 걸쳐 대기에 포함된 탄소 농도의 변화를 보여주는 자료였습니다. 80만 년은 긴 시간 같지만 지질학적으로는 그렇게 긴 시간이 아닙니다. 그러나 한편으로 지구온난화와 빙하기를 포함할 수 있는 긴 시간이기도 하죠. 그런데 지난 80만 년 동안 지구 대기의 탄소 농도가 300ppm을 넘었던 적이 없습니다. 150에서 300ppm 사이를 오르락내리락했죠. 최고로 높았을 때가 300ppm이었습니다. 그런데 1960년대에는 300ppm이 보통이었고, 그후 60년 동안에는 300ppm에서 400ppm을 넘는 수준을 보이고 있습니다. 굉장히 가파른 증가 폭이죠. 지난 80만 년 동안 이런 적은 한 번도 없었습니다.

이것이 무엇을 시사하며 왜 이런 일이 일어났는지 저는 머리를 싸

매고 생각했습니다. 먼저 생각나는 것은, 도널드 트럼프가 이것에 대해 알게 되면 아마도 그는 이 자료를 발표한 미국 국립해양대기청을 없애버리거나 적어도 이런 종류의 정보는 발표하지 말라는 지시를 내릴 것이라는 점입니다. 다음으로는, 대기 중에 탄소는 이미 매우 높은 수치를 기록하고 있으며 이로 인해 지구상에 인류가 계속 생존할 수 없을지도 모른다는 점입니다. 지구상의 얼음이 하룻밤 사이에 녹는 것은 아니죠. 50년, 아니면 100년이 걸릴지도 모릅니다. 하지만 녹고 있습니다. 이것은 부정할 수 없는 사실입니다. 얼음이 녹으면 해수면은 급속도로 상승하고(그린란드의 빙원은 이미 줄어들고 있습니다) 히말라야의 만년설은 사라질 것입니다. 히말라야 만년설이 사라지면 인더스강과 갠지스강은 1년 중 일정 기간씩 마를 것입니다. 인도 아대륙은 전체적으로 고질적인 가뭄에 시달리고 전 세계가 기후변화에 따른 엄청난 고통을 겪게 될 것입니다.

이 400ppm은 어디서 온 것이며 무슨 일이 벌어져서 이렇게 된 것일까요? 그 대답 중 한 가지는 중국과 관련된 일이기 때문에 말하기가 좀 거북합니다만, 잠시 뒤에 말씀드리겠습니다. 우선, 기후변화에 관한 한 가지 중요한 역학관계에 대해서 인정해야 한다는 것을 말하고 싶습니다. 기후변화란 고삐 풀린 말처럼 날뛰는 성질을 가지고 있다는 것입니다. 기후변화 때문에 북극의 영구동토층이 녹을 경우 그 안에 묶여 있던 메탄가스가 방출됩니다(이미 녹고 있습니다). 그런데 메탄가스는 탄소보다 더 치명적인 온실가스입니다. 즉 지구의 온도를 한층 더 높이죠.

이 메탄가스가 방출되면 기후변화는 더욱 날뛰게 됩니다.

　미국 국립해양대기청의 자료 때문에 기후변화에 관한 제 태도와 행동 지침이 바뀌었습니다. 저는 여기서, 처음으로 환경문제를 의식했던 때부터 지금까지 60년간 이에 관해 제가 견지해온 입장을 되짚어보고 싶습니다. 제가 학생이었을 때는 인간의 삶을 지탱해주는 지구 자원이 고갈될 것이라는 우려가 상당히 많았습니다. 당시 사람들이 제일 심각하게 생각했던 것은 에너지자원이었죠. 특히 석유를 비롯한 화석연료의 고갈을 걱정했습니다. 1950년대에서 1960년대로 넘어가는 시점이었죠. 1960년대에는 자원에 대한 걱정이 더 심각해졌습니다. 1970년(처음으로 지구의날이 제정된 해)이 되자 천연자원 고갈로 성장에 한계가 올지 모른다는 불안이 팽배했으며, 오염 문제를 비롯해 지구가 쓰레기 처리장이 돼가고 있다는 걱정이 겹쳤습니다. 지구가 무한대로 각종 오염을 처리할 수 있는 능력은 없으며, 따라서 환경 위기가 곧 닥칠 것이라는 각종 논문과 자료들이 발표됐습니다.

　첫 번째 지구의날은 미국 재계가 환경문제에 눈을 뜨게 되는 역사적인 날이었죠. 《포브스》는 특별호를 발행해 환경의 한계성 주제를 다뤘습니다. 이 특별호의 첫 글은 리처드 닉슨 대통령의 원고였는데, '우리는 환경에 대해서 관심을 가져야 한다, 우리가 항상 환경을 지배할 수는 없다' 등의 내용이었습니다. 정치권력을 쥐고 있는 층에서 환경에 문제가 있을 수 있다는 인식이 있었던 것입니다. 《포브스》는 환경문제를 어떻게 풀어가야 하는지에 대해 그럴듯한 아이디어들을 제시했습니다.

특히 도시화의 경우 새로운 도시는 나무가 많은 도시로 디자인해야 한다고 했죠. 그러나 이는 오늘날 기업 분야에서 '그린워싱'*이라고 부르는 위장환경주의에 다름 아니었다는 증거가 많습니다.

환경적 재앙에 대한 책임을 자본주의에 묻는 보다 급진적인 운동도 있었습니다. 캘리포니아주 샌타바버라 해안에 원유가 유출되자, 그곳 대학생들이 쉐보레 자동차 한 대를 모래사장에 파묻었습니다. 화석연료를 과도하게 사용하고 그것에 지나치게 의존하는 것에 항의하는 상징적인 퍼포먼스였습니다. 1970년 첫 지구의날이 다가오자 시위가 많이 일어났죠. 패스트푸드 체인점 음식의 질, 공기의 질 등에 대해서 불안해하는 사람들이 많았습니다. 당시 저는 볼티모어에서 열린 지구의날 행사에 갔었습니다. 시민의 절반이 흑인인 이 도시에서 정작 그 행사에는 흑인이 거의 없었다는 사실에 저는 충격을 받았습니다. 참석자는 거의 중산층 백인들이었죠. 그 주에 저는 레프트뱅크 재즈클럽에 갔습니다. 그곳은 주로 흑인이 모이는 곳으로, 백인은 여기저기에 몇 명이 있는 정도였죠. 음악은 아주 훌륭했습니다. 연주자들이 환경에 대한 얘기를 하자 청중들이 크게 환호했습니다. "우리의 가장 큰 환경문제는 리처드 닉슨입니다." 이게 연주자들의 주제였죠. 정말이지 환경문제에 관한 인식 차는 엄청났습니다.

---

* 기업이 경제적 이익을 목적으로 상품의 친환경적인 특성을 과장하거나 허위로 꾸며 광고·포장하는 위장환경주의

입장의 변화

이 경험을 통해 저는 환경론자들이 사용하는 표현에 굉장히 거부감이 들었습니다. 특히 저는 지구의 종말이 다가오고 있다거나, 지구의 자원이 고갈되고 있다거나, 환경적인 재앙으로 모든 것이 괴멸될 것이라고 주장하는 일부 환경론자들을 경계했죠. 저는 항상 환경적인 종말론에 거부감을 갖고 있었습니다. 그렇다고 해서 제가 환경문제가 부적절하다거나 별거 아니라고 생각하는 것은 아니었죠. 환경문제에 매우 관심을 기울여야 하며, 문제가 생기는 즉시 처리해야 한다고 생각했습니다. 다만 그 당시에 떠돌기 시작해서 지금까지도 우리 주위에 머물고 있는 종말론적 사고에 동의하지 않았을 뿐입니다. 환경문제를 종말론적으로 볼 것이 아니라, 심각하게 받아들여서 규제와 실천을 통해 대기 및 수질오염, 탄소 농도 등을 처리하는 방향으로 관리하면 된다고 생각했습니다. 내일 당장 해결하지 않으면 모든 것이 붕괴된다는 식의 공황에 빠지지는 말자고 생각했습니다.

1970년대에 줄리언 사이먼Julian Simon, 1932-1998이라는 경제학자와 폴 에얼릭Paul Ehrlich, 1932-이란 환경론자가 유명한 내기를 한 적이 있습니다. 폴 에얼릭은 현재 세계는 인구과잉이어서 자원이 고갈될 것이며, 식품 공급이 줄어들어 재앙이 초래될 것이라고 주장했습니다. 줄리언 사이먼은 그런 시나리오를 부정했죠. 그래서 두 사람은 내기를 했습니다. 줄리언 사이먼은 10년 후에 생필품 가격은 모두 하락할 것이며, 이는 자원 부족 사태가 일어나지 않는다는 것을 의미한다는 데 돈을 걸었습니다. 폴 에얼릭은 그 반대였죠. 10년 후에 생필품 가격을 검토한 결과 줄리언 사이먼이 내기에서 이겼습니다.

나중에 어떤 사람들은 폴 에얼릭이 내기에서 진 이유는 연도를 잘못 골랐기 때문이라고 지적했습니다. 다시 말하자면, 상품 가격이 특히 높은 연도를 고르면 10년 후에는 가격이 내려갈 확률이 높다는 것이죠. 상품 가격이 낮은 해를 고르면 그 반대의 결과가 나오고요. 1980년도에 내기를 했다면 1990년에는 가격이 올라가 폴 에얼릭이 내기에서 이겼을 거라고 이 사람들은 주장했습니다. 이런 유의 질문은 여러 가지가 있는데, 대표적인 것은 다음과 같습니다. '우리는 환경적으로 어려운 상황에 처해 있는가, 아닌가?' 이 질문은 오랫동안 우리 주위를 맴돌았습니다. 미래를 낙관하는 사람들은 이렇게 말합니다. 인간들이 무슨 짓을 하더라도 우리 환경은 그것을 다 흡수할 수 있는 여력이 있다고요. 종말론적인 시나리오를 쓰는 사람들은 환경적인 재앙이 벌어질 것이라고 말합니다. 2백 년 전에 맬서스도 이런 내기를 했습니다. 세계의 인구는 복리이자처럼 증가할 것이고, 결국 자연 자원의 한계에 부딪혀 전 세계적으로 기근과 가난이 창궐할 것이며, 사회적인 타락, 폭력, 전쟁이 따를 것이라고 말이죠.

이런 종류의 논란은 오랫동안 계속되어왔습니다. 저는 언제나 입장이 똑같았습니다. 환경문제는 심각하게 고려해야 하지만 종말론적인 미래를 그리는 것은 회의적인 시각으로 보는 입장이었죠. 그러나 탄소 농도가 400ppm이며, 지난 80만 년 동안 300ppm을 넘은 적이 없었다는 자료를 보고 완전히 바뀌었습니다. 400ppm이 넘었다는 것은, 이제 탄소 배출 증가율을 살피고 제어할 것이 아니라 대기 중에 이미 존재하고 있는 온실가스 농도의 절대량을 살펴야 할 때라는 것을 말해줍니다. 대기 내 온실가스가 현재 수준이면 대기의 건조가 가속화되며, 지구의 기온이 급속하게 상승하고, 해수면이 가파르게 상승하며, 기상이변의 발생 빈도가 높아지는 일련의 현상들이 이어질 게 뻔합니다. 현재 우리가 주로 논의하고 있는 탄소 배출량의 증가율을 억제하려는 정책은 바뀌어야 합니다.

다시, 변화율 대 총량

현존하는 온실가스(탄소와 메탄)의 농도를 줄여야 하는 절박한 문제가 우리를 기다리고 있습니다. 저는 9장에서 변화율로 세상을 바라보는 것과 절대적인 총량의 변화로 세상을 바라보는 것의 차이에 대해서 얘기했습니다. 가지고 있는 수준이 낮으면 아무리 변화율이 높다고 해도 그것이 미치는 영향은 미미하고, 가지고 있는 총량이 아주 많으면 변화율이 작아도 총량의 변화는 어마어마합니다.

그런데 최근 대기 중에 증가한 탄소는 어디서 온 것일까요? 자료를 들여다보면 2000년 이후에 중국이 개발되면서 그 양이 증가한 측면이 있다는 것을 알 수 있습니다. 중국의 개발에는 필연적으로 거대한 사회기반시설의 개발이 수반됐죠. 저는 중국의 시멘트 사용량에 관한 그래프를 인용하는 것을 좋아합니다. 중국은 2년 반 동안 미국이 100년 동안 사용한 양보다 45%나 더 많은 시멘트를 사용했습니다. 1990년대 이래 급속도로 팽창한 중국 경제는 2007-08년 위기 때 오히려 경제 팽창에 어마어마한 가속도가 붙었습니다. 당시 수출시장(미국에 대한)의 붕괴로 중국은 사회기반시설 개발에 눈길을 돌렸는데 그 규모가 실로 어마어마했기 때문이었죠. 전 세계가 내핍 경제로 돌아섰지만, 중국은 팽창 국면을 맞았던 것입니다.

저는 앞서, 중국이 이러한 거대한 사회기반시설 투자를 했기 때문에 2007-08년 위기 때 전 세계 자본주의가 붕괴되는 것을 막았다고 주장했습니다. 그런데 중국이 자본주의를 구하고 싶어서 그랬던 것은 아니죠. 수출산업의 붕괴로 초래된 잉여 노동력을 흡수하려면 그 방법밖에 없었기 때문에 그랬던 것입니다. 그래서 중국은 막대한 온실가스를 방출하는 대가를 지불하고 전 세계의 자본주의를 구해냈죠. 탄소 농도가 400ppm이 넘은 원인 중의 일부분은 바로 이런 배경이 작용했기 때문입니다. 그러나 중국만 이런 식으로 개발되었던 것은 아닙니다. 이 기간 동안 브라질과 터키의 경제 팽창을 살펴보면, 똑같은 일이 벌어졌다는 것을 알 수 있습니다. 두 나라도 각각 사회기반시설의 개발된 양에 비례하는 온실가스를 배출했던 것이죠.

우리는 변화율을 제한하는 문제만 논의해서는 안 됩니다. 이미 존재하는 총량의 중요성을 인정해야만 합니다. 우리는 대기 중에 존재하는 탄소를 어떻게 최대한 많이 추출해낼 수 있는지 생각해봐야 합니다. 탄소의 일부는 자연적으로 해결되죠. 예를 들면, 바다가 흡수해서 조개

껍데기로 만들어버립니다. 그러나 우리는 자연적인 해결책에만 의지하고 있을 수 없는 상황입니다. 농경을 통해 탄소를 흡수하는 방법을 생각해내야 합니다. 우리가 당면한 문제의 본질은 이런 것입니다. 인간은 억겁의 세월 동안 지하에 묻혀 있던 탄소, 즉 에너지를 방출했습니다. 300ppm의 수준으로 다시 돌아가려면 우리가 꺼낸 탄소를 다시 지하로 돌려보내야만 합니다. 지하에 있던 탄소는 원래 식물에 있던 것이죠. 일부는 갑각류가 가지고 있던 것이고요. 우리는 에너지의 형태로 지하에 저장돼 있던 탄소를 방출한 것입니다. 우리는 현재 400ppm을 300ppm으로 낮추는 문제를 심각하게 생각해야만 합니다. 그런데 그 방법은 대기 중에 존재하는 탄소를 포획해서 다시 지하로 묻는 수밖에는 없습니다.

이산화탄소를 땅속으로

그렇게 할 수 있는 방법 중 하나는 숲을 다시 조성하는 것입니다. 그런데 이는 파괴된 숲을 새롭게 살리는 데 해당되는 이야기입니다. 전 세계에 다시 숲을 조성하면 대기 중의 탄소량을 줄일 수 있을 것입니다. 숲 재조성 계획은 이미 수립되어 있으며, 북반구의 숲 면적은 순증가한 상황입니다. 문제가 심각한 지역은 아마존, 수마트라섬, 보르네오섬, 아프리카의 열대우림 지역입니다. 이들 지역은 모두 믿을 수 없을 정도의 큰 규모로 열대우림이 파괴되고 있습니다. 아마존과 동남아시아의 삼림 파괴는 가속화되고 있어 비극적이라고 할 수 있죠. 브라질에서 권력을 잡은 보우소나루는 도널드 트럼프와 똑같아서 기후변화니 뭐니 하는 것은 헛소리로 치부하는 인물입니다. 콩을 재배하고 소를 길러야 한다는 등의 이유로 아마존의 밀림을 밀어내고 있습니다. 따라서 열대우림을 보호하고 숲을 다시 조성하기 위한 투쟁은 정치적 행동이 필요한 매우 중요한 분야입니다.

또 한 가지 방법이 있는데, 이것은 제가 최근에 알게 된 것입니다(제가 이 분야 전문가는 아니라서, 여러분 중에는 현장에서 직접 확인해보고 싶은 분들이 있을지도 모르겠습니다). 탄소를 포획해서 땅속으로 돌려놓는 방식의 경작법이 있다고 하는데요. 지하 6인치 깊이에 탄소를 넣으면 되는데, 문제는 땅을 더 깊이 파면 탄소가 도로 방출된다는 것입니다. 농업기술 면에서 급격한 변화가 있어야만 할 일입니다. 그런데 탄소를 지하 6피트에 깊숙이 잡아 가두는 농작물도 있습니다. 뿌리가 그 정도 깊이로 자라서 그곳에 탄소를 저장해두는 것이죠. 이런 종류의 작물을 재배할 수 있다면 우리는 대기 중의 탄소를 추출해 땅속에 돌려놓는 작업을 시작할 수 있습니다.

이것은 우리가 가지고 있는 아주 중요한 가능성입니다. 어떻게 하면 농부들이 그런 작물을 재배하게 만들 수 있을까요? 무엇이 필요하며, 농업에는 어떤 영향을 미치게 될까요? 희망은 있습니다. 유럽연합과 미국에서는 잉여농산물 때문에 농부들에게 아무것도 재배하지 말라고 하고는 대신 보상을 해주는 제도가 있습니다. 즉 일부 토지를 생산에서 제외하는 것이죠. 그렇다면 아무것도 재배하지 말라고 하는 대신, 실제로 탄소를 땅에 가두는 작물을 재배하라고 하면 어떨까요? 그런데 400ppm에서 300ppm으로 낮추려면 얼마나 심어야 할까요? 저는 이 문제에 대해서 아는 바가 없지만, 이런 방법들을 활용해야만 한다는 것은 분명합니다. 온실가스가 방출되는 문제에 관해 다시 말하자면, 우리는 대기 중에 있는 탄소를 포획해 원래 있던 땅속으로 돌려보내는 방법에 대해 심각하게 생각해야 합니다. 그 밖에 앞으로 할 수 있는 방법은 대기 중의 탄소를 추출해 지하에 묻는 거대한 기계를 만드는 것뿐입니다.

지난 80만 년 동안 탄소 농도가 어떻게 변했는지 알려주는 그래프가 제 세계관을 송두리째 뒤집어놓았던 과정을 말씀드렸습니다. 처음에 저는 기후변화란 기존의 기술을 활용하고 적절한 개입을 통해 관리할 수 있는 문제로 생각했지만, 이제는 우리의 사고방식과 생활양식을 전면적으로 또한 급격하게 뜯어고치지 않으면 안 되는 일로 인식하고 있습니다. 물론 우리가 사용하는 화석연료의 소비를 줄여야만 합니다. 그러나 거기서 그치면 안 됩니다. 대기 중에 있는 탄소를 잡아서 원래 있던 자리인 지하로 가두는 방법을 심각하게 생각해봐야 할 때입니다.

우리는 기후변화의 문제와 탄소 배출에 대해서, 그리고 계속되는 온실가스의 배출을 제어하고 억제하는 방법에 대해서 진지하게 생각해봐야 합니다. 특히 중국을 비롯해서 경제가 부상하고 있는 나라들이 배출하는 온실가스를 억제하는 방법을 생각하지 않으면 안 됩니다. 그런데 문제가 있습니다. 미국이나 영국 또는 유럽 국가들이 중국을 비롯해 경제가 부상하고 있는 나라들에 "이렇게 하면 안 됩니다."라고 말하면, 이들은 "당신들은 100년 동안 온실가스를 배출해 지금의 자리에 왔으면서 왜 우리는 그러면 안 됩니까?"라고 반문합니다. 그런데 그 말은 옳습니다. 인도, 중국, 브라질, 터키가 배출하는 탄소량은 계속해서 증가하고 있습니다. 우리는 화석연료를 태워서 탄소 배출량을 증가시키는 방법 말고 다른 방법으로 경제를 개발할 수 있는 길을 찾아야만 합니다.

지금은 비상 상황입니다. 우리의 사고방식을 바꾸고 정치경제적으로 해결하지 않으면 안 되는 상황입니다. 그러나 이것을 놓쳐서는 안 됩니다. 이 모든 것의 배경에는 근본적으로 자본축적이라는 커다란 문제가 도사리고 있다는 것을요. 중국이 그런 식으로 개발하지 않으면 안 되었던 근본적인 이유는 자본을 축적하지 않으면 안 되었기 때문입니다. 2007-08년 이후의 자본주의가 주로 중국 및 경제가 부상하던 국가에 기대어 살아난 거라면, 자본주의의 생존 자체가 대기 중 탄소 급증이라는 대가를 지불하면서 이들 국가의 경제 팽창에 기대고 있었다는 것을 의미합니다. 이제 저는 이렇게 주장합니다. 문제는 이미 존재하는 탄소의 농도라고요. 지구촌은 가능한 한 빨리 이 문제를 해결해야 합니다. 그리고 이 모든 문제의 배후에 끊임없이 복리 이자율로 축적되는 자본이 있다는 것을 직시해야 합니다.

15

잉여가치의 변화율 대 총량

Rate versus Mass of Surplus Value

자유무역은 결코 공평한 무역이 아닙니다.

마르크스의 《자본론》 1권의 첫 장은 가치의 개념에 대해서 설명하고 있습니다. 마르크스에 의하면 가치란 사회적으로 필요한 노동시간입니다. 《자본론》 강의에서 이 대목에 이르면 어김없이 학생 한 명이 톡 튀어나와 이런 질문을 하게 마련입니다. "그런데 노동자를 한 명도 고용하지 않는 회사가 있다면, 그 회사는 가치를 하나도 생산하지 않는 것인가요?" 이 질문은 최근 들어 점점 더 의미를 갖게 됐습니다. 인공지능이 인간의 노동을 대체하리라는 전망이 급부상하고 있으니까요. 이것은 완벽할 정도로 이성적인 질문이지만, 그에 대한 대답은 상당히 흥미롭습니다. 이에 대해 한번 생각해보죠.

가치의 이동 방향

《자본론》 1권의 후반부는 잉여가치의 변화율과 총량의 관계에 대해 다루고 있습니다. 마르크스는 이렇게 묻습니다. 자본가들은 잉여가치의 총량에 더 관심이 있을까, 아니면 자신들이 거두어들이는 잉여가치의 변화율에 더 관심이 있을까? 마르크스에 친숙한 사람들은 이렇게 생각하는 경우가 많습니다. 마르크스가 《자본론》 3권에서 이윤율의 저하를 강조했으니까 자본가들은 변화율에 초점을 맞출 것이라고 말이죠. 하지만 《자본론》의 1권은 총량에 초점을 두고 있습니다. 왜냐하면 자본가들은 총량에 의해서 권력을 갖게 되기 때문이죠. 비율의 증가는 총량을 증가시키는 하나의 수단에 불과합니다.

마르크스는 그 장에서 모순되는 주장을 하나 더 펼치고 있습니다.

그 부분을 읽어드리겠습니다. 왜냐하면 마르크스는 사회적으로 필요한 노동시간이 기술과 노동과정의 본질에 따라 좌우된다는 것에 매우 민감하게 반응하기 때문입니다. 마르크스는 그 장 말미에 여러 가지 서로 다른 자본에 의해서 생산된 가치와 잉여가치가 고용되는 노동에 따라 달라진다고 언급하고 있습니다. 여기서 모순이 시작됩니다. 모두가 알고 있듯, 마르크스는 이렇게 말하고 있습니다. "자본은 많이 들이고 노동력은 적게 사용하는 방적업자가 상대적으로 노동력은 많이, 생산수단은 거의 사용하지 않는 제빵업자보다 이익, 즉 잉여가치를 적게 가져가지는 않는다. 이런 명백한 모순을 해결하기 위해서는 중간 과정이 아직도 많이 필요하다." 마르크스가 이런 식으로 말하면 이 특정한 모순의 해결 방법이 방대한 저술 내용 중에 있을 것이라고 생각하기 쉽습니다. 해결 방법까지는 아니더라도 이 모순에 대한 자세한 내용이 있어, 이 모순이 구체적으로 어떻게 작동하는지 설명했을 것이라고 기대합니다.

마르크스가 《자본론》의 1권을 집필하고 있을 때는 이미 3권의 기초가 되는 메모들을 작성해놓고 있었다는 사실을 우리는 알고 있습니다. 그래서 우리는 이 모순의 해결 방법을 찾기 위해서 3권을 펼치죠. 그 해답은 이윤율의 균등화에 관한 장에서 찾을 수 있습니다. 자본가들이 시장에서 활동하면서 관심을 갖는 것은 이윤율이지, 생산에 참여한 산 노동의 착취를 측정하는 잉여가치의 변화율이 아닙니다. 자본가들은 이윤율을 놓고 서로 경쟁하기 때문에 기업이 노동력을 많이 사용하든 말든 장기적으로는 모두 표준 이윤율에 수렴하는 경향을 띱니다.

만약 이것이 사실이라면, 노동집약적인 회사 및 지역에서 자본집약적인 생산양식을 취하는 회사 및 지역, 사회 부문으로 가치가 이동하는 현상이 실제로 벌어지게 됩니다. 즉, 노동집약적인 생산양식에서 자본집약적인 생산양식으로 가치가 이동한다는 것이죠. 이것을 '자본주의자의 공산주의capitalist communism'라고 부르는 경우도 있습니다. 여기에는 '사용한 노동력에 따라 각각의 자본가로부터, 내놓은 자본에 따라 각각의 자본가에게로' 가치가 이동한다는 규칙이 지배합니다. 노동집약적인 생산양식 및 경제체제에서 자본집약적인 회사 및 경제체제로 보조금이 흘러갑니다. 이 가치의 이동은 시장에서 이윤율에 대한 경쟁을 통해 이루어집니다. 이것은 완전경쟁시장이 작동할 때 생기는 결과이며, 마르크스의 가장 중요한 연구 결과에 속합니다.

이런 규칙이 작동한다면 다음과 같은 흥미로운 질문이 생길 수 있습니다. 여러분이 의사 결정권자라면 노동집약적인 산업화와 자본집약적인 산업화 중에서 어떤 것을 고르겠습니까? 현명한 의사 결정권자라면 이렇게 말할 것입니다. "나는 노동집약적인 산업화를 원하지 않습니다."라고요. 싱가포르 경제체제가 아주 좋은 사례입니다. 1960년대 초 말레이시아 연방에서 축출되면서 싱가포르는 어떤 종류의 산업화 전략으로 앞길을 헤쳐 나아갈지 결정해야 했습니다. 홍콩을 비롯한 여타 지역처럼 싱가포르는 노동집약적인 산업화 전략이 아니라 자본집약적인 길을 택했습니다. 그리고 실제로 그렇게 했습니다. 싱가포르는 자본집약적인 생산양식을 택한 데 따르는 혜택을 누린 아주 좋은 예입니다. 이는 노동집약적인 산업화를 통해 세계경제에 진입한 국가들이 어째서 가난에 계속 허덕이거나(방글라데시처럼), 아니면 자본집약적인 경제체제로 전환하려고 하는지(일본, 한국, 대만, 그리고 현재의 중국처럼) 잘 설명해줍니다.

이러한 가치의 이동과 그 결과 발생하는 보조금은 잘 살펴봐야 합니다. 이윤율의 균등화를 통해 노동집약에서 자본집약적인 경제체제 및 회사로 가치가 이동합니다. 이러한 이동은 지속적입니다. 그러므로 생산성이 낮은 경제체제가―생산성이 높은 경제체제와 경쟁할 수밖에 없는 처지에 몰리면― 결국 보다 자본집약적인 경제체제를 보조하는 역할을 하게 되는 것이죠. 예를 들어봅시다. 그리스가 유럽연합에 가입했을 때, 그리스는 자본집약적인 독일에 비해서 노동집약적이며 생산성이 낮은 경제체제였습니다. 이러한 그리스가 유럽연합에 가입하자 그리스가 독일을 보조하는 결과가 초래됐죠. 이런 사실을 말해주면 독일인들은 엄청난 충격을 받을 것입니다. 그리스인들은 게으르며, 문화적으로 뒤처졌고, 가난에 찌들었으며, 독일에게 돈이나 빌려 가는 사람들이라고 생각하기 때문이죠. 그러나 사실은 그렇지 않습니다. 그리스의 문제는 생산성이 낮은 노동집약적인 경제체제를 유지하고 있다는 것입니다. 따라서 그리스인들이 아무리 열심히 일을 해도 이윤율을 균등화하려는 속성을 가진 자유시장 메커니즘에 의해, 그리스인들이 창조한 가치의 대부분은 독일로 빨려 들어가게 됩니다. 자유무역은 결코 공평한 무역이 아닙니다.

중국의 목표

　이것이 바로 자본주의 경제체제가 돌아가는 방식입니다. 그리고 지금 우리는 아주 중요한 것을 보기 시작했습니다. 바로 자본집약도에 관한 싸움 및 자본집약적이 되기 쉬운 경제체제에 대한 고찰을 하기 시작한 것이죠. 곧 그 메커니즘을 다루겠지만, 여기서 기본적인 것은 중국이 오랫동안 노동집약적인 경제체제에 의존했지만 최근 들어 자본집약적인 경제체제로 나아가겠다고 선언했다는 점입니다. 그렇게 되면 중국에서 자본집약적인 유럽과 미국의 경제체제로 가치가 이동하던 현상은 점점 사라질 것입니다. 지적재산권과 기술을 둘러싸고 트럼프와 중국 사이에 전투가 벌어지고 있습니다. 당연한 말이지만, 이제 기술은 자본집약도의 시녀입니다. 미국은 중국으로 기술적인 노하우가 이전되는 것을 막으려고 합니다. 중국을 계속 노동집약적인 경제체제로 묶어두어 미국에 이익이 되게 하려는 것이죠. 하지만 중국은 노동집약적인 상태로 있을 수가 없습니다. 그 이유 중 하나는 인구 구성 때문입니다. 중국은 곧 노동인구의 부족 현상에 부딪힐 것입니다. 다른 이유는 시장의 본질과 관련이 있습니다.

　노동집약적인 생산양식은 중국에서 벗어나 캄보디아, 라오스, 베트남, 방글라데시로 이동하고 있습니다. 여기서 자본집약적인 길을 택한 싱가포르와 노동집약적인 길을 택한 방글라데시의 궤적을 살펴보는 것이 도움이 될 겁니다. 방글라데시는 모든 고용 노동력으로 엄청난 가치를 생산하고 있지만 정작 경제는 아주 어려우며 제대로 돌아가지도 않습니다. 반면에 싱가포르는 방글라데시만큼 노동력을 고용하고 있지는 않지만 굉장한 가치를 창출합니다. 방글라데시나 그 비슷한 경제체제로부터 싱가포르로 가치가 이동하고 있는 것이죠. 미국과 중국 사이에 존재하는 긴장관계의 원인 중 일부는 자본의 이동에 기인합니다. 중국은 2025년까지 자본집약적인 경제체제로 이전하는 것을 목표로 삼고 있습니다. 그렇게 되면 중국은 미국의 라이벌이 되는 것이죠. 트럼프는 온갖 수단을 동원하여 이것을 막으려는 듯 보입니다.

마르크스주의자들에게는 이 문제의 중요성이 잘 알려져 있습니다. 하지만 마이클 로버츠Michael Roberts는 최근 자신의 사이트에 글을 올려서 불만을 토로했습니다. 기술 수준이 낮은 가난한 자본주의 경제체제에서 부유한 제국주의 경제체제로 가치가 이동하는 현실을 최근 마르크스 경제학자들이 엄청나게 무시한다고 말입니다. 그렇다면 노동집약적인 분야 및 경제체제에서 자본집약적인 곳으로 가치가 이동할 때 도대체 무슨 현상이 벌어지는 것일까요? 가장 두드러진 현상은 자본집약적인 곳의 자본집약도가 더욱 강화된다는 것입니다. 일찍이 스웨덴 경제학자 군나르 뮈르달Gunnar Myrdal, 1898-1987이 설명했던 내용입니다. 뮈르달은 자유무역과 이윤 균등화라는 조건에서는 부유한 지역은 더욱 부유해지고 가난한 지역은 그대로 침체되거나 더욱 가난해지는 메커니즘이 존재한다고 지적했습니다. 뮈르달은 이것을 '순환적 누적 인과'라고 칭했죠. 자본은 필연적으로 역동적인 분야나 지역으로 끌리게 되며 이 과정에서 역동성이 덜한 분야나 지역의 부, 인구, 자원, 재능, 기술을 고갈시키기 때문에 이런 현상이 일어납니다.

마르크스는 뮈르달 이전에 이미 이러한 역학을 알고 있었습니다. 《자본론》에 등장하는 구절을 인용해보죠. '거래가 쉽게 이루어지고 그 결과 자본의 회전이 가속화되면 생산과 그 시장의 집중화가 가속화된다. 특정 장소에 사람과 자본의 집중화가 가속화되면 불과 몇 사람의 손에 자본의 총량이 집중되는 현상이 빨라진다.' 우리는 지금 자본주의 경제체제에서 가치가 빨려 들어가는 소리, 즉 전 세계에서 쥐어짜인 가치가 자본집중도와 기술 수준이 높은 지역으로 쌓여가는 소리를 듣고 있습니다. 요즘에는 이 같은 문제를 언급하는 목소리가 많이 들립니다. 대도시 지역(뉴욕, 시카고, 샌프란시스코 같은)이 재능과 자본을 모조리 흡수해서 자본주의가 역동적으로 팽창하는 중심지, 나아가 개인이 엄청난 부를 쌓는 중심지가 되고 있다고 말이죠. 예를 들어, 미국 GDP의 2/3는 약 12개의 미국 최대 대도시 지역에서 발생합니다. 대도시 지역은 누구도 거부할 수 없는 자본과 재능을 빨아들이는 자석과도 같은 존재가 되었습니다.

이윤율의 균등화

고전파 경제학자나 후발 주자인 신고전파 경제학자들은 완벽하게 작동하는 시장이 중립적이고 본질적으로 평등하고 공평하다는 주장에 근거해서 자신들의 이론을 펼치고 있습니다. 이 과정은 흥미롭습니다. 이윤율이 균등화될 때 완벽하게 작동하는 시장이 결국은 불공평한 시장이 된다는 사실을 이미 우리가 목격하고 있기 때문입니다. 달리 표현하면, 시장체제가 공평하다는 가정은 이윤율의 균등화를 통해 깨집니다. 한 걸음 더 나아가 이렇게도 말할 수 있습니다. 자본주의 체제의 가장 불공평한 특징은 이윤율의 균등화가 일어나는 시장체제를 갖고 있다는 점이라고요. 이윤율의 균등화라는 것이 평등하고 공평한 것처럼 보이지만 사실은 그렇지 않기 때문입니다. 이윤율의 균등화 때문에 부와 권력이 지리적으로 불균등하게 분포되어 있습니다.

그렇다면 우리는 언제 이윤율의 균등화가 일어나는 것을 보게 될까요? 이 문제는 역사적인 관점에서 살펴봐야 합니다. 마르크스의 요점은 이렇습니다. 이윤율의 균등화는 불공평한 무역구조를 만들어내는데, 이로 인해 부유한 지역은 더욱 부유해지고 가난한 지역은 더욱 가난해지며, 부유한 국가는 더욱 부유해지고 가난한 국가는 더욱 가난해진다는 것이죠. 신고전파 경제학자들의 논리는 자유시장이 공평한 거래를 보장하고 따라서 평등한 결과를 만들어낸다는 것이죠. 반면에 마르크스는 자유시장이 고도로 집중화된 부와 특권을 만들어낸다고 말합니다. 따라서 지역, 사회, 국가 간에 불평등이 증가한다는 것은 이윤율의 균등화가 일어나고 있는 징조라고 볼 수 있습니다.

마르크스가 《자본론》을 쓰고 있을 때는 이윤율의 균등화가 일어날 수 있는 체제가 갖추어져 있지 않았습니다. 왜냐하면 상품의 수송비가 아주 비싼 경우가 많았으며, 관세가 많이 부과되었고, 무역 장벽도 높았기 때문이죠. 1860년대에는 이윤율을 균등화할 수 있는 역량이 없었습니다. 그러니 국제적 역량은 두말할 필요도 없었죠. 그러나 통신과 교통 부문의 기술혁신이 이루어지자 사태는 달라졌습니다. 철도, 증기선, 전보가 세상에 나오면서 전 세계에 걸쳐 적어도 주요한 상품의 가격은 균등화가 가능해졌습니다. 런던의 거래업자들은 부에노스아이레스, 오데사, 시카고 등지의 밀 가격을 알 수 있게 되었으며, 따라서 수송과 통신을 통해 이윤율의 균등화에 근접할 수 있게 되었죠. 그러나 전 지구적 교역 시스템이 우선순위로 둔 것은 이윤율의 균등화가 아니었습니다. 예를 들어, 브레턴우즈 협정은 자본의 이동을 제한하여 전 세계적으로 자본이 쉽게 돌아다니지 못하게 하는 협정이었습니다. 미국의 경제체제는 폐쇄형 체제는 아니었지만, 상대적으로 폐쇄형에 가까웠습니다. 왜냐하면 미국 내외로 자본이 이동하는 것이 어려웠기 때문입니다.

당시의 미국 경제는 독자적인 경제체제로 보는 것이 합당합니다. 노동자들은 그 경제체제 내에서 더 나은 삶을 위해 투쟁하고 있었으며, 노동운동도 그 체제 내에서 이루어지고 있었죠. 미국의 경제체제 내에서 이루어진 생산조직은 독점적 성격을 가지고 있어서, 폴 스위지Paul Sweezy, 1910-2004와 폴 A. 배런Paul A. Baran, 1909-1964이 저술한 독점자본주의에 관한 고전적 교재를 읽어보면 독점자본주의가 전개된 전형적인 도시 사례가 디트로이트라는 글을 볼 수 있습니다. 디트로이트의 경우 세 곳의 대기업에서 가격을 선도했으며 서로 얽혀 있었습니다. 스위지와 배런의 입장에서는 이 경우가 독점적 구조에 대해서 논할 때 전형적인 예로 들 수 있는 것이었죠. 1960년대에는 독일이나 일본 회사들과 경쟁할 필요가 없었습니다. 이들은 훨씬 늦은 1970년대와 1980년대에 미국에 진출했습니다.

영국 노동자들이 영국 내에서, 프랑스 노동자들이 프랑스 내에서, 독일 노동자들이 독일 내에서 투쟁한 것과 같이 미국의 노동자들은 미국 내에서 더 나은 삶을 위해 투쟁했습니다. 우리는 독일 노동자계급, 프랑스 노동자계급, 영국 노동자계급, 미국 노동자계급에 대해서 따로따로 얘기할 수 있었습니다. 각 노동계급은 일정한 지역 내에서 더 나은 삶을 추구할 수 있었습니다. 자본 이동을 제어하는 시스템이 있어서 세계의 다른 경제체제 내 노동력과 경쟁할 필요가 거의 없었기 때문입니다. 자본 이동을 제어하는 시스템은 브레턴우즈 협정이 깨질 때까지 지속되었습니다. 1971년에 달러화가 금본위 체제에서 벗어나자 브레턴우즈 협정은 깨졌습니다. 그 이후, 노동자들은 갑자기 전 세계 다른 노동자들과 경쟁해야 했습니다. 전에는 다른 지역에서 온 이민자들과 경쟁하는 것밖에는 없었는데 말이죠. 독일은 터키 노동력을 수입했고, 프랑스는 북아프리카 마그레브 노동력을 수입했으며, 스웨덴은 유고슬라비아와 포르투갈 노동력을, 영국은 자신의 옛 식민지였던 남아시아 및 서인도제도에서 노동력을 수입했죠. 미국은 1965년에 이민을 개방했습니다.

1960년대 주된 노동문제는 기업들이 노동법을 몰래 어겨가며 이민자들을 노동 현장에 배치하면서 자국 노동자들의 일자리가 줄어드는 데서 비롯됐습니다. 그 결과 유럽 전역과 미국에서도 노동자들 사이에 어느 정도 반이민 정서가 퍼져 있었습니다(이 정서는 지금도 엄청나게 부활한 상태죠). 그러나 1970년대에 갑자기 자본 이동에 관한 제어가 풀려버리면서 한 지역에서 다른 지역으로 자본이 자유롭게 이동 가능한 세상이 되었습니다. 교통비가 낮아지고 통신이 원활해지면서 자본의 유동성은 더 커졌고 1980년대 이후에는 마침내 이윤율의 균등화가 더욱 중요해지는 상황이 전개되기 시작했습니다.

제가 여기서 말하고자 하는 것은, 이윤율의 균등화가 일어날 수 있는 역사적인 조건이 19세기에는 거의 존재하지 않았으며, 20세기에도 브레턴우즈 협정이 깨지기 전에는 존재하지 않았다는 것입니다. 1980년대 이래 지금까지 줄곧 세계화 시대라고 하는데, 이 시기의 진정한 특징은 이윤율의 균등화가 일어날 수 있다는 데 있습니다. 앞으로는 노동집약적인 경제체제에서 자본집약적인 체제로 가치가 훨씬 더 많이 이동하는 현상을 목도할 것입니다. 달리 표현하자면, 노동집약적인 경제체제와 자본집약적인 체제 사이의 뚜렷한 차이가 이제는 전면에 부각되었습니다. 따라서 특정 국가나 지역의 자본집약화를 막으려는 것이 국제 분쟁의 초점이 되고 있습니다. 지금 미국이 중국에게 하고 있는 일이 바로 이것입니다. 즉 미국은 중국이 자본집약적인 경제체제로 변하는 것을 막으려고 합니다.

중국이 2025년까지 자본집약적인 경제체제를 달성하려고 하는 것에 왜 미국은 그렇게 속이 뒤집힌 것일까요? 기술이 중국으로 이전되는 것에 대해서 미국은 왜 그렇게 불편해하는 것일까요? 트럼프와 중국 사이에 지적재산권을 둘러싼 엄청난 말썽은 왜 일어나고 있는 것일까요?

역사적으로 볼 때 노동집약적인 경제체제와 자본집약적인 체제 사이의 차이는 그렇게 크지 않았습니다. 마르크스는 19세기 중반에 《자본론》을 집필할 때 이론적으로 이 차이가 엄청나게 중요하다고 봤지만 말이죠. 그러나 마르크스가 순수한 자본주의가 가질 수 있는 특징이라고 이론적으로 분석하여 결론을 냈던 상태가 실제로 현실이 되고 있는 시점에 우리는 서 있습니다. 미국과 중국이 기술을 둘러싸고 갈등을 벌이는 현장을 우리가 목격하고 있는 이유는 바로 이것입니다.

16

소외

Alienation

잉여가치는 자본이 도용하는 노동입니다.
제어받지 않는 자본은 결국 자신이 지닌 부의 원천 두 가지,
즉 노동자와 땅을 파멸시킵니다.

소외라는 개념은 좌파에게는 파란만장한 역사로 얼룩진 개념이죠. 하지만 오늘날 이 개념을 되살려 곱씹어야 하는 아주 중요한 이유가 있습니다. 우리가 정치와 경제의 관계를 이해하는 데 크게 도움이 되는 개념이 바로 소외라고 저는 생각합니다.

노동의 소외

마르크스는 초기에 소외에 대해 이야기하기를 좋아했습니다. 소외는 《1844년 경제학 철학 초고 Economic and Philosophic Manuscripts of 1844》를 쓸 때 자신의 사고를 전개해가는 과정에서 큰 역할을 하기도 했습니다. 소외라는 개념이 파란만장한 역사를 가지게 된 여러 이유들 중에는 이런 마르크스의 억할도 컸습니다. 하지만 당시 마르크스가 말하던 소외의 개념은 다음과 같은 인식에 기초를 두고 있었습니다. '우리 인간 생활의 현실은 인간이라는 종이 갖고 있는 가능성과 일치하지 않는다.' 마르크스는 당시에 인간을 상당히 이상적인 존재로 알고 있었습니다. 이러한 이상주의가 마르크스가 갖고 있던 종으로서의 인간이란 개념을 뒷받침하고 있었죠. 마르크스는 자본이, 우리 인간이 종으로서 가진 가능성을 완벽하게 실현할 수 없게 만든다는 주장을 폈습니다. 이상적이며 유토피아적인 개념이었습니다. 하지만 압도하는 자본과의 관계에서 발생하는 노동자계급 내의 소외, 상실, 분리라는 주관적인 감정들을 정의하는 데 아주 중요한 역할을 했습니다.

소외는 불필요한 과학적 개념이 아니라, 인간의 능력에 관한 고도의 인본주의적 개념과 자본가들이 권력을 장악하고 있었던 시장체제에 갇혀 있던 인간의 능력이 좌절된 현상에 그 기초를 두고 있었던 것이죠. 초기 저술에 등장하는 이러한 소외에 관한 이상은 마르크스 자신에게도 문제가 되었습니다. 1840년대 말이 되자 마르크스는 종으로서의 인간에 관한 이상적인 개념에 의존하지 않는 새로운 해석을 내놓죠. 마르크스는 이 개념들에 관한 역사적 질문에 더 기댔고, 그 결과 자본주의 체제에서 실제로 존재하는 관계를 반영하게 되었던 것입니다. 마르크스는 보다 과학적인 접근방법을 추구했는데, 거기에는 이상주의적 개념이 적절하지 않죠. 마르크스주의의 역사를 살펴보면, 이러한 이유 때문에 과학적인 마르크스주의에서 소외를 지워버리려는 경향이 대두됐습니다. 이 경향은 1960년대와 1970년대에 강했습니다. 이론적으로는 알튀세르 Louis Althusser, 1918-1990 같은 사람들이 주도했으며, 정치적으로는 당시 유럽에 존재하던 공산당이 이런 경향을 이끌었죠. 이러한 소거 작업은 당시 소련에서 제창되었던 공산주의 강령을 그대로 따르는 것이었습니다.

 1960년대 이래로 소외라는 개념은 마르크스주의에서 전반적으로 무시되었습니다(에리히 프롬 Erich Fromm, 1900-1980 같은 마르크스주의적 인본주의자들을 제외하면요). 소외라는 개념이 비과학적이고 입증할 수 없다는 이유였죠. 사회주의 및 공산주의 과학에 속할 수 없는 것이라고 인식됐습니다. 그러나 마르크스가 1840년대 말에 스스로 소외라는 개념을 버렸다는 주장은 마르크스가 1857-58년에 저술한 《정치경제학 비판 요강 Grundrisse》에 소외라는 개념이 엄청나게 중요한 요소로 재등장한다는 사실과 배치됩니다. 물론 이 저서의 소외는 《1844년 경제학 철학 초고》에 나온 소외와 아주 다른 형태를 띠고 있었으며, 아주 다른 역할을 하고 있었고, 전혀 다른 의미를 전달하고 있었죠.

《정치경제학 비판 요강》에서 소외는 이런 논리를 띠고 있습니다. 만약 자신에게 속한 무언가로부터 분리되어 있고 그에 대한 제어권을 상실했다면 우리는 그것에서 소외되어 있는 것입니다. 어떤 상품이 한 사람에게서 다른 사람으로 넘어가는 것은 그 상품이 소외되는 것이라고 마르크스는 주장했습니다. 소외는 기술적인 의미를 띠고 있습니다. 그러나 여러분이 시장체제가 어떻게 돌아가는지 이해의 폭을 넓혀가면 그 기술적인 의미가 보다 폭넓은 중요성을 띠게 되는 것입니다.

《정치경제학 비판 요강》에서 마르크스는 노동사가 어떻게 노동과정에서 소외되고 있는지 살펴보고 있습니다. 노동자는 자본에 의해 고용됩니다. 그리고 상품을 생산합니다. 하지만 노동자는 자신이 생산한 상품에 대해서 어떠한 힘도 행사하지 못합니다. 또한 그 상품에 내재된 가치에 대해서 어떤 권리도 없습니다. 노동자가 제공하는 노동력은 제품에서 소외되어 있습니다. 하지만 이것은 노동자가 창조한 가치가 자본에 소속되어 있으며, 그 상품도 자본에 소속되어 있다는 사실에 기초를 둔 기술적인 소외입니다. 더구나 노동과정에 대한 관할권도 노동자에게는 없습니다. 도구와 기능에 대해서 관할권을 가진 노동자는 여전히 어떻게 물건이 생산되는지 정의할 수 있는 일정한 권력을 갖지만, 시간이 흘러 기계가 도입되고 공장 시스템이 정착되면서 노동자는 기계의 부속품으로 전락합니다. 따라서 노동자는 제품뿐만 아니라 노동과정에서도 소외됩니다. 노동과정, 노동이 만든 제품, 그 제품에 내재된 가치, 이 모든 것들이 노동자에게서 소외되어 있습니다. 이러한 상실감 때문에 '우리는 노동자들이 자신이 생산한 가치와 상품에 대한 권리를 되찾을 수 있는 사회를 만들어야 한다'는 정치적 요구를 하게 됩니다.

이중 소외

그런데 노동자만 소외되는 것이 아닙니다. 마르크스는 자본가들도 비슷한 문제를 겪는다고 주장했습니다. 적어도 유산계급의 이론으로는, 자본가란 평등한 시장체제에서 거래되는 사유재산에 대한 권리를 가진 자유로운 법인입니다. 자본축적이 일어나는 시점은 밀턴 프리드먼이 표현한 대로 자본가가 '자유롭게 선택하고' 시장에서의 교환에서 발생하는 선택과 평등의 자유를 즐길 때입니다. 마르크스도 인정한, 평등과 자유라는 보편성에 기초를 둔 시장체제가 어떻게 자본가에게도 불평등하고 부자유스러운 시장으로 변하는지, 마르크스는 고심하지 않을 수 없었습니다. 개인은 시장체제를 제어할 수 없다는 것이 그 해답입니다. 사실상 시장체제 때문에 자본가들은 좋아하든 싫어하든 어떤 일정한 행동을 하지 않을 수 없습니다. 개별 자본가들은 '경쟁의 강제법칙'의 지배를 받기 때문에 자유롭게 선택할 수 없습니다. 시장은 훈육을 통해 자본가들에게 이렇게 저렇게 하라고 지시합니다. 마르크스나 애덤 스미스나 똑같이 이렇게 생각했습니다. 그러나 애덤 스미스는, 사업가들이 어떤 동기와 욕망을 가지고 있든 간에 시장의 보이지 않는 손 때문에 모두 한 군데로 수렴하며, 그런 것은 결과에 하등의 중요성을 가지지 않는다고 주장했습니다. 결국 시장을 지배하는 것은 보이지 않는 손이기 때문이죠. 애덤 스미스는 그런 결과는 모두에게 이익이 된다고 했습니다. 마르크스는 애덤 스미스의 이런 결과를 부정했으며, 《자본론》에서 그 결론이 틀렸다고 깨끗하게 증명해냈습니다. 그러나 마르크스나 애덤 스미스나 모두 자본가도 자신들의 생산품에서 소외되었다는 것에는 동의했죠.

《정치경제학 비판 요강》에서 마르크스는 어떻게 소외된 노동과 소외된 자본이 노동과정에서 만나게 되는지 설명합니다. 이러한 이중 소외는 자본주의 생산양식의 기본이 되고 있습니다. 소외가 자본주의 체제의 중심부에 깊숙이 뿌리박고 있는 것이죠. 소외는 자본에 대한 비판적인 이론을 정립할 때 주요한 과학적 개념으로 되돌아옵니다. 알튀세르는 마르크스가 소외라는 언어를 사용하다 그 개념이 전혀 설 자리가 없는 언어로 전환된 1848년에 인식론적 단절을 겪었다고 주장해 상당히 설득력을 발휘했지만, 마르크스가 1858년에 소외라는 개념을 부활시킨 것을 보면 꼭 그렇지만도 않다는 걸 알 수 있습니다. 하지만 1858년의 소외는 1844년에 주창한 소외와는 아주 다른 개념이었습니다.

이 개념은 《자본론》의 노동시간에 관한 장에 가장 명확하게 나와 있습니다. 자본가는 가치를 창출할 수 있는 힘을 가진 사용가치로서 일정 시간 동안 노동자를 고용합니다. 노동자는 상품으로서의 노동력의 가치와 상응하는 교환가치를 얻게 됩니다. 자본가는 이익을 뒷받침하는 잉여가치를 창출하려고 노동시간을 늘립니다. 잉여가치는 자본이 도용하는 노동입니다. 이것이 노동자가 겪게 되는 소외입니다. 경쟁의 강제법칙 때문에 자본가는 자신이 고용하는 노동력을 최대한 착취합니다. 나는 노동자를 하루 6시간만 고용하는데 나의 경쟁자는 똑같은 임금으로 하루 8시간 고용한다면? 나는 곧 문을 닫을 위기에 몰리게 되죠. 어느새 자본가들은 그 누구보다도 앞서나가기 위해 노동시간을 최대한 늘립니다. 자본가끼리 이런 경쟁을 벌이다 보면, 자본가가 좋은 사람이든 나쁜 사람이든 상관없이 노동시간을 최대한 늘릴 수밖에 없습니다. 이런 행태를 중지시킬 수 있는 메커니즘이 존재하지 않는 한 이 같은 짓은 계속되는 것이죠. 그 메커니즘이란 노동시간을 제어하는 국가 법률을 말합니다. 노동과 자본이 노동과정에서 겪게 되는 이중의 소외에서 발생하는 노동 착취가 더 이상 악화되지 않도록 제동을 걸기 위해, 하루 10시간 또는 8시간 노동, 1주 40시간 노동 같은 제한을 두는 거죠.

소외의 원인들

하지만 우리는 소외의 문제를 더 확대해서 다음과 같은 질문을 던질 수 있습니다. 노동자는 노동과정에서, 또 자신이 생산하는 상품에서 어느 정도나 만족감을 얻을 수 있을까요? 여기서 우리는 마르크스가 1844년에 꺼낸 소외의 주관적인 측면으로 돌아오게 됩니다. 자본은 추상적인 개념에 의해서 지배당합니다. '지배계급의 지배 개념들 the ruling ideas of the ruling class'이 자본을 장악하고 있는 한 비평이 끼어들 여지는 없습니다. 노동자들이 자신들이 한 일에 대해 착취당했다고 느끼고, 정당한 취급을 받지 못하고 존중받지 못한다고 느끼는 주관적인 감정을 자본가들은 무시합니다. 소외당했다고 느끼는 주관적인 감정들이 다시 돌아오는 것이죠. 노동자들은 자신들의 고용조건 때문에 소외감을 느끼고, 자신이 제공하는 노동에 대해 적절한 보수를 받지 못한다는 사실에 소외되며, 노동과정에 아무 권리도 행사하지 못한다는 데 대해서 소외됐다고 느낍니다. 노동과정은 외부에서 기계를 사용하여 원격으로 통제되기 때문이죠. 노동시간도 소외되는데, 이는 노동시간 체제가 노동과정 내의 노동조건에 의해 지배되기 때문입니다. 이 모든 면에서 어떤 노동자 집단이든 소외의 조건이 잠재되어 있다고 주장할 수 있습니다. 또한 이런 소외의 조건은 노동자들의 항의와 자신들의 주관적인 조건에 대한 계급의식이 점차 증가하는 것을 통해 정치적으로 표현될 수 있습니다. 이 시점에 《1844년 경제학 철학 초고》에서 기술되었던 소외의 주관성이 다시 문제가 되는 것이죠. 그러나 이제는 인간이 자신이 누릴 수 있었던 완벽성에서 소외된다는 식의 문제가 아니라, 매일 일하러 나가 지겹게 일하고는 겨우 입에 풀칠이나 할 임금밖에 받지 못하는 데에서 초래되는 소외감의 문제죠. 존엄한 인간으로 존중받지 못하는 것은 누구한테나 치명적인 타격입니다. 따라서 노동조건은 소외라는 강력한 정치적인 감정을 촉발할 가능성이 많죠. 자본주의에 반대하는 불만의 목소리가 들불처럼 퍼지려면 우리의 사고와 정치에 소외라는 개념을 재점화하고 재활성시켜야 합니다.

소외는 강력하고 주관적인 결과를 초래할 수 있습니다. 소외됐다고 느끼면서도 진심으로 일하는 생산적인 노동력을 상상하기란 대단히 어렵습니다. 소외의 주관적인 조건 때문에 노동자들은 자신의 노동에 자부심이라든가 만족감을 느낄 수 없습니다. 그렇다고 노동자들이 만족감을 전혀 느낄 수 없다는 말은 아닙니다. 노동과정을 노동자들이 직접 조정하여 개인적인 가치가 노동에 첨가되도록 흥미롭게 만들 수도 있죠. 노동자들은 자신이 하는 일에 자부심을 보일 때가 많습니다. 자본에 의해 고용된 노동자 집단에서 일정한 만족감을 느끼는 경우도 있고, 자본가들 사이에서 '엑스효율x-efficiency'이라고 부르는 것을 장려하는 전략도 있습니다. 노동자 집단 내에서, 혹은 노동자 집단과 관리자, 자본가 사이에 어떤 사회적 관계를 개발해서 이 '엑스효율'을 이끌어내는 것입니다. 이렇게 해서 소외에 대한 보상을 하려는 것이죠. 예를 들면, 1970년대에 자동차 제조 공장에 '품질분임조quality (control) circles'란 것이 있었습니다. 노동자들이 같이 모여 자신들의 노동 체계를 어떻게 만들어나갈 것인지 결정했죠. 작업반끼리 선의의 경쟁을 통해서 작업장에 활기를 불어넣었습니다. 근본적이고 객관적인 소외는 그대로지만 주관적인 조건이 변함으로써 소외를 덜 느끼는 상황이 발생했던 것입니다.

하지만 자본주의 체제에서는 노동조건에 근본적으로 불만족을 느끼는 경우가 대부분입니다. 미국 노동자의 50-70%가 자신의 노동에 흥미를 느끼지 못하거나, 관심이 없거나, 아예 증오한다는 조사가 있었습니다. 이런 현상은 자본주의 체제하의 노동과정이 본질적으로 가지고 있는 속성입니다. 왜냐하면 노동자에게 선택권이 없는 것과 똑같이 자본가도 선택의 자유가 없기 때문입니다. 기계화·자동화된 노동과정이 빠르게 확산되면서 노동자들은 창조적이거나 흥미로운 역할을 할 여지가 없습니다. 그런 노동과정이 가장 이익이 많이 남기 때문에 자본가들은 이를 도입할 수밖에 없죠. 1970년대에 생겨났던 품질분임조가 자동차 회사들 간 경쟁이 가열된 1980년대 들어 사라진 것은 우연의 일치가 아닙니다. 자본은 자신에게 이상적인 기술 수준도, 공장 정문을 들어서는 노동자들에게 부과할 노동조건도 자유롭게 선택할 수 없습니다.

물론 그 밖에도 우리는 새로운 분업 형태의 출현이 미치는 영향을 알아야 할 필요가 있습니다. 더불어 제조업 직종이 많이 사라진 것, 진정한 만족이나 물리적 성취감, 의미가 거의 없는 서비스 직종, 경비 직종 같은 직업이 늘어나는 것도 인식할 필요가 있죠. 노동과정의 자동화로(최근에는 인공지능으로 인해) 만족감을 느끼는 일자리가 증가할 전망은 점점 더 어두워지고 있습니다. 사실상 현대사회의 일자리는 대략 두 종류의 노동으로 구분됩니다. 하나는 보다 도전적인 정신노동이고, 또 하나는 제조업의 단순하고 반복적인 육체노동과 은행업 같은 단순 서비스노동입니다.

우리는 현대의 노동조건을 면밀하게 살펴볼 필요가 있습니다. 노동에 소외가 얼마만큼 존재하나요? 정규직이 줄어들고 불안한 비정규직이 증가하는 고용구조에 따라 소외감이 광범위하게 퍼지고 또한 증가하고 있나요? 예전과 비교해 오늘날 노동과정에서 만족감이 줄어들고 있나요? 어떤 의미에서 사회주의 경제체제가 등장하면 인간을 소외시키는 노동은 최소화될 것이라 주장할 수 있을까요? 사회주의 경제체제가 등장하면 자동화 시스템과 인공지능이 노동을 다 떠맡아 인간은 모두 그런 지루한 반복 작업 대신 자신이 원하는 것을 할 수 있는 시간을 갖게 된다고 주장할 수 있을까요? 사회주의의 커다란 특징 가운데 하나는, 누구나 자유 시간이 넘쳐나서 인간이 필요와 욕구에서 해방되며 마르크스가 말한 대로 '필요의 영역이 사라진 데서 시작되는 자유의 영역'인 세계가 실현되는 곳에서 살 수 있다는 것입니다. 생존에 필요한 것들이 모두 해결되고 자동화를 통해 인간을 소외시키는 일은 전부 처리돼서 1주일에 몇 시간만 일하면 될 정도로 일이 줄어든다면, 우리는 나머지 시간에 우리가 원하는 방식으로 원하는 것을 할 수 있게 된다는 의미죠.

노동과정에서의 소외는 《정치경제학 비판 요강》에서 이런 식의 논리로 다시 돌아왔습니다. 마르크스의 《자본론》에 소외라는 용어가 그다지 많이 등장하지는 않지만, 노동자가 소외되고 있다는 사실은 도처에 깔려 있습니다. 마르크스는 노동자들이 어떻게 기계의 부속물로 전락하고 있는지, 어떻게 자신들이 생산수단을 제어하던 존재에서 생산수단에 제어당하는 존재로 바뀌고 있는지 관심을 쏟았죠. 마르크스는 또한 노동시간이 설정되는 방식에서 발견되는 소외와 노동과정의 의사 결정에서 발견되는 소외에 대해 말했습니다. 마르크스는 어떻게 노동자가 가치에 대해서 제어할 수 없게 되며, 어떻게 자신이 생산한 상품이 자본에 속하게 되어 자신이 제어할 수 없게 되는지 강조하고 있습니다. 이렇게 노동에서 발견되는 소외는 중요합니다. 나아가 자연과의 관계에서 발생하는 소외도 있습니다. 자연을 갈취해 인간에게 필요한 에너지로 삼는 행위가 가속화되고 있습니다. 제어받지 않는 자본은 결국 자신이 지닌 부의 원천 두 가지, 즉 노동자와 땅을 파멸시킵니다.

보상적 소비주의

《1844년 경제학 철학 초고》에 기술된 소외의 형태는 모두 《자본론》에도 나오지만, 여기서는 자본의 축적을 과학적으로 이해하려고 하는 과정에 포함되어 있습니다. 노동자와 자본가 둘 다 소외되며, 지배계급의 지배 개념이 집착하고 대상화하는 자본의 운동법칙에 의해 쫓깁니다. 이것이 오늘날 세계에서 더욱 중요하게 인식되어야 하는 소외 이야기이고, 현재 사람들이 느끼는 불만의 원천입니다.

지금까지 저는 노동과정에서 발생하는 소외, 노동의 분업에서 발생하는 소외, 의미 없는 일자리가 늘어나는 소외의 문제, 자본과 노동의 관계가 긴장됨에 따라 일어나는 소외, 과도한 자연 채취에 따르는 소외에 관해서 얘기했습니다. 1960, 70년대부터 자신의 소외를 인식하고 이에 대해 적극적으로 무언가 해보려는 노동자들이 많아졌습니다. 소외가 덜한 방식으로 노동과정을 다시 구축하고, 공장 작업 현장 내에서 노동자위원회를 구성하고, 노동조합을 결성하는 등 아주 다른 방법으로 생산을 조직하는 노동자 연합회를 구성하자는 움직임이 일었습니다. 앙드레 고르츠 André Gorz, 1923-2007 같은 일부 마르크스주의자들은 이런 움직임을 승산 없는 싸움이라고 주장하며 훨씬 더 중요한 것이 진행되고 있다고 말했습니다. 1968년의 봉기는 젊은이들이 개인적인 자유와 사회정의를 요구하는 것에 초점이 맞춰져 있었습니다. 이에 대해서 자본가계급과 기업들은 젊은 세대의 필요와 욕구에 보다 세심하게 주의를 기울이고 선택의 자유와 문화적 표현의 자유를 보장하는 선에서 소비지상주의를 재구성하여 이들의 요구를 충족시켜주려고 했습니다.

여기에서 우리가 '보상적 소비주의compensatory consumerism'라고 칭할 수 있는 이론이 탄생했고, 보상적 소비주의 행위가 나타났던 것입니다. 이것은 필연적으로 자본과 노동 사이에 파우스트식 거래를 낳았죠. 이 거래에서 자본은 노동에게 이렇게 말합니다. "우리가 자네에게 잘 맞는 노동과정을 만들어낼 수 없다는 것은 우리도 잘 알고 있지. 하지만 자네가 노동을 끝내고 집으로 돌아가면 노동에 대한 보상은 해줄 수 있다네. 집으로 돌아가면 싸구려 소비재가 잔뜩 뒹굴고 있을 거야. 자네는 그렇게 갈망했던 행복을 그것들을 통해서 얻게 될 거야. 직장에서 일하면서 보낸 비참한 시간을 그 소비재들이 전부 보상해줄 거야." 어느 정도 부유한 노동계급을 만들어내야겠다는 프로젝트가 여기서 탄생한 것입니다. 보상적 소비주의 개념은 매우 중요해졌으며, 1970년대에서 80년대를 거치며 새로운 소비 형태들이 폭발적으로 등장했습니다. 여기에서 가장 중요한 점은 이것이 통상적인 의미의 대량 소비를 뜻하지는 않는다는 것입니다. 보상적 소비주의에는 틈새 소비가 많은 부분을 차지합니다. 사실상 자본은 소비자 틈새를 공략했고 어떤 경우에는 소비자 틈새를 창출했죠. 이것이 사회적 파편화를 초래했으며, 착취와 어떤 의미에서는 정체성 정치와 문화 전쟁을 형성하여 생활양식의 차별화 및 서로 다른 문화적 표현 양식, 성적 취향 등을 촉진했습니다.

기업은 보상적 소비주의를 직장 내 소외를 해결하는 하나의 방법으로 인식했습니다. 그러나 보상적 소비주의는 소비자들에게 충분한 유효수요가 있어야 하며, 돈도 충분해서 상점에 가 자신이 원하는 것을 모두 살 수 있어야 한다는 문제가 있었습니다. 자본가들은 임금을 올리는 것이 아니라 소비재의 원가를 낮추어 이에 대응했습니다. 임금은 제자리였지만 그 임금으로 살 수 있는 소비재가 늘었습니다. 소비재(대부분 중국에서 만든) 원가가 전반적으로 하락했기 때문이죠. 노동계급의 물질적 복지는 임금이 제자리여도 증가할 수 있었습니다. 개인의 임금 수준은 제자리걸음인데도 가구 소득이 느는 경우가 많았는데, 이는 여성들이 대거 노동인구에 합류했기 때문입니다. 그 이유 중에는 소비만능주의의 쾌락과 가사를 대신해주는 기술과 서비스가 급증한 것도 있습니다. 하지만 여기에서도 보상적 소비주의가 정말 작동하는지 불명확한 경우가 생기게 마련입니다.

소비자 측면에서 자본을 들여다보면, 자본이 '이성적 소비rational consumption'에 요구되는 시장을 창출하기 위해서 필요와 욕구를 변환시킨다는 것을 알 수 있습니다. '이성적'이란 물론 자본의 시점에서 볼 때 그렇다는 의미죠. 그러나 보상적 소비주의는 두 가지 이유로 제대로 작동하지 않았습니다. 첫째는 1980년대가 그렇게 무르익어가면서 자동화와 첨단기술 제품군의 제조 활성화로 부유한 노동자계급이 공격을 받았다는 점입니다. '부유한 노동자'(1980년대 초에 이렇게 자주 불렸는데, 여기에는 주로 남성적인 힘이 어려 있었습니다)는 나날이 거센 공격을 받았으며, 갖가지 수단—정치적 공격은 물론이고, 노동자의 수를 줄이기 위해 공장 내 노동자들을 자동화 기계로 대체했죠—에 밀려 노조는 힘을 잃어갔습니다. 구매력을 가진 인구가 대폭 줄어들자 사람들은 보상적 소비주의의 주변인 신세가 되었습니다. 보상적 소비주의에 편입됐던 사람들은 자신들에게 실제로 제공되는 상품의 본질에 대해서 어떤 좌절감을 맛보기 시작했습니다.

판매 분야에는 흥미로운 이야기가 있습니다. 저는 에밀 졸라의 소설 중에서 제2제정 시대 파리에 새로 들어선 백화점에 관한 소설이 기억납니다. 파리 경찰청장이 백화점 사장에게 묻습니다. "어떻게 그렇게 이익을 낼 수 있죠?" 그러자 이런 대답이 돌아옵니다. "'여성을 고객으로 잡으면' 남성이 돈을 낼 수밖에 없지요." 바로 성을 이용한 판매 방식이죠. 저는 백화점에 갈 때마다 이 생각이 납니다. 왜냐하면 거의 모든 백화점에 들어가면 제일 먼저 보게 되는 것이 향수, 핸드백 등 여성용 제품이기 때문입니다. 남성용품은 4층 정도에 올라가야 있습니다. 따라서 '여성을 잡는' 것은 아직도 중요합니다. 하지만 1945년 이후로는 '아이들을 고객으로 잡으면'도 등장했습니다. 이런 형태의 소비주의는 사악할 정도로 점점 착취적이고 사람을 소외시키는 방향으로 나아가고 있습니다.

보상적 소비주의가 얼마나 만족스러웠습니까? 우선, 그런 제품 중에는 조악한 것이 많아서 쉽게 부서집니다. 자본 입장에서 시장이 포화되면 안 되니까 제품 수명이 오래가지 않게 만드는 것이죠. 즉 보상적인 소비주의는 가능하다면 매일같이 새로운 유행을 만들어내고 제품 수명은 짧게 합니다. 이렇게 하면 소비시장이 활기를 띨 수는 있지만 소비자들은 피로해지고 좌절감을 느끼게 됩니다. 더구나 소비자의 시간과 노동을 절약해준다는 가전제품 기술이 사실은 전혀 그렇지 않다는 사실이 밝혀지고 있죠.

이런 사실을 접할 때면 저는 마르크스가 《자본론》에서 존 스튜어트 밀에 대해 말했던 것이 생각납니다. 존 스튜어트 밀은 왜 공장에서 사용하는 새로운 기술이 노동자들의 부담을 경감해주는 것이 아니라 노동자들을 더욱 힘들게 만드는지 궁금해했죠. 마르크스는 일이 그런 식으로 흘러가는 것이 당연하다고 대답했습니다. 새로운 기술은 노동의 부담을 경감해주려고 등장한 것이 아니라 노동력을 더 착취하려고 태어난 것이기 때문이라고 말입니다. 새롭게 시장에 나오는 가전제품에 대해서 저도 마르크스와 같은 생각입니다. 각 가정에 냉장고, 식기세척기, 세탁기, TV, 비디오 게임용 컴퓨터, 휴대폰 등이 전부 들어와 있습니다. 이 제품들 덕에 자본주의 경제체제에서 발생하는 잉여 생산능력이 많이 흡수됐죠. 하지만 이러한 가전제품과 내구 소비재는 그 주기가 최대한 짧은 시장을 만들어내고 팽창시킬 뿐입니다. 이러한 제품들은 오래가지 못합니다. 컴퓨터는 3, 4년마다 새로 구입해야 하고, 휴대폰은 2년마다 새로 사야 하죠.

    소비 회전율이 아주 빨라졌습니다. 자본은 굉장히 순간적이고 동시에 누구나 이용 가능한 비배제적인 소비 행태를 조장하는 단계까지 왔습니다. 예를 들면, 넷플릭스 시리즈 제작에 자본이 많이 투자되고 있는데, 이 넷플릭스 시리즈란 것은 어마어마한 수의 사람들이 이용하는 순간적인 소비재이며 배제적이지도 않습니다. 내가 넷플릭스 시리즈를 보고 있다고 다른 사람이 그것을 못 보는 시스템이 아니라는 의미죠. 소비지상주의의 형태는 바뀌고 있습니다. 오래가는 제품이나 특정 소비층의 욕구를 충족시키는 칼, 포크, 접시 같은 제품을 만들기보다는, 구경거리를 만드는 거대 산업을 창출하는 것이죠. 새로 제작된 다양한 개봉 영화들을 순식간에 볼 수 있다는 건 신나는 일입니다. 대부분은 들어보지도 못한 영화이지만, 여기에는 막대한 자본이 투입되죠. 이런 것이 순간적이거나 굉장히 짧은 기간 존속하는 소비시장에 상품으로 들어갑니다. 한 시간이면 넷플릭스 에피소드 하나는 다 봅니다. 그것으로 끝이죠. 그것이 소비 행위입니다. 그러고는 또 다른 것을 찾는 것이죠. 여러 에피소드를 한꺼번에 몰아보는 '빈지워칭binge watching'이 소비시장을 접수하고 있습니다. 리얼리티 TV가 시장을 접수하면서 뉴스가 소비자의 구경거리로 전락해 정치적으로 끔찍한 결과가 초래될 정도입니다. 소비자 세계의 모든 것이 변하고, 변신을 거듭하고 있습니다. 그러나 꼭 만족스러운 방향으로 변한다고는 말할 수 없죠. 보상적 소비주의도 인간을 소외시킬 수 있습니다.

예를 들어, 관광산업의 성장을 살펴봅시다. 관광산업은 현재 거대한 산업으로 성장하여 거액의 돈이 투자되고 있습니다. 관광이란 사람들이 어떤 장소에 가서 하루 만에 그 장소의 경치를 소비하고는 장소를 옮겨 또 다른 곳의 경치를 소비하는 행위입니다. 흥미로운 형태의 순간적 소비죠. 하지만 관광은 점점 더 부정적인 측면이 부각되고 있습니다. 평화롭고 조용한 장소로 관광 여행을 떠났다가 수천 명이 떼 지어 돌아다니는 광경만 보고 오는 경우가 비일비재합니다. 지금은 관광객이 너무 많아서 제대로 보고 즐기는 것이 불가능한 관광지가 정말 많습니다. 저는 최근에 피렌체를 갔었는데, 그냥 빠져나오고 싶어 견딜 수가 없었습니다. 관광객이 너무 많아 도시의 매력이 완전히 사라졌기 때문입니다. 일부 도시는 현재 관광객이 몰리는 것을 통제하려고 합니다. 예를 들어 바르셀로나는 관광산업이 너무 과열되자 숙박 공유 서비스인 에어비앤비와 호텔 건축을 제한하는 분위기입니다. 도시의 특성이 사라질 것 같고, 관광객은 관광객대로 만족도가 떨어지며, 현지 주민은 몰려드는 관광객에 시달려 견딜 수 없어졌기 때문입니다. 아름다운 곳이라고 해서 가봤더니 수많은 사람들이 우르르 몰려다니고 먹고 마시는 것이라곤 겨우 핫도그와 햄버거, 코카콜라라면 누가 그곳에 가고 싶겠습니까?

한때는 이런 형태의 소비주의가 일정 부분 보상을 제공해주는 것 같았지만 이제 더는 만족감을 주지 못합니다. 그 결과 보상적 소비주의로부터 소외를 당하고 있다는 인식이 광범위하게 퍼져 있죠. 우리 삶의 두 가지 기본적인 요소는 주거지에서 보내는 일상생활과 일터에서 보내는 일상적인 노동의 리듬입니다. 그런데 이 두 요소에서 느끼는 의미 있는 만족감은 점점 줄어드는 것 같습니다. 멋지고 환상적인 것을 이룰 수 있다는 가능성은 급증하는 것 같지만요. 이러한 불만족이 증가한다는 것은 우리 사회가 나아가고 있는 방향이 뭔가 잘못됐다는 것을 의미합니다. 만약 '우리 사회가 좋은 방향으로 가고 있습니까, 아니면 나쁜 방향으로 가고 있습니까?'라는 질문을 던지면 대부분 나쁜 방향이라고 대답할 것입니다. 우리를 보호해줄 제도는 무엇이며, 그런 제도는 어디에 있나요? 노동시간을 규제하는 방식으로, 현재 아무 규제 없이 우리 사회를 지배하고 있는 생산과 소비 양식을 제어할 수 있는 방법도 있을까요?

소외의 결과들

정치는 점점 악화되고 있습니다. 그래서 소외의 문제는 더욱 중요해지고 있습니다. 자신의 노동에서뿐만 아니라 일상생활에서도 소외된 사람들은 자신들의 불만을 해소하기 위해 종교든 정치든 제도든 의지할 곳을 찾습니다. 복음주의 기독교와 급진적 이슬람 종파를 비롯한 종교의 부흥은 일상적인 생활과 일상적인 노동에 의미가 결여되면서 벌어진 현상이라고 볼 수 있습니다. 물론 그 외에 지배계급의 지배 개념에 따라 작동하는 정치 행태에 불만을 품은 거대 세력도 있습니다. 지배계급의 지배 개념에서는 시장과 자본의 효율성이 전부이며, 환경 및 문화적으로 중요한 것들에 대한 책임은 모두 자신과 상관없거나 필요 없는 것으로 치부합니다.

노동과정에서 발생하는 소외, 현대 소비주의와 관련되어 발생하는 광범위한 소외, 정치적 과정과 관련되어 발생하는 소외, 전통적으로 우리가 당면한 문제를 해결하는 데 도움을 주고 인생에 의미를 주었던 제도와 관련되어 발생하는 소외의 상황들이 비일비재하게 일어납니다. 이 모두가 결합되면 끔찍한 결과를 초래합니다. 소외된 민중들은 불만을 품은 채 소극적인 공격성을 억누르며 그저 가만히 있습니다. 모든 것이 의미 없게 느껴져 관심과 애정의 대상도 사라집니다. 이때가 바로 위험한 상황입니다. 다양한 소외로 점철된 세상에서, 누가 방아쇠만 당겨봐라 하는 숨은 분노가 뚜렷하게 감지됩니다. 이럴 때 방아쇠를 당기면 걷잡을 수 없는 폭력 사태로 치닫게 되는 것입니다.

소외된 민중은 취약해서 예측할 수 없는 갑작스러운 민중 동원에 휘둘리기 쉽습니다. 이쯤 되면, 표면으로 드러난 이런 전반적인 불안 사태의 책임이 누구에게 있는지 따지게 됩니다. 언론 통제를 통해 지배 개념을 관리하는 자본은 그 책임이 자본에 있다는 것을 꿈에도 생각하지 못하도록 만듭니다. 그러고는 책임을 뒤집어씌울 대상을 찾습니다. 가령 이민자들, 게으른 사람들, 좀 별난 사람들, 도덕적으로 비난받는 사람들, 종교적 견해가 다른 사람들 등에게 그 책임을 씌웁니다. 결과적으로 정치적으로 불안정해지고, 폭력적인 대결 양상이 벌어지죠. 바로 이런 현상이 전 세계에서 벌어지고 있습니다. 지금까지 그늘에 가려 있던 권위적인 인물이 불쑥 나타나 대중의 분노를 자극하여 민심을 사로잡습니다. 카리스마 넘치는 새로운 지도자들은 대중들에게 이렇게 말하는 것 같습니다. "여러분의 분노는 나의 분노입니다. 내가 여러분의 분노의 물줄기를 거슬러 그 발원지로 안내해드리겠습니다." 그곳에는 이민자, 소수집단, 유색인종, 페미니스트, 사회주의자, 세속주의자 등이 희생양으로 늘어서 있습니다. 현재 우리를 둘러싼 정치는 다 이런 식입니다. 현 상황을 지나치게 단순하게 진단하는 것이지만, 이렇게 드러나는 대로, 날것 그대로 진단하는 것도 나름대로 장점이 있습니다. 우리 사회의 신적 존재인 자본만 빼고 모든 것을 싸잡아 모두에게 책임을 덮어씌우라. 바로 이것이 현재 우리를 둘러싼 정치 양상입니다. 하지만 자본은 자본축적과 기하급수적 성장의 지속 동력 면에서 이제는 말기 증상을 보이고 있습니다. 사회적 불평등이 폭발적으로 증가하고, 임금 생활자들은 빚 때문에 노예 같은 생활을 해야 하며, 환경문제는 급속하게 악화되고 있습니다. 이제 더 이상 얄팍한 보상적 소비주의와 그렇게 하면 사회 주류에 합류할 수 있다는 공허한 몸짓에 속아 자신의 삶을 유지할 수는 없습니다. 이러한 좌절감은 다양한 형태로 존재합니다. 소외의 개념은 다시 정치적인 대화에 포함되어야 합니다. 소외를 빼고는 정치 분야에서 무엇이 벌어지고 있는지 이해할 수 없죠. 민중들은 모두 결국 인간을 소외시키는 조건에 함몰되어 있는 것입니다.

생활양식은 무너지고 있으며, 사람들은 자신의 생활을 포기하고 있습니다. 그 폐허에는 마약과 알코올 중독이라는 독버섯이 피고 있을 뿐이죠. 전 세계적으로(심지어 영국 및 미국 일부 지역에서도) 기대 여명이 짧아지는 추세입니다.

소외되고, 버림받고, 무시당한다고 느끼는 민중들은 전반적으로 불안한 상태에서 생활하고 있습니다. 민중들은 자신의 잠재적 분노를 표출할 통로를 마련해주는 카리스마 있는 지도자를 따르고 응원하는 수밖에 없다고 생각합니다. 전 세계적으로 극우 포퓰리스트가 득세를 하고 있습니다. 예를 들어 브라질의 상황은 재난 수준입니다. 보우소나루만 문제가 아닙니다. 브라질 사회는 극우로 치달았으며, 이 상황을 이용해 권위주의적인 신파시스트 정치 기반 위에 자본 권력을 다시 수립하려고 합니다. 헝가리와 폴란드에도 똑같은 일이 벌어지고 있습니다. 독일과 프랑스에도 이런 조짐이 보입니다. 인도에는 모디, 터키에는 에르도안, 이집트에는 시시, 필리핀에는 두테르테가 있습니다.

온갖 파멸적인 정치 행태가 등장하고 있습니다. 이런 것들이 뿌리를 내릴 수 있는 경제적·정치적 조건들을 우리는 살펴봐야 합니다. 우파의 위협적인 정치적 움직임은 그 뿌리에서 싹을 잘라야 합니다. 그렇게 하려면 그들이 느끼는 불안감의 근원적인 원인을 이해할 수 있는 대안적인 정치경제학을 창출해야 합니다. 하지만 혁명적인 변환이 없으면, 그리고 지배적인 사회적 과정 및 이와 관련된 지배적인 정신적 관념을 제어하지 않고 그대로 내버려두면 우리는 파시스트 권위주의의 함정 속으로 깊이 떨어질 것입니다. 비극적인 결과가 나타날 가능성은 상존합니다. 여러 요소가 서로 작동하여 우리의 현재 상황을 만들어내고 있습니다. 현재 우리를 둘러싸고 있는 소외의 구조를 철저하게 탐구하지 않으면 우리가 처한 궁지에서 탈출하는 것은 불가능할 것입니다.

17

소외당하는 노동자: 공장 폐쇄의 정치

Alienation at Work: The Politics of a Plant Closure

> 제가 정말로 우려하는 것은,
> 자본이 수익성만을 따져서 노동자들을 일회용품으로
> 취급해버리는 행위입니다.

저는 최근 시카고에서 사진작가인 라토야 루비 프레이저LaToya Ruby Frazier와 함께 아주 흥미로운 주말을 보냈습니다. 라토야는 사진 작업을 상당 기간 해온 작가로 문화계에선 잘 알려져 있죠. 라토야는 로즈타운의 제너럴모터스 공장 폐쇄가 노동자들에게 미치는 충격을 조사하고 기록하기로 했습니다. 공장 폐쇄 소식은 2018년 추수감사절과 크리스마스 사이에 전해졌습니다. 제너럴모터스가 아주 잘 돌아간다고 생각하는 노동자들이 많았기 때문에 이 소식은 다소 놀랍고 충격적이었습니다. 제너럴모터스의 이윤율은 아주 높았으며, 자원도 매우 풍부했습니다. 그런데도 제너럴모터스의 소형차인 쉐보레 크루즈 제조 공장을 닫기로 한 것이죠. 라토야는 이 공장 폐쇄로 인해 노동자들과 그들의 가족에 어떤 충격이 가해지는지 알고 또 느끼기 위해 로즈타운에 가기로 결정했습니다.

라토야의 기록

물론 그곳에 간 라토야를 제너럴모터스가 환영했을 리는 만무하죠. 회사는 라토야를 공장 안으로 들어오지 못하게 했으며, 상당히 위협적인 언사도 서슴지 않았습니다. 따라서 라토야는 공장 바깥에서 작업을 해야 했으며, 그로 인해 아주 색다른 결과를 얻을 수 있었습니다. 라토야는 공장에서 근무하는 노동자들과 함께 작업했을 뿐만 아니라 가정에서 그들의 가족과도 교류했기 때문이죠. 공장 폐쇄로 가족들도 심각한 타격을 입을 겁니다. 폐쇄를 발표하면서 회사는 노동자들에게 제너럴모터스 시스템 내에 있는 다른 직장에 일자리를 찾아주겠다고 약속했습니다. 하지만 어느 누구도 정확하게 어디에서 일하게 될지, 어디로 가야 하는 것인지 몰랐죠. 어쩔 수 없이 한동안 잠자코 있을 수밖에 없었습니다. 그러나 곧이어 노동자들은 편지를 한 통 받습니다. 나흘의 시간을 줄 테니 다른 지역으로 가든지, 아니면 제너럴모터스와의 인연을 아주 끊든지 결정하라는 편지였죠. 후자의 경우에는 복지 혜택을 잃게 됩니다. 나흘 안에 결정하고 다른 지역으로 이사하는 데는 3주를 준다고 했습니다. 이 조건이 가족들에게 무엇을 의미하는지 한번 상상해보십시오. 엄청난 선택을 해야 합니다. 가족이 모두 이사를 가야 되나? 남편이나 아내만 가야 되나? 얼마나 멀리 가야 되는 걸까? 6백 마일 떨어진 곳? 아니면 천 마일?

너무나 가혹한 선택을 강요받는 사태가 벌어진 것입니다. 라토야는 고통스러운 의사 결정 과정을 옆에서 지켜보며 가족들이 얼마나 괴로워하는지, 특히 이 상황이 아이들에게 어떤 영향을 미치는지(갑자기 부모 중 한 명이 다른 공장으로 가게 되어, 3주에 한 번씩밖에 볼 수 없게 된 경우 등) 기록했습니다. 가족 전체가 이사를 해야 하는 경우에는 가족의 모든 사회관계와 서로 도우며 살던 인맥이 완전히 흐트러집니다. 이렇게 급작스럽게 결정해야 하는 상황에 처하면 관련된 사람들은 큰 충격을 받게 됩니다. 라토야의 사진 에세이에는 이런 트라우마가 생생하게 나타나 있죠. 하지만 이뿐만이 아닙니다. 라토야는 우리에게 사진 에세이를 통해 이 현장을 기록하는 데만 그치지 않았습니다. 일련의 인터뷰를 통해 가족들이 이 사태에 어떻게 대응하는지, 회사의 잔인한 취급에 대해 무슨 말을 하는지, 이 모든 사태에 대해 어떻게 느끼는지, 노동자들의 목소리까지 담아냈죠.

제너럴모터스의 로즈타운 공장은 1960년대 말에 설립되었습니다. 설립 당시에는 새로운 노사관계를 실험하는 특별한 공장으로 칭송받았죠. 1960년대에는 노동자 친화적인 노동과정을 만들어야 한다고 강조하는 풍조가 있었습니다. 노동과정에 노동자들을 더 많이 참여시키는 투자를 하자는 시도가 있었죠. 로즈타운 공장은 '엑스효율'이라는 것이 각종 문헌을 요란스럽게 도배할 때 세워졌습니다. 엑스효율은 소외 정도가 덜한 노동력일수록 훨씬 효율적이고 효과적이라는 개념입니다. 소외되어 생산 참여에 무관심한 노동력보다 말이죠. 당시 자동차 제조사에서는 새로운 노사관계를 구축하자는 시도가 일고 있었습니다. 이 새로운 노사관계는-자본주의 체제하의 공장 노동이 처음 생겼을 때부터 당연한 것으로 여겼던- 노동자를 억압하고 지배하는 관행 대신 법규를 준수하고 공동 작업과 협동 체제를 중요시하는 정신을 강조했습니다.

당시 이것이 가능했던 이유는 1960년대 자동차 산업의 특수성과 특이성 때문이었습니다. 자동차 산업은 제너럴모터스, 포드, 크라이슬러 세 회사로 정리됐습니다. 당시의 문헌에는 이것을 독점자본의 전형적인 형태라고 기술하고 있습니다. 이들 디트로이트 자동차 회사들은 엄밀히 말해 독점기업이 아니라, 소수의 과점 기업이었죠. 하지만 이들은 가격선도제를 시행하고 있었으며, 미국 경제에서 지배적인 기업으로 널리 인식되고 있었습니다. 당시에는 외국 기업과의 경쟁이 없었습니다. 도요타니 폭스바겐이니 BMW니 하는 회사들의 도전을 받지 않았죠. 스위지와 배런의 《독점자본》을 보면, 독점자본이 실제로 어떻게 움직이는지 잘 보여주는 예로 이들 디트로이트 자동차 회사를 들고 있습니다. 독점자본은 가격 담합, 가격 선도, 가격 조작을 통해 돌아가고 있었습니다. 따라서 자동차 회사들은 어느 정도 여유를 갖고 노조와 협상할 수 있었죠.

1950년대와 1960년대에 자동차 노조가 강력해짐에 따라 '패널 협상panel bargaining'이라는 것이 유행했습니다. 노조 협상가들이 어느 자동차 회사를 선택해서 이렇게 말합니다. "자, 우리 고용계약을 다시 협상합시다. 생활비 조항 같은 것을 넣읍시다. 생활비가 오르면 임금도 올라야죠." 이 협상가들이 포드와 성공적으로 협상을 마치면, 다른 회사에 가서 이렇게 말합니다. "이것 보세요, 포드가 이렇게 했으니 당신들도 대충 비슷하게 따라줘야겠어요." 다른 자동차 회사들도 포드처럼 하긴 하지만 똑같이 하진 않았습니다. 그래야 반독점법을 피할 수 있고, 자신들은 서로 경쟁하고 있다고 말할 수 있으니까요. 하지만 실제로 이 회사들은 별로 경쟁하지 않았으며, 노동자들은 그런대로 괜찮게 회사들끼리 서로 비등한 고용계약을 맺을 수 있었습니다. 여기서 '그런대로 괜찮다'는 말은 어폐가 있을 수 있죠. 왜냐하면 언제나 공장 근로조건, 임금, 소수집단의 고용 문제를 둘러싸고 투쟁과 싸움이 많이 벌어졌기 때문입니다. 그리고 자동차 노동자들 내부에서 여러 분파가 강력한 운동을 벌이고 있었습니다. 예를 들어 디트로이트혁명노조운동Revolutionary Union Movements of Detroit과 나중에 생긴 흑인노동자혁명동맹League of Revolutionary Black Workers은 자동차 회사들이 당시에는 해줄 수 없었던 선까지 회사들을 밀어붙이고 있었습니다.

따라서 1960년대에는 기업들이 노동자들과 공동 작업을 하고, 노동자들을 경영에 참여시키고, 강압이 아니라 동의를 이끌어내는 방법으로 노동자들을 관리하려는 풍조가 있었습니다. 그런데 그 동의를 이끌어내는 방법에는 작업 배분 같은 것을 노동자들이 직접 관리하는 것도 포함되어 있었습니다. 로즈타운 공장은 자본의 관점에서 보면 혁신적인 노동과정의 결과물로 탄생된 것입니다. 그곳에서는 동의가 강조됐습니다. 로즈타운의 노동자들은 회사와 특별한 관계를 맺고 있었죠. 이런 점 때문에 로즈타운은 제너럴모터스 공장 중에서도 특별한 곳으로 인식되었습니다. 그런데 공교롭게도 로즈타운 실험은 1차적 목적도 달성하지 못한 채 실패한 것처럼 보입니다. 그 이유가 아주 흥미로운데요. 자동차 회사들에 따르면, 노동자들이 일단 노동과정 설계와 작업 배분에 관여하기 시작하면 갈수록 더 관심을 갖고 관여하게 되며, 그로 인해 훨씬 효율적이 되고 자신의 상황과 제품에 자부심을 느끼게 됩니다. 지금까지 모인 증거들을 보면 자동차 회사들의 이 말은 맞았던 것 같습니다. 노동이 덜 소외됐으니까요. 그러나 이는 노동자들이 생산 환경 결정에 관여한다는 의미이기도 했습니다. 따라서 일단 관여하게 되자 더 결정권을 요구하게 되었죠. 로즈타운은 강성 노동운동의 중심지가 됐습니다. 바로 노동자들의 의식이 깨어 있었고 참여도 높았기 때문이었죠. 노동자들은 주인 의식을 갖게 되었으며 자신들에게도 힘이 있다고 느꼈습니다. 그리고 그 힘이 무엇을 의미하는지 깊이 생각했습니다. 노사 협동의 모델로 여겨졌던 로즈타운은 결국 강성 투쟁의 성지가 됐습니다.

공장 폐쇄

그런데 라토야가 알게 된 것은 바로 생산과정에 참여한다는 자부심, 이 공장에서 근무한다는 자부심은 전혀 사라지지 않았다는 사실입니다. 바로 이런 이유 때문에 공장 폐쇄가 주는 충격은 이중적이었습니다. 단순히 공장이 문을 닫았다는 사실을 넘어, 노동자의 생활양식, 존재 이유 자체가 갑자기 도전을 받은 것입니다. 공장 폐쇄는 모든 부문에서 심한 충격을 주었습니다. 가정생활과 사회적 관계가 파탄 났습니다. 노동자들이 생산과정에 참여한다는 자부심이 사라졌습니다. 노동자들이 자신의 노동과 자신이 만든 제품에 자부심을 느끼면 느낄수록 공장 폐쇄를 받아들이기가 더 어려웠습니다. 그런데 흥미로운 점은 이 공장 폐쇄를 어느 정도는 트럼프의 일관성 없는 경제정책 탓으로 돌릴 수 있다는 사실입니다. 트럼프는 원래 제조업에 근무하는 육체노동자를 돕겠다고 약속했었죠. 그런데 로즈타운 공장이 계속 문을 열 수 있었던 이유 중 하나는 주요 자동차 제조사가 수익성 좋은 SUV에만 집중하는 것을 막는 규제가 있었기 때문입니다. 환경 친화적이지만 수익성이 떨어지는 소형차 생산을 거들떠보지 않는 것을 방지하려는 규제였습니다.

로즈타운 공장은 제너럴모터스의 소형차인 크루즈를 생산하고 있었습니다. 앞에서 말한 규제 때문이었습니다. 그러나 트럼프가 이 규제를 풀어버리자 제너럴모터스는 소형차를 더 이상 생산할 필요가 없어졌죠. 환경보호라면 쌍수를 들고 반대하는 트럼프는 로즈타운의 일자리를 유지해주던 규제를 없애버렸습니다. 따라서 어느 정도는 트럼프가 로즈타운의 일자리를 없앴다고도 말할 수 있습니다.

로즈타운 공장의 역사에 중요한 것이 하나 더 있습니다. 1960년대 디트로이트 3대 자동차 제조사들의 독과점 체제는 해외 경쟁사의 도전으로부터 보호받고 있었다는 점입니다. 브레턴우즈 국제 시스템이 자본의 이동을 제어하는 기초 위에 확립된 것이기 때문입니다. 따라서 자본이 자유롭게 미국으로 들어오지도, 빠져나가지도 못했죠. 물론 자본이 전혀 움직이지 못했다는 말이 아닙니다. 서로 다른 국가들은 사실상 각자 보호를 받는 영역이어서 준독점 체제가 형성될 수 있었다는 의미입니다. 따라서 미국도 보호를 받는 영역이어서 3대 자동차 제조사들이 미국을 지배하는 것이 가능했던 것이죠. 그러나 자본 이동을 제어하던 조치는 여러 가지 이유로 1971년에 철폐됐습니다. 그 결과 미국 시장은 외국자본에 개방되었고 해외 자동차 회사들이 미국으로 진출하여 디트로이트 독과점 체제와 경쟁하게 됐습니다. 1970년대 말부터 1980년대 초까지 일본과 독일 자동차 회사들이 미국으로 진출하여 엄청난 투자를 했습니다. 특히 소형차 시장에서 디트로이트의 독점적 체제는 깨졌습니다. 일본 차들이 더 싼 가격에 성능은 더 좋았기 때문이죠.

1980년대 들어 디트로이트는 문득 깨달았습니다. 해외 기업과의 치열한 경쟁 탓에 경기가 어려워졌다는 사실을 말이죠. 디트로이트는 자동차 제조 노동자들과 협업한다는 전략을 버리고 보다 강압적인 전략으로 돌아섰습니다(1970년대와 1980년대에 돌아서기 시작했죠). 그러나 계급 연대 의식으로 뭉친 강성 노동자들이 있는 로즈타운에서의 강압 전략 이행은 곧 잦은 투쟁으로 이어졌습니다. 1960년대 말부터 1970년대 초까지 발표된 노사관계 자료들에는 자동차 업계의 노동자 서클, 생산 서클에 대한 얘기가 많이 등장합니다. 이러한 서클들은 미 노동부의 지원을 받기도 했습니다. 그러나 1970년대 말에서 1980년대 초까지 이런 글은 전부 없어졌습니다. 이것이 의미하는 바는 명백합니다. "우리는 노동자계급을 다시 그들이 원래 있었던 틀 안에 묶어두어야 합니다. 우리는 훨씬 강압적인 노동 시스템을 만들기 시작해야 합니다." 그 결과 자본은 노동을 한 번 쓰고 버려도 좋은 일회용품으로 치부했습니다. 이렇게 공장 내 노사관계는 일대 전환을 맞게 됩니다.

이후 2007-08년 금융위기가 닥치자 자동차 제조사들은 극심한 어려움에 처했습니다. 주택 위기 때 미국 소비자는 힘을 잃었습니다. 미국의 7백만 가구가 살 집을 잃었으니 새 차를 구입할 엄두가 나지 않았죠. 제너럴모터스는 파산 지경에 이르렀습니다. 엄밀하게 말하면 사실상 제너럴모터스는 파산해서 구제금융을 받았죠. 잠깐 국유화되어 정부 소유가 되었다가 구제금융을 받아 회생했습니다. 또한 노동자들이 고용계약 재협상에 동의했기 때문에 노동자들의 도움도 받은 셈입니다. 이 점이 중요합니다. 노동자들이 자신을 고용하고 있는 회사를 구원해 자기 일자리를 지킨 것이니까요. 노동자들은 임금을 삭감하고 건강보험과 연금 등 복지 혜택을 줄였습니다. 노조는 노동자들을 두 부류로 나누었습니다. 표준 고용계약서에 서명했던 나이 든 노동자들은 종전의 임금을 그대로 유지하기로 했습니다. 그것도 종전의 건강보험과 연금을 유지하며 그렇게 했다는 점이 아주 중요합니다. 그러나 새로 고용된 노동자들의 임금과 복지 혜택은 달랐습니다. 그래서 같은 공장에서 똑같은 작업을 하는 두 사람이 서로 다른 고용조건하에서 일하게 되었죠. 연공서열로 따져 선배에 해당하는 나이 많은 노동자는 종전의 조건으로 일하지만, 새로운 고용계약을 받아들일 수밖에 없는 신입 직원의 고용조건은 많이 축소됐습니다. 국가가 개입하고 노조가 양보하여 제너럴모터스는 2007-08년 금융위기에서 단계적으로 벗어나 이제는 미국에서 가장 수익성이 높은 기업에 속하게 됐습니다.

라토야와 인터뷰한 노동자들은 로즈타운 공장이 왜 폐쇄되어야 하는지 이해를 못 하겠다고 했습니다. 노동자들은 힘들게 쟁취한 권리도 다수 포기하고 많은 것을 내려놓으며 회사를 살렸습니다. 회사는 이제 믿을 수 없을 정도로 수익을 내고 있습니다. 바로 이런 순간에, 회사가 돌변해 노동자들을 일회용 소모품으로 취급하고 있는 것입니다. 회사를 살리기 위해 희생한 충성스러운 직원으로 대우하기는커녕 말입니다. 미주리주, 미네소타주 등의 다른 공장으로 갈 것인지, 아예 그만둘 것인지 나흘 안에 결정하라고 한 것은 특히나 잔인한 조치였습니다. 그런데 여기 복병이 있습니다. 만약 전근 조치를 받아들이지 않으면 노동자들은 복지 혜택을 모두 잃습니다. 이런 최후통첩 때문에 받는 스트레스가 어떨지 한번 상상해 보십시오. 6백 마일 혹은 천 마일 떨어진 공장으로 가지 않으면 가족에게 필요한 연금과 건강보험 혜택을 모두 잃게 되는 갑작스러운 현실에 직면했다면 여러분은 무엇을 어떻게 하며, 어떻게 의논하겠습니까? 더구나 나흘 안에 결정해야 합니다. 그야말로 잔인무도한 조치죠. 그러나 이것이 노조 협상력이 상당히 세다는 분야에서 벌어지는 노사관계의 실정이며, 결국 전반적인 노동자에게 무슨 일이 일어날지 알려주는 예입니다. 로즈타운 공장의 노동자 중 일부는 회사의 전근 제의를 받아들이지 않았습니다. 이 사람들은 자신의 선택이 가져올 결과를 감수해야만 합니다. 실질적으로 생활수준이 하락하고 사회보장 혜택이 줄어들 것입니다. 그러나 가족의 생활이 무너지더라도 이들은 지역사회에서 자신이 소중하다고 느끼는 사회관계 유지를 선택한 것입니다.

이 사태는 자본의 관점에서 보는 노동이 어떤 것인지 극명하게 보여주는 예입니다. 즉 노동은 사용가치에 불과하며, 생산에 필요한 한 가지 요소일 뿐입니다. 따라서 일회용이며, 일정한 환경과 법적인 테두리 안에서 취득할 수 있는 것입니다. 이게 전부입니다. 그러나 노동자에게 노동은 가족의 생활이며, 사회관계이며, 공장에서 일어나는 일인 동시에 지역사회에서 일어나는 일이며, 모든 것이 연결되어 일어나는 일이며, 노조의 일원으로 수행하는 일입니다. 이것이 중요합니다. 자본주의 체제하의 기업은 효율과 수익률만 강조합니다. 다른 것은 그렇게 중요하지 않습니다. 지역사회의 삶에 기업은 아무런 책임을 느끼지 않습니다. 제너럴모터스나 노조 모두 지역사회에 깊숙이 개입되어 있었으면서도 말입니다.

대규모 자선단체인 유나이티드웨이United Way는 지역사회 서비스, 문화 활동, 사회복지 체제 등에 자금을 대면서 그 존재감이 큰 단체입니다. 제너럴모터스 직원들이 유나이티드웨이에 내는 기부금은 엄청납니다. 회사는 직원들이 낸 기부금만큼 돈을 냅니다. 즉 직원들이 10만 달러를 기부하면, 회사도 10만 달러를 내는 것이죠. 하지만 공장이 폐쇄되면서 이런 것은 모두 사라질 운명에 처했습니다. 지역사회는 이러한 자선단체의 기부금으로 촘촘히 짜여 있었습니다. 그런데 사람들이 제너럴모터스에서 해고당하면 기부를 할 수 없게 됩니다. 지역사회의 구조, 사회관계, 사회문화적 서비스는 심각하게 훼손될 것입니다.

자본의 역사를 살펴보면, 기업은 성장하기도 하고 붕괴하기도 합니다. 우리는 그런 역사를 잘 알고 있습니다. 따라서 어떤 경우에도 공장을 폐쇄하면 안 된다고 말하는 것은 아닙니다. 공장을 폐쇄한다면 어떻게 폐쇄해야 하며 왜 폐쇄할 수밖에 없느냐가 큰 문제로 남습니다. 제너럴모터스의 최고경영자 메리 바라Mary Barra는 온갖 미사여구를 동원해 제너럴모터스가 한 가족이라는 점을 강조하고 또 강조했습니다. 회사가 가족을 전면 공격하여 해체하려는 이 마당에 말입니다.

하지만 제너럴모터스는 이제 새로운 방향으로 나아가려는 모양입니다. 바로 전기자동차죠. 미래에는 자동차 제조사로 남아 있기 싫다고 합니다. 첨단기술 회사가 되는 것이 꿈이라고 말합니다. 마치 테슬라Tesla의 책 한 페이지에서 툭 튀어나와 전기차를 생산한다고 말하는 것 같습니다. 자동차 산업은 정말로 문제가 있죠. 엄청난 오염과 기후변화를 유발하고 있습니다. 우리는 자동차를 비롯해 화석연료를 사용하는 모든 것에서 분명 벗어나야 할 필요가 있습니다. 전 세계적으로 자동차 생산능력의 잉여분이 많습니다. 특히 전통적인 자동차 생산 분야에서 그렇습니다. 말이 안 되죠. 상파울루는 주로 자동차 산업에 의존하는 도시이지만, 교통 체증과 대기오염으로도 악명 높은 곳입니다. 우리는 자동차 대량생산 체제에서 벗어날 장기 계획을 세우고, 사회체제를 다시 조직해야 합니다. 저는 로즈타운 공장의 문을 무한정 열어둬야 한다고 말하는 것은 아닙니다. 언젠가는 우리가 자동차에 그렇게 의존하지 않는 사회에 살고 싶을 것이라는 점을 인정해야 합니다. 그렇게 되려면 사회의 경제적 기반이 바뀌어야 합니다. 그러나 이렇게 말하는 것과 15년 내지 20년에 걸쳐 로즈타운의 사회구조와 그곳 사람들이 갖고 있는 기능을 모두 합쳐 다른 것으로 전환하는 계획을 세우는 것은 별개의 문제입니다. 이에 대해 생각할 수 있는 길은 유일합니다. 자동차 산업을 다른 것으로 전환하기 위해 산업을 재구성하고 인원을 재배치하는 일관된 계획이 있어야만 가능한 일입니다. 누군가가 자동차 산업을 인공지능을 이용한 첨단 전자 수송 시스템으로 전환해야 한다고 말할 때 저는 그걸 우려하지는 않습니다. 그렇게 하는 것이 좋다고 인정하고 우리 모두 그렇게 하는 것이 좋다고 인정해야만 한다고 봅니다. 제가 정말로 우려하는 것은 로즈타운의 경우에서처럼, 자본이 수익성만을 따져서 노동자들을 일회용품으로 취급해버리는 행위입니다.

더구나 자본은 지역사회의 모든 것을 내팽개쳤습니다. 사회관계, 사회적 서비스 구조 등을 포함한 모든 것으로 이루어진 지역사회 자원을 버린 것이죠. 더 나은 방법으로 이러한 전환을 이행할 수 있는 방법이 분명히 있지만, 자본은 이런 방법을 포용하려 들지 않을 것이 명약관화합니다. 자본가들은 계속 같은 방법으로 움직일 뿐입니다. 제너럴모터스는 노동자들에게 전혀 고마워하지 않습니다. 주주들과 최고경영자들에게만 고마워하죠. 주주들의 고액 배당금과 최고경영자의 천문학적 연봉을 보장하기 위해 노동자들의 생존을 짓밟고, 지역사회와 전반적인 사회관계 구조를 파괴하고 있습니다. 그 뒤에는 끔찍한 결과가 기다리고 있겠죠. 현재 오하이오주에는 오피오이드가 기승을 부리고 있습니다. 실업, 정체성 상실, 인생의 의미 상실 등, 소외가 깊어지는 현상에 뿌리를 박는 마약 때문에 오하이오주의 지역사회는 황폐해지고 있습니다.

노조에게 아무런 자문도 구하지 않고, 지역사회 기구들과 아무런 상의도 하지 않은 채 갑작스럽게 공장을 폐쇄하는 것에 대한 사회적 비용이 부담으로 돌아오지 않는 방법을 우리는 생각해내야 합니다. 제너럴모터스는 회사가 어려울 때는 얼씨구나 하고 노조와 대화를 했습니다. 그러나 회사가 아주 잘 돌아가자 대화는 필요 없다는 입장입니다. 자신들이 그리는 미래에는 노동자들이 낄 자리가 없다며 노동자들을 발톱에 낀 때보다 못한 존재로 취급하는 것이죠. 라토야가 펴낸 훌륭한 사진 에세이, 그리고 노동자와 그 가족들의 말을 기록한 작품에는 일어날 필요가 없었던 비극이 소용돌이치는 현장이 생생하게 담겨 있습니다. 이 이야기를 읽으면, 누구나 정치적으로 반자본주의 노선을 밟을 수밖에 없다는 단호한 결심이 들 것입니다.

18

코로나19 시대의 반자본주의 정치

Anti-Capitalist Politics in the Time of COVID-19

코로나19는 폭력적이고 무절제한 신자유주의자들이 40년에 걸쳐 자연을
무자비하게 학대하고 남용한 죄에 대한 자연의 보복입니다.

매일 쏟아지는 뉴스를 해석하고 이해하고 분석하려고 할 때, 저는 지금 일어나고 있는 일들을 자본주의의 작동 방법을 나타내주는 두 가지 모델에 집어넣곤 합니다. 이 두 가지 모델은 서로 뚜렷하게 구별되지만 교차하는 면들이 있죠. 첫 번째 모델은 자본이 순환하고 축적되는 내부 모순을 분석하고 정리하는 수준입니다. 마르크스의 표현을 빌리자면, 네 가지 서로 다른 '순간', 즉 생산의 순간, 실현(소비)의 순간, 분배의 순간, 재투자의 순간을 거치며 이윤을 추구하는 화폐가치의 흐름을 분석·정리하는 것이죠. 이는 끝없이 팽창하고 성장하는 나선형의 자본주의 경제모델입니다. 이것을 지정학적 경쟁관계, 불균등한 지리적 개발, 금융기관, 국가정책, 기술적 재구성 및 항상 변하는 노동 분업과 사회적 관계망이라는 렌즈를 통해 자세히 들여다보면 상당히 복잡해집니다.

코로나19의 시작

그러나 저는 이 모델을 광범위한 맥락 속에 내재되어 있다고 상상해봅니다. 가정과 지역사회 내의 사회적 재생산이라는 보다 폭넓은 맥락 속에, 영속적이고 끊임없이 진화하는 자연(도시화의 '제2자연' 및 자연환경과 대비되는 건조환경을 포함하여)과의 유기적 관계 속에 내재되어 있다고 말입니다. 또 시대와 지역을 불문하고 인간이 전형적으로 창조하는 온갖 종류의 문화적·과학적(지식을 기반으로 하는)·종교적, 예측불허의 사회적 형태들 속에도 내재되어 있다고 상상해봅니다. 이 모델에서 '분배의 순간'과 '재투자의 순간'은 인간의 욕망에 대한 적극적인 표현을 구체화하는 순간입니다. 즉 인간의 요구와 필요, 지적 욕구와 삶의 의미를 찾고자 하는 욕구를 실질적으로 구현해내는 순간이죠. 또 지리 문화 사회 정치적으로 뚜렷한 다양성을 가진 세계에서 일어나고 있는 제도적 변화, 정치적 논쟁, 이념적 대립, 상실, 패배, 좌절, 소외 등에 맞서 쟁취하고자 하는 성취(이러한 욕구 추구는 계속해서 진화하고 있습니다)를 실질적으로 구현해내는 순간입니다. 두 번째 모델은 하나의 독특한 사회형태로 세계 자본주의를 이해하는 것, 이를테면 바로 제 작업 모델입니다. 반면 첫 번째 모델은 역사적·지리적 진화의 도정에서 이런 사회형태에 동력을 제공하는 경제적 엔진 속 모순을 다루는 것이죠.

2020년 1월 26일 중국에서 맹위를 떨치고 있는 코로나바이러스에 관한 기사를 접하고 저는 즉시 자본축적을 둘러싼 전 세계 역학관계에 미칠 영향에 대해 생각했습니다. 연속적인 자본의 흐름이 막히거나 방해를 받으면 가치가 하락합니다. 가치 하락이 광범위해지고 심해진다는 건 위기가 닥쳐올 것이라는 신호입니다. 저는 경제모델 연구를 통해 이러한 사실을 알고 있었죠. 중국은 규모 면에서 세계경제의 2인자이며, 2007-08년 위기에서 세계 자본주의를 실질적으로 구제했습니다. 따라서 중국 경제에 조금이라도 타격이 생기면 안 그래도 위험한 상황에 놓인 세계경제에 심각한 영향이 있을 수밖에 없다는 점 또한 잘 알고 있었습니다. 제가 보기에는 자본축적에 관한 기존 모델은 이미 곤경에 빠져 있었습니다. 저항의 움직임이 거의 모든 지역(산티아고에서 베이루트까지)에서 일고 있었는데, 대부분 현 경제를 지배하는 신자유주의 모델이 민중에게 제대로 작동하지 않는다는 사실에 초점을 맞추고 있었습니다. 이 신자유주의 모델은 갈수록 의제자본 및 막대한 화폐 공급과 부채 창출에 의지하고 있습니다. 신자유주의는 이미 자본이 생산할 수 있는 가치를 실현할 유효수요가 충분하지 않다는 문제에 직면해 있습니다. 정당성은 떨어지고 건강하지도 않은 현 경제체제가 팬데믹이 몰고 올 불가피한 영향을 어떻게 흡수해서 생존할 수 있을까요? 팬데믹의 영향이 얼마나 지속되고 퍼지는지에 따라 그 대답은 크게 달라집니다. 왜냐하면 마르크스가 지적한 대로, 가치 하락은 상품이 팔리지 않아서가 아니라 '제때' 팔리지 않아서 생기기 때문입니다. 저는 오래전부터 '자연'을 문화, 경제, 일상생활과 동떨어진 것으로 보는 시각을 거부했습니다. 물질적인 측면에서 자연과의 유기적 관계를 변증법적이며 관계론적으로 보고 있습니다. 자본은 자기 재생산으로 환경조건을 변형합니다. 하지만 그로 인해 기후변화 같은 의도치 않은 결과를 초래하기도 합니다. 끊임없이 환경조건을 재구성하는 자율적이며 독립적인 자연 진화의 힘을 거스르며 환경을 변형하는 것입니다. 이런 관점에서 보면 진짜 자연재해라고 부를 수 있는 것은 없습니다. 물론 바이러스는 항상 변이합니다. 그러나 돌연변이가 인간의 생명을 위협할 정도가 되는 환경은 인간의 행동에 따라 달라집니다. 두 가지 측면에서 이 문제를 살펴볼 수 있습니다. 첫째, 바이러스가 자신의 생존에 우호적인 환경에 처해 있으면 활발하게 돌연변이를 일으킬 확률이 높아집니다. 예컨대, 습한 아열대 지역처럼 서식지가 급격하게 변환되고 먹이 공급 시스템이 한쪽으로 치우치

거나 불규칙한 환경에서는 돌연변이가 생길 확률이 높아질 것이라 예상할 수 있죠. 그런 시스템은 여러 지역에 존재하는데, 중국 양쯔강 이남 지역과 동남아시아도 포함됩니다. 둘째, 숙주들 간의 급속한 전파를 조장하는 조건은 경우에 따라 크게 다릅니다. 인구밀도가 높으면 숙주를 쉽게 구할 수 있겠죠. 잘 알려진 사실로, 홍역은 인구가 밀집된 도심 지역에서는 활발하게 번지지만, 인구밀도가 낮은 지역에서는 금방 소멸됩니다. 어떻게 교류하고 돌아다니며 지켜야 할 것들을 지키느냐 혹은 손 씻는 것을 잊어버리느냐 등의 인간 행동 양식이 질병 전파에 영향을 미칩니다. 최근에 사스, 조류독감, 돼지독감이 중국 또는 동남아시아에서 발생한 것으로 보입니다. 중국은 지난해에도 돼지열병으로 극심한 고통을 겪었습니다. 돼지를 대량으로 살처분해서 돼지고기 가격이 급등했죠. 중국에 책임을 물으려고 이런 이야기를 하는 것은 아닙니다. 바이러스 변이와 확산 위험이 큰 환경을 갖고 있는 지역은 중국 외에도 많습니다. 1918년의 스페인독감은 미국 캔자스주에서 발생한 것인지도 모릅니다. 에이즈바이러스가 아프리카에서 배양됐을지도 모르죠. 웨스트나일열West Nile Fever과 에볼라는 틀림없이 아프리카에서 시작됐습니다. 뎅기열은 라틴아메리카에서 맹위를 떨치는 모양새죠. 그러나 코로나바이러스의 확산이 미치는 경제적·인구통계학적 영향은 현 경제체제 내에 이미 존재하는 균열과 취약성에 따라 달라집니다.

세계화와 코로나19

저는 코로나바이러스가 우한에서 처음 발견됐다는 뉴스에 크게 놀라지는 않았습니다(코로나19가 어디서 시작됐는지는 확인되지 않은 사실이긴 합니다만). 우한 지역은 상당한 영향을 받을 게 분명했습니다. 우한이 생산의 중요 요충지라는 점을 감안하면 세계경제에 미칠 타격도 불을 보듯 뻔했습니다(그 규모가 어느 정도일지는 저는 몰랐습니다만). 감염 및 확산 경로와 팬데믹이 언제까지 계속될지가(백신이 개발될 때까지) 큰 의문이었습니다. 세계화가 진행될수록 새로운 질병이 전 세계로 급속하게 확산되는 것을 막기는 불가능합니다. 이것이 세계화의 단점이라는 것은 이전의 경험을 통해 알고 있었습니다. 우리는 거의 모든 사람들이 여행을 하는, 고도로 연결된 세상에서 살고 있습니다. 인간관계가 촘촘하게 연결되어 있어, 질병이 확산될 위험이 매우 높습니다. 이런 혼란이 1년 넘게 지속되는 것은 위험합니다(경제적으로도 인구통계학적으로도).

처음 우한의 코로나바이러스에 대한 뉴스가 전해지자마자 전 세계 주가가 하락했지만, 놀랍게도 곧이어 한 달 이상 신고가 new highs를 찍었습니다. 중국을 제외하면 모든 곳이 정상적으로 돌아가는 듯했습니다. 사람들은 사스 같은 것이 한 번 더 되풀이되는 정도로 받아들였습니다. 사스는 치명률이 높아서 금융시장에 극심한 공포를 안겨주었지만(뒤돌아보면 괜히 겁먹은 경우였지만) 금방 억제되어 전 세계적으로 영향이 적은 질병이었습니다. 코로나19가 나타나자 사스가 다시 발병한 것으로 치부하는 반응이 지배적이었죠. 그래서 지나친 공포를 느낄 필요 없다는 의견이 대세를 이루었습니다. 이 질병이 중국에서 발호하자(중국 당국은 이 전염병의 영향을 억제하려고 신속하고도 단호하게 움직였습니다) 전 세계는 이 문제를 '그곳만의 문제'로 오판하여 금세 잊힐 것이라 생각했습니다(일부 지역에서 일고 있는 반중국 혐오 정서도 한몫했죠). 승승장구하던 중국 경제에 코로나바이러스가 타격을 가하자 트럼프 행정부의 일부는 희희낙락하기도 했습니다. 그러나 우한과 연계된 전 세계 생산체계에 이상이 감지된다는 뉴스가 돌기 시작했습니다. 이러한 뉴스는 대부분 무시되거나, 특정 제품군 혹은 특정 기업(애플 같은)만의 문제로 인식됐습니다. 가치 하락은 국지적이며 특정한 것에 국한되어 나타났습니다. 체계적으로 나타나지는 않았죠. 또한, 중국 시장에서 활발하게 영업하던 맥도날드나 스타벅스 같은 매장들은 당분간 문을 닫아야 했지만, 소비자들의 수요가 하락한다는 조짐은 별로 보이지 않았습니다. 코로나바이러스의 발호는 중국의 음력설과 맞물렸기 때문에 1월 내내 그 영향이 가려졌습니다. 이렇게 안일하게 대처한 것은 큰 실책이었습니다.

코로나바이러스가 중국을 벗어나 해외로 퍼진다는 뉴스가 처음 나올 무렵만 해도 이는 한국이나 이란 등 소수의 국지적이고 일시적인 문제였습니다. 이탈리아에서 환자가 급격하게 발생하자 처음으로 화들짝 놀라기 시작했죠. 2월 중순에 시작된 주식시장의 폭락은 다소 등락을 거듭했지만 3월 중순이 되자 전 세계적으로 거의 30%의 가치 하락이 초래됐습니다. 기하급수적으로 확진자가 발생하자 온갖 종류의 황당하고 공포에 사로잡힌 반응들이 쏟아져 나왔습니다. 트럼프 대통령은 확진자와 사망자가 급증하는 현실에 마주치자 마치 모세가 홍해를 가르는 기적을 재현하는 듯한 제스처를 보여주기도 했죠. 뭔가 이상해 보이는 반응들도 있었습니다. 미 연방준비은행은 바이러스가 창궐하는 현실에 직면해서 금리를 낮추었는데, 이는 괴상해 보였습니다. 이것이 바이러스를 막으려는 조치가 아니라 시장에 미치는 영향을 완화하려는 움직임이었다고 알려졌더라도 말이죠.

공중보건과 의료 시스템은 거의 모든 지역에서 일손이 부족했습니다. 남북미 대륙과 유럽에서 40년 동안 신자유주의 체제가 지속되면서 엉망이 되어버린 공중보건 시스템 탓에 민중들은 고스란히 위험에 노출되었죠. 이전의 사스나 에볼라 공포 때 이런 위기가 닥치면 어떻게 해야 한다는 경고와 교훈을 넘칠 정도로 얻었지만 아무런 준비도 하지 않은 결과입니다. 소위 '문명' 국가나 지방정부나 할 것 없이 이런 종류의 비상시국에 민중들을 보호하는 최전선에 서야 할 공중보건기구들은 자금이 말라버렸습니다. 기업과 부자들에게 세금을 감면해주고 돈을 퍼주기 위해 설계된 내핍정책을 펼친 결과였죠. 거대한 이익단체인 제약회사들은 돈이 안 되는 이런 전염병(코로나바이러스류는 전부 1960년 이래 그 존재가 잘 알려져 있었습니다) 연구에 거의, 아니 아예 관심이 없습니다. 전염병 예방에 거의 투자를 하지 않죠. 공중보건과 관련된 위기에 대응하기 위한 투자에도 거의 관심이 없었습니다. 이런 회사들은 치료제를 개발하는 것만 좋아했습니다. 사람들이 아플수록 돈을 더 많이 벌기 때문입니다. 질병 예방은 주가에 도움이 안 됩니다. 오히려 주가가 떨어지는 수도 있습니다. 공중위생 시스템 측면에서 비상사태에 대비해 잉여 대처 능력을 준비하는 것은 사업성이 없습니다. 질병 예방은 의료 당국과 민간기업의 공동투자를 이끌어낼 매력이 없는 분야입니다. 트럼프 대통령은 기후변화를 포함한 모든 연구 기금을 삭감하면서 똑같은 논리로 미국 질병관리센터의 예산을 삭감했으며, 국가안보회의의 세계적 유행병 실무 그룹을 해체했습니다. 제가 이 사태를 의인화해서 비유적으로 표현해보면, 코로나19는 폭력적이고 무절제한 신자유주의자들이 40년에 걸쳐서 자연을 무자비하게 학대하고 남용한 죄에 대한 자연의 보복입니다.

가장 신자유주의적이지 않은 중국, 한국, 대만 싱가포르가 지금까지 이 세계적 유행병을 이탈리아보다 더 잘 대처하고 있는 것을 보면 뭔가 시사점이 있다고 생각합니다(다만 이란은 예외라는 점을 인정하지 않을 수 없지만요). 중국이 사스에 대처할 때만 해도 처음에 숨기고 부정하는 것이 많아 상당히 잘못 대응했다는 것을 증명하는 자료가 많습니다. 하지만 이번에 시진핑 주석은 한국처럼 투명하게 보고하고 검사하라는 지시를 내렸습니다. 그렇다 하더라도 중국은 귀중한 시간을 낭비했습니다(단 며칠의 시간 차이가 아주 많은 것을 좌우하니까요). 하지만 중국이 이 전염병을 우한을 중심으로 한 후베이성 내에서 제어했다는 것은 놀라운 일입니다. 코로나바이러스가 베이징, 서부, 심지어 남부로도 그렇게 무자비하게 퍼지지는 않았죠. 3월 말이 되자 중국은 후베이성에 새로운 확진자가 없다고 발표했습니다. 중국의 볼보 생산 공장은 정상적으로 자동차 생산을 재개한다고 발표했습니다. 전 세계 다른 곳의 자동차 생산은 중단된 상황이었죠. 바이러스를 지리적으로 제어하는 조치는 광범위하고 자유를 구속하는 일이었으며, 그렇게 할 수밖에 없는 일이었습니다. 다른 곳에서 그런 조치를 따라 하는 것은 정치·경제·문화적 이유 때문에 어려울 것입니다. 중국발 보도를 보면 현지의 치료와 정책은 세심한 배려와 거리가 멀었습니다. 더구나 중국과 싱가포르 당국은 개인을 감시하는 권한을 십분 활용하여 개인의 사생활을 침해하고 대중을 권위주의적으로 대했습니다. 그러나 전체적으로 이들 나라는 상당히 효율적으로 움직였습니다. 하지만 대응이 며칠만 빨랐어도 사망자는 많이 줄었을 것입니다. 이것은 중요한 정보입니다. 무엇이든 기하급수적으로 성장하는 사태에는 변곡점이 있어서, 그 점을 지나면 증가 총량은 완전히 제어 불능 상태가 되고 맙니다(여기서 또다시 변화율 대비 총량의 중요성이 제기됩니다). 트럼프가 몇 주 동안이나 꾸물거리고 있었다는 사실 때문에 수많은 사람들이 목숨을 잃게 되리라는 것은 불 보듯 뻔합니다.

코로나 취약 계층

현재 코로나가 경제에 미치는 영향은 전 세계에 걸쳐 걷잡을 수 없이 확대되고 있습니다. 기업의 '가치 사슬value chains'을 통한 차질과 일정 분야에서의 차질은 예상했던 것보다 훨씬 전체 경제에 영향을 미치고 있고 강도가 큽니다. 장기적으로는 공급 사슬이 짧아지고 다변화될 것으로 예상되며, 생산의 노동집약도가 감소하며(고용 측면에서 엄청난 영향을 끼칠 것입니다) 인공지능에 대한 의존도가 더 커질 것입니다. 생산 사슬에 차질이 생기면서 노동자의 정리해고를 초래하여 최종 수요가 감소합니다. 한편 원자재 수요는 생산적 소비를 감소시킵니다. 수요 측면에 대한 이러한 영향은 그 자체만으로도 적어도 완만한 경기 침체를 초래합니다.

그러나 제일 취약한 지점은 다른 곳에 있었습니다. 2007-08년 금융위기 이후에 폭발한 소비지상주의는 붕괴해서 엄청난 결과를 초래했습니다. 이전의 소비지상주의는 회전 시간을 거의 제로에 수렴할 정도로 단축하는 것에 기반을 두고 있었죠. 회전 시간이 최대한 짧은 소비지상주의로 몰려든 투자는 기하급수적으로 증가하는 자본을 최대한 흡수하는 것과 전적으로 관계가 있습니다. 해외관광이 그 전형적인 예입니다. 2010년에 8억 건이었던 해외관광은 2018년에는 14억 건으로 증가했습니다. 이런 형태의 순간적 체험 소비지상주의를 유지하려면 공항, 항공사, 호텔, 식당, 테마파크, 문화 행사 등 막대한 기반 시설 투자가 필요했죠. 이러한 자본축적 분야는 이제 한물갔습니다. 항공사는 파산 직전이었고, 호텔은 비었으며, 접객 산업은 대량 실업 사태가 임박했습니다. 외식은 이제 바람직한 행위가 아니어서 식당과 술집이 문을 닫은 지역이 많습니다. 테이크아웃도 위험해 보입니다. 임시직 선호 경제나 기타 고용이 불안정한 직종에서 엄청난 규모의 해고 사태가 벌어지고 있으며, 이들은 다른 생계 수단이 없습니다. 문화 행사, 축구나 야구 경기, 콘서트, 사업상 회의, 전문직 회의, 선거를 둘러싼 정치적 회합들까지도 취소됐습니다. 이러한 이벤트성 체험 소비주의는 종료되었습니다. 지방 정부의 수입에는 구멍이 났죠. 대학교를 비롯한 학교들도 폐쇄되었습니다.

지금 같은 조건에서는 현대 자본주의적 소비지상주의의 첨단 모델이 거의 작동하지 않습니다. 앙드레 고르츠가 말한 '보상적 소비주의'(예를 들어, 소외된 노동자들이 열대 해변으로 패키지 관광을 가는 것으로 원기를 회복한다는 등)도 그 기세가 꺾였습니다.

하지만 현대 자본주의 경제체제는 70, 80%가 소비지상주의에 의해 움직입니다. 지난 40년에 걸쳐 소비자의 신뢰와 심리가 유효수요를 동원하는 주요 요인이 되었으며, 자본은 더욱더 수요와 욕구에 의해 움직이게 됐습니다. 경제 동력의 이러한 원천은 일시적으로 생기는 격심한 변동에 끌려다니지 않습니다(아이슬란드 화산 폭발 때문에 대서양 비행편이 2주 동안 중단된 때 같은 예외적인 경우를 제외하면). 하지만 코로나19는 격심한 변동을 일시적으로 초래하는 것이 아니라, 가장 부유한 국가의 지배적인 행태인 소비지상주의의 심장부를 무너뜨리는 결과를 낳고 있습니다. 끊임없는 자본축적이 그리고 있는 나선형 궤도가 전 세계 곳곳의 내부에서 붕괴하고 있는 것이죠. 정부 재정으로 대량 소비를 촉진하는 수밖에는 이를 구원할 방법이 없습니다. 이렇게 하려면, 예를 들어, 미국에서는 경제의 모든 부문을 사회화해야 합니다(이것을 사회주의라고 부르지는 맙시다). 무슨 일이 일어나더라도, 폭넓은 힘을 가진 정부가 필요하다는 것에 회의적이었던 민중의 심리가 바뀌어가며, 유능한 정부와 무능한 정부의 차이는 극명하게 대비될 것입니다. 채권 소지자들과 자본가들의 이익에 따라 좌지우지되는 정부는(2007-08년 위기 이후 늘 그랬던 것처럼) 결국 자본가들에게도 도움이 되지 않는다는 사실이 밝혀질 것입니다.

감염병은 계급이나 기타 사회적 장벽과 경계를 가리지 않는다는 편리하지만 그릇된 사회적 통념이 있습니다. 속설들이 다 그런 것처럼, 이런 말들에 어느 정도는 진실이 들어 있죠. 19세기에 콜레라가 노동자계급이고 귀족이고 가리지 않고 휩쓸자, 이에 놀라서 공중위생과 공중건강 증진 운동이 탄생했으며(이후 전문화됨) 지금까지 지속되고 있습니다. 이런 운동의 탄생이 민중을 보호하기 위한 것이었는지, 상류층만을 보호하기 위한 것이었는지는 언제나 의문으로 남습니다. 그러나 오늘날 코로나바이러스가 서로 다른 계급적·사회적 부류에 미친 영향과 충격은 19세기와는 다른 얘기를 전하고 있습니다. 바이러스로 인한 경제적·사회적 충격은 모든 곳에서 분명하게 보이는 '습관적인' 차별을 통해 전달되고 있죠. 먼저, 전 세계 거의 모든 지역에서 급증하는 환자를 돌봐야 되는 노동력은 늘 그랬듯 성별, 인종별, 민족별로 편향되어 있습니다. 이것은, 예를 들어, 공항을 비롯한 물류 분야에서 발견되는 노동력의 계층별 구조에서도 그대로 드러납니다. 이 '새로운 노동계급'은 일자리의 특성상 바이러스에 쉽게 감염될 위험을 온몸으로 감수하거나, 바이러스로 인한 경제적 불황으로 대책 없이 정리해고 당할 위협에 시달리고 있습니다. 예를 들어, 누구는 재택근무를 할 수 있고, 누구는 할 수 없는 문제가 있습니다. 이 문제 때문에 사회적 양극화가 더욱 심화되고 있습니다. 확진자와 접촉하거나 감염됐을 때 누구는 자가 격리를 할 수 있고(유급이든 무급이든) 누구는 할 수 없는 문제도 마찬가지입니다. 저는 니카라과(1972년)와 멕시코시티(1985년)의 지진을 '계급 지진'이라고 부른다는 것을 알게 됐는데, 마찬가지로 코로나19의 진행 과정은 계급적·성적·인종적으로 편향된 세계적 유행병의 모든 특징을 지니고 있습니다. 이를 완화한답시고 '우리는 모두 한 배를 타고 있다'는 식의 허울 좋은 말로 호도하고 있지만, 특히 중앙정부 차원의 조치들을 보면 뭔가 사악한 동기가 느껴집니다. 현재 미국 노동계급(주로 흑인, 라틴계, 임금노동 여성)은 고약한 선택을 해야 하는 지경에 내몰렸습니다. 즉 환자를 돌보거나 식품점같이 필수적인 공급망을 열어놓는다는 미명하에 바이러스에 감염될 위험을 무릅쓸 것이냐, 의료보험 같은 복지혜택을 모두 박탈당한 채 실업자로 전락할 것이냐의 험악한 상황에 몰려 있죠. 저 같은 봉급생활자는 재택근무를 하면서 예전처럼 보수를 받습니다. 그리고 최고경영자들은 전용 제트기와 헬리콥터를 타고 세상을 누비고 다닙니다.

반자본주의자의 임무

전 세계의 거의 모든 노동자들은 신자유주의 신민으로 얌전하게 행동하도록 오랫동안 사회적으로 길들여졌습니다(뭔가가 잘못되면 자신을 탓하거나 신을 탓해야지, 감히 자본주의에 문제가 있다고 생각해서는 안 된다는 것을 의미합니다). 하지만 이제는 아무리 얌전한 신자유주의 신민이라도 이 전 세계적 유행병에 대처하는 방식에 문제가 있다는 것을 알 수 있습니다.

이 사태가 얼마나 오래갈 것인지가 큰 문제입니다. 1년 이상 끌 수도 있겠죠. 오래갈수록 노동력을 포함한 가치 하락이 더 심해질 것입니다. 실업률은 1930년대의 대공황 수준으로 올라갈 것이 뻔합니다. 대규모의 국가 개입이 없다면 말입니다. 그런데 이런 개입은 신자유주의의 체질에 맞지 않죠. 일상적인 사회생활뿐 아니라 경제에 미치는 즉각적인 영향도 다양합니다. 그렇다고 해서 모든 게 다 나쁜 것만은 아닙니다. 과열 양상으로 치닫는 현대 소비지상주의는, 마르크스가 말한 '과소비와 광기 어린 소비는 전체 시스템이 기괴한 괴물로 전락해 몰락할 것이라 예고하는 듯한' 현상과 맞닿아 있었습니다. 이런 무분별한 과소비가 환경을 파괴하는 데 앞장서고 있었죠. 그런데 항공편들이 취소되고, 교통수단을 비롯한 사람들의 이동이 급격히 제한되자 온실가스 감축 효과가 나타난 것입니다. 우한의 대기 질은 훨씬 좋아졌습니다. 미국에서도 공기가 깨끗해진 도시가 많아졌습니다. 생태 관광지도 사람들의 무자비한 발길에서 해방되어 생태를 복구할 수 있는 시간을 벌고 있습니다. 백조들이 베니스의 운하에 돌아왔습니다. 무모하고 개념 없는 과소비에 제동이 걸리면 걸릴수록 장기적인 혜택은 더욱 클 것입니다. 에베레스트산에서 사망자가 적게 나오는 것도 좋은 일입니다. 그리고 아무도 직접적으로 거론하지 않고 있지만, 코로나바이러스로 인한 사망자가 노령층에 편향된 사실이 장기적으로 연령 피라미드 구조에 영향을 주고, 다시 사회복지 부담과 '요양 산업'의 미래에도 영향을 미칠 것입니다. 일상생활은 속도가 늦춰질 것이며, 이것을 축복으로 받아들이는 사람들도 있을 것입니다. 비상사태가 오래간다면 사회적 거리 두기로 인해 문화가 바뀔 것입니다. 체험 소비주의 중에서 코로나바이러스로 혜택을 받을 것이 거의 확실한 형태는 제가 '넷플릭스 경제'로 이름을 붙인 분야입니다. 이 분야는 코로나바이러스가 아니더라도 어쨌든 '몰아보기 하는 사람들binge watchers'을 대상으로 공급하고 있으니까요.

경제적 전선에서는 2007-08년 당시 위기를 탈출한 방법이 코로나 사태에 대처하는 방식에 큰 영향을 미쳤습니다. 당시에는 극히 방만한 통화정책과 은행에 대한 구제금융 조치가 결합됐습니다. 이는 중국의 대규모 사회기반시설 투자로 발생한 생산적 소비의 극적 증가가 큰 힘이 되었죠. 그러나 현재는 이런 현상이 필요한 규모로 일어날 수는 없습니다. 2008년의 구제금융 조치는 은행에 초점을 맞추고 있었지만 제너럴모터스의 사실상 국유화 조치도 포함하고 있었습니다. 노동자 불만과 시장 수요 붕괴에 직면해서 디트로이트의 3대 자동차 제조사들이 적어도 일시적으로 문을 닫기로 했다는 것은 상당히 중요한 의미가 있습니다. 중국이 2007-08년 위기 때 자신이 담당했던 역할을 이번에 되풀이할 수 없다면, 이번 경제 위기에는 그 짐이 미국으로 옮겨갈 것입니다. 그런데 바로 이 점에서 궁극적인 아이러니가 있습니다. 즉 경제적으로나 정치적으로나 제대로 먹힐 수 있는 정책은 버니 샌더스가 할 법한 주장보다 훨씬 사회주의적인 것밖에는 없습니다. 그런데 이런 구제정책은 '미국을 다시 위대하게 하자'는 가면을 쓴 도널드 트럼프가 시작할 수밖에 없습니다. 그러면 2008년도 구제금융 조치에 본능적으로 반대했던 공화당원들은 굴욕을 참든가 아니면 도널드 트럼프에 반기를 들 것입니다. 그러면 트럼프는 비상사태를 구실로 선거를 취소하고, 자본과 세계를 폭동과 혁명의 소용돌이에서 구한다는 명분으로 제왕적 대통령에 취임하려 할 것입니다. 만약 제대로 먹힐 정책이 사회주의적인 것밖에 없다는 사실이 드러나면, 미국을 지배하고 있는 과두 체제는 틀림없이 인민사회주의가 아니라 국가사회주의를 시행하려고 할 것입니다. 반자본주의 정치의 임무는 이런 사태가 일어나는 것을 방지하는 일입니다.

19

집단적인 딜레마에 대한 집단적인 반응

The Collective Response to a Collective Dilemma

기술과 지식은 이미 노동자의 두뇌에서 빠져나갔습니다.
노동자는 기계의 부속품이거나 기계를 지키는 존재로 전락했습니다.

저는 코로나 때문에 위기가 고조된 뉴욕에서 이 원고를 쓰고 있습니다. 현재 일어나고 있는 일에 대해서 정확하게 어떻게 반응해야 하는지 알기 어려운 시기입니다. 이런 상황이라면 보통 반자본주의자들은 거리로 나가 시위를 하면서 무언가를 요구하겠죠. 그러나 집단적인 행동을 해야 할 시기에 자가 격리를 해야 하는 답답한 상황에 처해 있습니다. 마르크스가 했던 유명한 말처럼, 상황을 선택해가면서 역사를 만들 수는 없습니다. 따라서 우리는 자신이 처한 상황을 최대한 이용하는 방법을 터득해야만 하는 것이죠.

기계와 노동자

저는 상대적으로 혜택을 누리고 있습니다. 재택근무를 할 수 있죠. 일자리도 잃지 않았고 보수도 받고 있습니다. 바이러스에 걸리지 않게 꼼짝 않고 있기만 하면 됩니다. 저는 고령의 남성이기 때문에 코로나바이러스 고위험군에 속해서 어떠한 접촉도 피하라는 말을 듣고 있습니다. 그래서 화상 강의를 하는 시간 외에는 생각하고 글을 쓸 시간이 많죠. 하지만 여기 뉴욕의 상황을 곱씹는 것보다는, 이런 상황에서 우리가 대안으로 선택할 수 있는 게 무엇인지, 그리고 이런 상황을 반자본주의자는 어떻게 생각하는지, 심사숙고해보고 싶었습니다.

먼저 1871년도에 일어난 혁명적인 파리코뮌의 실패에 대한 마르크스의 논평을 말씀드리고 싶습니다. 마르크스는 이렇게 서술하고 있습니다.

노동자계급은 코뮌에서 기적이 일어나리라고는 기대하지 않았다. 민중들이 법으로 포고하면 바로 선보일 수 있는 준비된 이상향이란 없었다. 자신들을 해방하고, 그에 따라 현 사회의 경제적 기구에 의해 거역할 수 없는 방향으로 나아가는 보다 고양된 형태의 사회를 쟁취하기 위해서는 노동계급은 기나긴 투쟁의 시간을 보내야 할 것이다. 상황과 인간을 개조하는 일련의 역사적 과정을 거쳐야 할 것이다. 그들에게는 이루어야 하는 이상 같은 것은 없다. 하지만 붕괴하는 유산계급 사회가 잉태한 새로운 사회의 요소들을 자유롭게 해야 하는 이상은 가지고 있다.

이 구절에 대해서 제가 논평을 좀 하겠습니다. 먼저, 마르크스는 사회주의 이상향에 대한 관념을 좋아하지 않았습니다. 1840년대, 1850년대, 1860년대에 프랑스에서 이런 관념들이 많이 떠돌고 있었죠. 푸리에, 생시몽, 카베, 블랑키, 프루동 등이 이런 흐름을 주도하고 있었습니다. 마르크스는 이상향을 주창하는 사회주의자들을 몽상가라 느꼈으며, 바로 지금 우리가 서 있는 이곳에서 노동조건을 실제로 변화시킬 수 있는 실질적인 일꾼이라고는 생각하지 않았습니다. 바로 지금 이곳에서 노동조건을 변화시키려면 자본주의의 본질이 정확하게 무엇인지 파악할 필요가 있습니다. 하지만 마르크스는 이런 혁명적인 과업을 이루려면 노동자들이 자신의 해방에 집중해야만 한다는 것을 매우 명확하게 알고 있었죠. 여기서 '자신의'라는 말이 중요합니다. 세상을 변화시키려는 과업에는 자신을 변화시키는 과업도 필요한 것입니다. 따라서 노동자들은 자신도 변화시켜야만 합니다. 파리코뮌 당시 마르크스의 머릿속에는 이 생각이 꽉 차 있었습니다. 하지만 마르크스는 자본 자체도 변화 가능성을 창출하고 있다는 것과 기나긴 투쟁을 통해 노동자들이 소외된 노동에서 해방될 수 있다는 사실에 주목하고 있었습니다. 혁명적인 과업은 붕괴하는 유산계급 사회의 자궁 속에 이미 잉태한 새로운 사회의 요소들을 해방하는 것이었죠.

자, 우리도 붕괴하는 유산계급 사회에서 살고 있다고 인정해봅시다. 이 사회는 분명 모든 추악한 것들(인종차별주의, 외국인 혐오증 등)을 잉태하고 있으며, 저는 이것들이 날뛰는 모습을 보고 싶지는 않습니다. 마르크스도 붕괴하고 있는 저 끔찍한 사회체제 안의 모든 것을 해방해야 된다고 말하고 있는 것은 아닙니다. 붕괴하는 유산계급 사회에서 노동자들과 노동자계급의 해방에 기여할 만한 요소들을 골라낼 필요가 있다고 말하고 있는 것이죠. 그렇다면 또 이런 질문이 생깁니다. 도대체 그런 가능성은 무엇이며, 그 가능성은 어디서 오는가? 마르크스는 파리코뮌 팸플릿에서 이것을 설명하지 않았지만, 그 이전의 이론서들에서 노동자계급을 위한 건설적 가능성이 정확하게 무엇인지 밝히고 있습니다. 이를 상세하게 다룬 저서 중 하나가 《정치경제학 비판 요강》인데, 내용이 아주 많고 복잡하며, 1857 – 58년 위기 때 집필한 미완의 저서죠. 이 저서의 일부 구절을 보면 마르크스가 파리코뮌을 옹호할 때 정확하게 무슨 생각을 하고 있었는지 알 수 있습니다. '해방한다는 것'은 당시 유산계급 자본주의 사회 내부에서 벌어지고 있는 상황을 이해하는 것과 관계가 있습니다. 이것이 바로 마르크스가 이해하려고 끊임없이 고군분투하던 것입니다.

《정치경제학 비판 요강》에서 마르크스는 기술 변화와 자본주의에 내재하는 기술의 역동성에 대해 상세하게 다루고 있습니다. 자본주의 사회는, 그 정의 자체만 봐도, 혁신과 새로운 기술 및 조직 건설에 엄청나게 투자할 것이라고 마르크스는 말합니다. 실제로도 그렇습니다. 가령 다른 자본가들과 경쟁을 하고 있는 자본가가 다른 사람들보다 기술이 우수하다면 초과이윤을 벌게 됩니다. 따라서 모든 자본가들은 경쟁자들보다 더 생산적인 기술을 찾기 마련이죠. 이런 이유 때문에 자본주의 사회에는 본질적으로 기술적인 역동성이 내재되어 있습니다. 마르크스는 《공산당 선언》에서부터 줄곧 이것을 인정했습니다. 자본주의가 영속적인 혁신성을 띠는 이유는 바로 이것으로 설명할 수 있습니다. 자본주의는 기존의 기술에 만족할 수 없습니다. 자본주의 체제는 항상 앞선 기술을 보유한 개인, 기업, 사회에게 보상을 해주기 때문에 자본가들은 끊임없이 기술을 개선하려고 합니다. 가장 정교하고 역동적인 기술을 보유한 국가나 세력권이 무리를 이끌게 되어 있습니다. 따라서 전 세계 자본주의 체제에는 기술적인 역동성이 내재되어 있는 것이죠. 자본주의 초기부터 그랬습니다.

이에 대한 마르크스의 견해는 우리에게 빛을 비추어주는 것같이 명확하고 흥미롭습니다. 기술적인 혁신 과정을 생각할 때면 우리는 보통 어떤 사람이 기술 향상을 도모하며 무언가를 만드는 모습을 상상합니다. 기술적 역동성이 특정한 공장, 특정한 생산 시스템, 특정한 상황에 국한된 것이라고 생각하는 거죠. 하지만 실제로는 기술이 어떤 생산 분야에서 다른 분야로 넘쳐흐르는 경우가 많습니다. 즉 기술은 포괄적인 현상이죠. 예를 들면 컴퓨터는 그것을 어떤 목적으로 사용하든 이용하고 싶은 사람은 누구나 사용할 수 있습니다. 자동화 기술을 모든 부류의 사람과 산업이 이용할 수 있죠. 1820년대, 30년대, 40년대의 영국에서는 신기술 발명이 이미 독자적인 사업이 되었다는 것을 마르크스는 알아차렸습니다. 노동의 생산성을 높이는 신기술에 흥미를 보이는 사람들은 더 이상 직물 생산 같은 특정 분야 사업에 국한해 사고하지 않았다는 의미입니다. 어디서나 사용될 수 있는 새로운 기술이 등장했습니다. 마르크스 시대에 최초로 등장한 이러한 기술은 증기엔진이었습니다. 증기엔진은 탄광의 배수부터 기차의 증기엔진과 철도 부설에 이르기까지 응용 범위가 넓었습니다. 방직 공장의 기계식 방직기에도 쓰일 정도였으니까요. 따라서 혁신 사업에 뛰어들고 싶으면, 기관 산업과 공작기계 산업부터 시작하는 것이 괜찮았습니다. 공작기계 제작을 주종 사업으로 삼았던 버밍엄 일대는 새로운 기술뿐만 아니라 새로운 제품을 생산하는 경제체제를 갖추기 시작했습니다. 마르크스 시대에도 기술적 혁신은 그 자체가 독자적인 사업이 되었습니다.

노동과 시간

《정치경제학 비판 요강》에서 마르크스는 다음과 같은 점을 자세하게 파헤치고 있습니다. 기술이 사업이 되면 어떤 일이 벌어지는가? 혁신이 신기술에 대한 기존의 특정 시장 수요에 대응하는 역할을 하기보다 혁신 자체가 새로운 시장을 창출하면 어떤 일이 벌어지는가? 신기술은 자본주의 사회 역동성의 최첨단에 서 있게 됐습니다. 그 영향은 광범위하게 나타났습니다. 기술은 절대 정적이지 않으며 한곳에 안주해 있지 않고 금세 구식이 된다는 사실이 뚜렷해졌습니다. 최신 기술을 따라잡는 일은 스트레스가 따르며 돈이 많이 드는 일입니다. 기존의 기술이 구식이 되는 속도가 빨라진다는 것은 기존의 회사에게는 악몽이 될 수 있습니다. 그럼에도 불구하고 전자, 제약, 생명공학 등 사회의 전반적인 분야가 혁신을 위한 혁신 창출에 경도되어 있죠. 사람들의 상상력을 자극하는 혁신적인 제품(휴대폰이나 태블릿 등)을 만들어내거나 가장 응용 범위가 넓은 것(컴퓨터 칩 등)을 만들어내는 자가 결국 시장에서 이기게 되어 있습니다. 따라서 기술 자체가 사업이 된다는 것은 마르크스가 말하는 자본주의 사회의 본질에서 가장 핵심이 되는 개념입니다. 이것이 자본주의가 다른 생산양식과 차별화되는 지점이죠. 혁신할 수 있는 능력은 인류의 역사에 언제, 어디서나 있었습니다. 고대 중국에서도, 봉건 사회에서도 기술 변화가 있었죠. 하지만 자본주의 생산양식의 독특한 점은 기술이 사업이 된다는 간단한 사실입니다. 생산자와 소비자 양쪽에 모두 팔리는 포괄적인 제품을 만들어내는 사업 말입니다. 이것이 자본주의의 독특한 면입니다. 이것이 자본주의 사회가 진화하는 가장 중요한 동력이 되고 있습니다. 이것이 좋든 싫든 우리가 살아가는 세상입니다.

마르크스는 더 나아가 이런 현상에서 빚어지는 아주 중요한 필연적 결과를 지적하고 있습니다. 기술이 사업이 되려면 특정 방식으로 새로운 지식을 동원해야 합니다. 여기에 지식 및 세상을 이해하는 독보적인 형태로 과학과 기술의 적용이 수반되는 것이죠. 현장의 신기술 창조는 과학기술 지식 및 학문 분야의 발전과 결합되어 있습니다. 마르크스는 이러한 기술혁신에 왜 과학기술의 적용과 새로운 지식의 창출이 필요하게 됐는지 알아차렸습니다. 이것은 자본주의 생산양식의 본질을 나타내는 또 다른 면입니다. 기술의 역동성은 새로운 과학기술 지식의 창출 및 혁신적인 세계관의 역동성과 관련되어 있습니다. 과학기술 분야는 새로운 지식을 창조하며 이것을 이해하고 동원하는 일과 얽혀 있습니다. 결국에는 이러한 과정을 촉진하기 위해 MIT와 캘리포니아공대Cal Tech 같은 새로운 연구기관이 설립됐습니다.

다음에 마르크스는 이런 질문을 던졌습니다. 이런 현상은 자본주의 체제 내에서 이루어지는 생산과정과 어떤 관계가 있으며, 노동(그리고 노동자)이 생산과정에 통합되는 방식에 어떻게 영향을 미치는가? 자본주의 이전 시기, 즉 15-16세기에 노동자는 일반적으로 생산수단(도구)을 제어하고 있었으며, 이러한 도구를 활용하는 기능을 보유하고 있었습니다. 기능공은 일정한 지식을 독점적으로 소유하고 있었으며, 그 지식에 대한 이해도 독점하고 있었죠. 그래서 이러한 것들이 항상 일종의 예술로 인식되었다고 마르크스는 말하고 있습니다. 그러나 공장 시스템이 들어선 후부터는, 더구나 현대에 와서는 더 이상 그렇지 않습니다. 노동자의 전통적인 기능은 필요하지 않게 되었습니다. 과학기술이 그 자리를 대체해 과학기술과 새로운 형태의 지식이 기계에 통합되었기 때문입니다. 노동자의 예술은 사라졌습니다. 마르크스는 《정치경제학 비판 요강》에서 새로운 기술과 지식이 어떻게 기계에 통합되었는지 놀라울 정도로 상세하게 말하고 있습니다. 기술과 지식은 이미 노동자의 두뇌에서 빠져나갔습니다. 노동자는 기계의 부속품이거나 기계를 지키는 존재로 전락했습니다. 한때 자본가에 대항하는 일종의 독점적 힘이었던 노동자들만의 기술과 지식은 모두 사라졌습니다. 한때 노동자들의 기능이 필요했던 자본가들은 이제 이런 속박에서 벗어났습니다. 그런 기능은 이제 기계 속에 들어 있기 때문입니다. 과학기술을 통해 생산된 지식은 기계로 흘러 들어가며, 기계는 자본주의 역동성의 '영혼'이 되었습니다. 이것이 바로 마르크스가 서술하고 있는 당시의 상황입니다.

따라서 자본주의 사회의 역동성은 결정적으로 영속적인 혁신에 달려 있습니다. 그런데 영속적인 혁신이란 과학기술을 동원하여 이루어지는 것이죠. 마르크스는 자신이 살던 시대에 이미 이것을 명확하게 파악하고 있었습니다. 1858년에 이 모든 것에 대한 글을 썼으니까요! 현재 우리는 이 문제가 결정적으로 중요해진 상황 속에 처해 있습니다. 인공지능의 문제가 마르크스가 말했던 문제의 현대 버전이죠. 과학기술을 통해 인공지능이 어느 수준까지 개발될 것이며, 현재 어느 선까지 생산과정에 적용되고 있고 앞으로 적용될 것인지 우리는 이제 알아야 합니다. 인공지능이 노동자를 밀어낼 것은 뻔히 보입니다. 실제로, 생산과정에서 발휘되는 노동자의 상상력과 기능, 전문성은 박탈될 것이며 노동자의 가치는 바닥으로 떨어질 것입니다.

이와 같은 사실을 마르크스는 《정치경제학 비판 요강》에서 다음과 같이 논평하고 있습니다. 흥미롭기 그지없는 마르크스의 말을 함께 보시죠.

> 생산과정이 단순한 노동과정에서, 자연의 힘을 복속시키고 그 힘이 인간의 욕구를 충족시키도록 강요하는 과학적 과정으로 변환된 것은 산 노동에 대조되는 고정자본fixed capital의 위상을 보여주는 것 같다. (중략) 따라서 노동이 갖고 있는 모든 힘은 자본의 힘으로 치환되고 있다.

지식과 과학적 전문성은 이제 기계 속에 내재되어 자본가의 손아귀에 있습니다. 노동의 생산적인 힘은 고정자본 안으로 자리를 옮겼습니다. 이 고정자본은 노동의 외부에 있습니다. 노동자는 한쪽으로 밀려났고, 생산과 소비에 관한 우리의 집단적인 지식과 지성을 전달하는 역할은 고정자본이 맡게 되었습니다.

더 나아가, 마르크스는 붕괴하는 유산계급 체제가 노동자에게 도움이 되는 것을 잉태하고 있다고 했습니다. 그것이 무엇인지 이렇게 밝히고 있습니다. '자본은 자신도 모르게 인간의 노동과 에너지 소비를 감소시킨다. 이런 현상은 해방된 노동에 이익이 될 것이며, 노동 해방의 조건이다.' 다시 말해, 마르크스는 자동화나 인공지능 같은 것들이 노동 해방의 조건이며 동시에 가능성을 만들어주고 있다고 보고 있습니다. 마르크스의 파리코뮌 팸플릿에서 제가 인용했던 구절은 노동과 노동자의 자기해방 문제가 핵심을 이루고 있습니다. 그 조건을 받아들여야 할 필요가 있습니다. 하지만 노동을 해방할 잠재력이 있는 그 조건의 핵심은 무엇일까요? 대답은 간단합니다. 이러한 과학기술은 모두 노동의 사회적 생산성을 높이고 있습니다. 그 모든 기계를 관리하는 노동자 한 명이 단시간 내에 어마어마한 양의 상품을 만들어낼 수 있습니다. 다시 《정치경제학 비판 요강》에서 마르크스의 말을 인용합니다.

> 대규모 산업이 등장함에 따라 실질적인 부의 창출은 노동시간이나 고용한 노동의 양보다는 노동시간 중에 돌아가는 동력의 힘에 좌우된다. 그 동력의 '강력한 효율성' 그 자체는 전반적인 과학 수준과 기술의 진보, 즉 그러한 과학이 생산에 적용되는 바에 따라 좌우된다. 생산에 소요된 직접적인 노동시간에 비례하는 것이 아니다. (중략) 생산에 들인 노동시간과 생산품 사이의 현격한 불균형으로 실질적인 부가 쌓이는데, 이는 대규모 산업에서 확연하게 드러난다.

그런데 여기서 마르크스는 리카도파 사회주의자가 당시에 한 말을 인용하고 있습니다. "진정 부유한 나라는 노동시간이 하루에 12시간인 나라가 아니라, 하루에 6시간인 곳이다. 부란 잉여노동시간을 좌지우지 하는 데에서 생기는 것이 아니라, 각 개인과 사회 전체가 직접적인 생산에 필요한 시간 외에 이용할 수 있는 시간에서 생기는 것이다."

자유 그리고 해방

자본주의가 노동자를 포함한 모든 개인의 개체성을 자유롭게 개발할 수 있는 가능성이 있다는 것은 바로 이런 이유 때문입니다. 마르크스는 항상 이것을 강조했습니다. 집단적 행동이 추구하는 종착점은 개인의 자유로운 개발이라고 말입니다. 마르크스가 집단적 행동만 부르짖고 개인주의는 억압했다는 통념은 잘못됐습니다. 정반대입니다. 마르크스는 개인적인 자유를 쟁취하기 위해서 집단적인 행동을 고취했던 것이죠. 잠시 후에 다시 이 개념을 다루겠습니다만, 중요한 목표는 개인의 자유로운 개발을 이룰 수 있는 잠재력이라는 점은 짚고 넘어가겠습니다.

이 모든 것은 '필요노동의 전반적인 감소'에 달려 있습니다. 즉 사회의 일상생활을 재생산하는 데 필요한 노동량의 감소에 달려 있다는 의미죠. 노동의 생산성이 증가하면 사회의 기본적인 욕구는 아주 쉽게 충족시킬 수 있습니다. 이렇게 되면 각 개인의 예술적·과학적 잠재력을 자유롭게 개발할 시간이 충분히 생깁니다. 처음에는 소수 특권층에게만 이런 시간이 생기겠지만, 궁극적으로는 모든 사람이 자유롭게 사용할 수 있는 시간이 생길 것입니다. 고도의 기술을 사용하면 기본적인 욕구를 충족시킬 수 있기 때문에 개인은 해방되어 하고 싶은 것을 할 수 있게 된다는 것입니다. 문제는, 마르크스의 말을 빌리자면, 자본 자체가 '움직이는 모순 덩어리'라는 점입니다. "자본은 노동시간을 최소한도로 줄이려고 압박을 가하면서도, 한편으로는 오로지 노동시간을 부의 척도와 원천으로 본다." 따라서 자본은 노동시간을 필요한 방식으로 실제 필요한 만큼 줄이고서는 잉여노동시간을 불필요하게 늘립니다. 불필요하게 늘린 이것이 바로 마르크스가 말하는 잉여가치입니다. 누가 이 잉여가치를 갖는지가 문제입니다. 마르크스가 말하는 문제는 이 잉여가치 자체가 아니라 노동자에게 이 가치가 돌아가지 않는다는 것입니다. '한편에서는 자유롭게 사용할 수 있는 시간을 창출하려 하고, 또 한편에서는 이 시간을 잉여노동으로 전환시켜 자본가계급에게 이익이 되도록 하려는' 경향이 있는 것이죠. 노동시간이 단축되어 자유롭게 사용할 수 있는 시간이 주어져도 이는 실제 노동자의 해방에 사용되지 않습니다. 그렇게 할 수 있는데도 말이죠. 실제로는 부르주아의 배를 불려 부르주아 계급 내의 전통적인 수단을 통해 부를 축적하는 데 사용되고 있습니다. 그래서 가장 중요한 모순이 발생하는 것입니다. 마르크스는 이렇게 말합니다. "진정으로, 우리는 국가의 부를 어떻게 이해할 것인가? 돈의 총량과 누군가가 좌지우지하는 나머지 것들을 기준으로 국가의 부를 이해할 수도 있겠다. 그러나 진정으로 부유한 국가는 노동시간이 하루에 12시간이 아니라 6시간인 곳이다. 부란 잉여노동시간을 좌지우지하는 데서 생기는 것이 아니라, 사회 전반에 걸쳐 각 개인이 직접적인 생산에 필요한 시간 외에 자유롭게 이용할 수 있는 시간을 갖는 데서 생기는 것이다." 즉 한 사회의 부는 기본적인 욕구가 충족되어 어떤 제약도 없이 자신이 하고 싶은 것을 할 수 있는 자유 시간의 양으로 측정되어야 한다는 말입니다. 이러한 사회를 건설하기 위해서는 집단적인 움직임이 필요하다고 마르크스는 주장합니다. 하지만 사회를 지배하는 계급 관계와 자본가계급의 위력 행사 탓에 이런 움직임은 방해를 받는 실정입니다.

팬데믹 이후의 새로운 사회

코로나바이러스가 맹위를 떨친 결과 폐쇄와 경제 붕괴라는 상황에 처해 있는 현재, 흥미롭게도 앞에서 말한 모든 것들이 메아리치는 소리가 들립니다. 현재 개인적으로 자유롭게 쓸 수 있는 시간이 넉넉한 사람들이 많습니다. 우리는 대부분 집에 처박혀 있죠. 일하러 나갈 수 없고, 평소 하던 것들을 하지 못하고 있습니다. 우리는 이런 시간을 어떻게 써야 할까요? 아이가 있으면 물론 할 일이 제법 많습니다. 그러나 현 상황은 어쨌든 자유롭게 쓸 수 있는 시간이 상당히 많습니다. 또 하나, 우리는 현재 대량 실업 사태를 겪고 있습니다. 최신 자료를 보면, 미국에서는 2천6백만 명이 일자리를 잃었습니다. 보통 이런 상황을 사람들은 재앙이라고 부를 것입니다. 물론 재앙입니다. 일자리를 잃으면 돈이 없어 마트에 갈 수 없습니다. 즉 노동력을 재생산할 수 있는 능력을 상실하는 것이죠. 의료보험을 상실한 사람들도 많고, 실업급여를 신청하는 데 어려움을 겪는 사람들도 많습니다. 주택 임대료나 주택담보대출금을 내지 못해 주거권을 박탈당하게 된 사람들도 많죠. 미국 가구의 약 50%가 소소한 비상시를 대비해 은행에 넣어둔 여윳돈이 4백 달러를 넘지 않을 것입니다. 그러니 지금 같은 전면적인 위기에는 손을 쓸 수 없습니다. 이런 민중들은 곧 거리로 내몰려 굶어 죽을 위험에 처하게 될 것입니다. 상황을 좀 더 깊이 들여다봅시다.

급증하는 환자를 돌보고, 민중들이 일상생활을 영위하도록 최소한의 서비스를 제공하는 노동자들은 성별, 인종별, 민족별로 편향되어 있습니다. 이들은 현대 자본주의의 전면에 서 있는 '새로운 노동계급'입니다. 이들은 일하다가 바이러스에 감염될 수 있는 위험이 가장 높은 노동을 감당하거나, 바이러스로 인한 경제적 불황으로 아무런 대책도 없이 해고당할 수 있는 처지에 놓여 있습니다. 미국의 현재 노동계급(주로 흑인, 라틴계, 임금노동 여성)은 고약한 선택을 해야 하는 지경에 내몰렸습니다. 즉 환자를 돌보거나 식품점같이 필수적인 공급망을 열어놓는다는 미명하에 바이러스에 감염될 위험을 무릅쓸 것이냐, 의료보험 같은 복지혜택을 모두 박탈당한 채 실업자로 전락할 것이냐의 험악한 상황에 몰려 있죠. 이런 노동자들은 신자유주의의 얌전한 신민으로 살아가도록 오랫동안 사회적으로 길들여졌습니다(뭔가가 잘못되면 자신을 탓하거나 신을 탓해야지, 감히 자본주의에 문제가 있다고 생각해서는 안 된다는 것을 의미합니다). 하지만 이제는 아무리 얌전한 신자유주의 신민이라도 이전 세계적 유행병에 대처하는 방식에 문제가 있다는 것을 알 수 있습니다. 또, 현 사회체제를 유지하기 위해 자신들이 짊어진 짐이 부당하다고도 느낄 것입니다.

　이토록 심각한 위기에서 벗어나기 위해서는 집단적인 형태의 행동이 필요합니다. 바이러스 확산을 막기 위해서는 폐쇄 조치, 사회적 거리두기 등 온갖 종류의 집단적인 행동이 필요하죠. 그런데 궁극적으로는 각자 원하는 대로 살 수 있도록 자신을 해방하기 위해서도 이런 집단적인 행동이 필요합니다. 우리는 현재 우리가 하고 싶은 대로 할 수 없습니다. 이 말에는 자본의 속성이 상징적으로 잘 드러나 있습니다. 즉 자본가계급의 부를 창출하는 데 매여 있느라 우리 대부분은 자신이 하고 싶은 것을 자유롭게 하지 못하는 사회를 건설하고 있다는 얘기입니다. 마르크스라면 이렇게 말했을 것입니다. 실업자 2천6백만 명이 생계비(생존에 필요한 물품을 사고 집세를 낼 돈)를 충분히 얻을 방법만 생긴다면, 자신을 소외하는 노동에서 집단 탈출을 도모하면 되지 않을까요? 다시 말해, 실업자 2천6백만 명이 단순히 이전에 몸담았던 일터(개중에는 상당히 열악한 곳도 있죠)로 다시 돌아가기만 하면 우리는 이 위기에서 벗어났다고 말할 수 있을까요? 그런 식으로 이 위기에서 벗어나고 싶은가요? 우리는 이렇게 묻고 싶은 것이 아닐까요? 생필품 및 서비스 생산을 조직화하여 모든 사람들이 먹거리 걱정 없이 그럴듯한 집에서 절대 쫓겨나지 않고 무상으로 살 수 있는, 그런 제도를 만들 방법이 있지 않을까요? 달리 말하자면, 지금이야말로 대안적인 사회의 건설을 실제로 진지하게 생각해봐야 할 순간이 아닐까요? 우리 인간이 이 바이러스에 대처할 수 있을 정도로 강인하고 정교한 기술을 갖고 있다면, 동시에 자본에 대해서도 그렇게 하지 못할 이유가 어디 있습니까? 그러니 다시 일터로 돌아가 예전에 하던 일을 하면서 이 위기가 닥치기 전의 일상으로 되돌아가지 말고, 완전히 다른 사회체제를 건설하면서 이 위기를 벗어날 수는 없는 것인지 자문해야 하지 않을까요? 현재 붕괴하는 유산계급 사회가 잉태하고 있는 것, 즉 놀라운 과학기술과 생산능력을 받아들이면 어떨까요? 인공지능 및 기술 변화, 조직 형태의 이러한 면을 해방해 기존 사회와는 완전히 다른 것을 창조해보면 어떨까요? 결국 우리는 코로나19라는 이 비상사태의 와중에도 이미 갖가지 대안 시스템을 실험하고 있는 중이니까요. 가난하고 취약한 지역과 계층에 무료로 기본적인 식품을 공급하고, 무료로 의료 처치를 해주며, 인터넷을 통해 학업과 업무 등 일상생활을 지속할 수 있는 구조를 갖추는 것 말입니다. 사실 새로운 사회주의 체제의 윤곽은 이미 드러나 있습니다. 그래서 우익 진영과 자본가계급이 우리를 코로나 이전의 상태로 돌려놓지 못해 안달을 떠는 것인지도 모르죠.

지금이야말로 대안 사회의 모습을 곰곰이 생각해봐야 할 절호의 기회입니다. 지금이 바로 대안 사회를 실현할 가능성이 보이는 순간입니다. 그러니 단순히 동물적인 반사작용으로 "이런 세상에, 실업자 2천 6백만 명을 즉시 일터로 돌려보내야 해."라고 할 게 아닙니다. 대신, 집단적인 공급 지원을 담당하는 집단 조직 같은, 이미 시행되고 있는 일들을 확장할 방법을 찾아봐야 합니다. 의료 분야에서는 이미 진행되고 있는 일입니다. 또 식품, 심지어 조리 식품까지 사회주의적인 방식을 통해 공급이 시작되고 있습니다. 현재 뉴욕의 일부 식당들은 실직자, 거동이 불편한 사람들, 끼니를 해결하지 못하는 사람들에게 기부로 무료 급식 시스템을 돌리고 있습니다. 다시 말해, '자, 비상시국에는 이렇게 합시다.'라고 할 게 아니라, '자, 여러분의 임무는 사람들을 먹이는 일입니다. 모두가 적어도 하루에 한두 끼는 제대로 된 식사를 할 수 있게 합시다.'라고 하는 게 어떻습니까? 지금이 바로 모든 식당에 이런 이야기를 해야 할 때입니다. 그런데 이미 우리 사회에는 이런 부분이 자리하고 있습니다. 예를 들면 급식을 제공하는 학교가 많죠. 그러니 이런 일들이 지속되도록 합시다. 아니면 적어도 우리가 관심을 기울이면 어떤 일이 가능한지라도 배웁시다. 지금이 바로 대안 사회 건설을 위해 이런 사회주의적 상상력을 발휘할 순간이 아니고 뭐겠습니까? 이상향을 꿈꾸는 것이 아닙니다. 그저 이런 이야기죠. 어퍼웨스트사이드에는 문을 닫고 동면하듯 휴업을 한 식당들이 많습니다. 자, 그곳에 사람들을 다시 들여보내는 겁니다. 음식을 만들어 거리에서 가정에서 사람들을 먹이고 노인들에게도 음식을 제공하는 것이죠. 우리는 이런 집단적인 행동을 통해 모든 개인의 자유를 실현할 수 있습니다. 어쨌든 현재 일자리를 잃은 2천6백만 명이 다시 일자리로 돌아가야만 한다면, 하루에 12시간 노동이 아니라 6시간 노동이 되어야 합니다. 세계에서 제일 부유한 나라에서 산다는 것이 바로 이런 것이라며, 부유한 나라에 대한 다른 정의가 실현된 것을 축하할 수 있도록 말이죠. 이야말로 미국을 진정으로 위대하게 만드는 일일지 모릅니다(미국을 '다시' 위대하게 한다는 말에서 '다시'는 역사의 쓰레기통 속에서 잠들게 내버려둡시다).

이것이 마르크스가 되풀이해서 말하는 핵심 중의 핵심입니다. 진정한 개인주의의 뿌리는 유산계급 이데올로기에서 귀에 딱지가 앉도록 설파하는 가짜 개인주의와는 다릅니다. 개인의 자유와 해방의 진정한 뿌리는 하루에 6시간 노동을 통한 집단적인 행동으로 우리의 기본적인 욕구가 해결되고 나머지 시간은 우리가 원하는 대로 사용할 수 있게 되는 상황 속에 있습니다. 다시 말하지만, 지금이 바로 대안적인 사회주의 사회를 건설할 동력과 가능성에 대해 진지하게 생각해볼 수 있는 흥미로운 순간입니다. 이러한 해방의 도정에 오르기 위해 우리는 스스로를 해방하여 새로운 현실과 새로운 상상이 가능해지도록 노력해야 합니다.

자본주의는 당연하지 않다
The Anti-Capitalist Chronicles

초판 1쇄 발행 · 2021년 10월 1일
초판 2쇄 발행 · 2021년 12월 15일

지은이 · 데이비드 하비
옮긴이 · 강윤혜
디자인 · 조영라
펴낸이 · 박준우

펴낸곳 · 선순환
출판등록 · 제2019-000053호 2019년 12월 12일
주소 · 서울시 도봉구 도봉로 108길 89 401호
전화 · 02 992 2210 | **팩스** · 02 6280 2210
이메일 · sshbooks@naver.com

· 잘못 만들어진 책은 구입한 서점에서 바꿔 드립니다.

ISBN 979-11-975780-0-7 03300